누구나 만들어 사용할 수 있는

아두이노로 만드는 자동차

누구나 만들어 사용할 수 있는

아두이노로 만드는 자동차

초판인쇄 2018년 3월 26일
초판발행 2018년 4월 2일

저 자 허 경 용
발 행 인 곽 종 학

발 행 처 도서출판 Ohm사
주 소 140-150 서울시 용산구 한강대로 306-5. 세기B/D

전 화 02-776-4868~9
팩 스 02-779-6757

등록번호 1975년 9월 12일 제3-3호
http://www.ohm.co.kr E-mail : ohm@ohm.co.kr

ISBN 978-89-7101-828-6 93560 정가 25,000원

누구나 만들어 사용할 수 있는

아두이노로 만드는 자동차

도서출판 Ohm사

목차

PART I 아두이노와 친해지기

목차

appendix 부록

머리말

아두이노가 처음 출시된 지도 10년이 넘게 지났다. 지난 10여 년이 아두이노가 '누구나 쉽게 사용할 수 있는 마이크로컨트롤러 보드'라는 기반을 다지는 시기였다면, 다가올 10년은 '누구나 실생활에 필요한 도구를 만들어 사용할 수 있는 마이크로컨트롤러 보드'로 생활 속으로 들어오는 시간이기를 바라고 있다. 어찌 보면 작은 변화일 수 있지만 실생활에서 사용될 수 있다는 것은 상상만 하던 일을 현실에서 만날 수 있다는 의미이며, 더 이상 구경만 하면서 부러워할 필요 없이 직접 만들어 사용할 수 있다는 의미이기도 하다.

아두이노가 성공할 수 있었던 이유에는 오픈 소스 정책을 따랐기 때문에, 쉬운 프로그래밍 방식을 도입했기 때문에, 사물인터넷의 보급에 영향을 받았기 때문에 등등 기술적인 장점들을 여러 가지 이야기할 수 있지만 그보다 덜하지 않은 이유 중 하나가 '어른들을 위한 장난감'이라는 점이 아닐까 싶다. 어릴 적 트랜지스터와 몇 개의 부품만으로 라디오를 만들어 본 경험이 있다면 아두이노에서 어린 시절의 추억을 찾아낼 수 있으리라 생각한다.

이미 많은 아두이노 관련 책들이 판매되고 있으며 이들은 서로 다른 방향에서 아두이노를 바라보고 있다. 하지만 실생활에서 사용되는 위해서는, 어른들을 위한 장난감으로 매력을 가지기 위해서는 단편적인 내용들을 하나로 합해서 만들 수 있는 무언가가 필요하다. 잠깐의 검색만으로도 신기하고 흥미로운 것들을 찾아낼 수 있고, 필요한 것들은 대부분은 공개되어 있지만 이들을 아울러 하나의 완성품으로 만들어 낼 수 있는 방법까지 알려줄 수 있다면 더 좋으리라는 생각에 이 책을 준비하였다. 아두이노 관련 책을 한 권 쯤 읽고 나서 다음에는 무엇을 해야 할 지 망설이는 독자를 위해 이 책을 준비하였다.

아두이노로 만들 수 있는 것은 많다. 그 중에서도 이 책에서는 아두이노로 움직이는 자동차를 선택한 것은 많은 관련 내용을 쉽게 찾아낼 수 있을 만큼 접근하기가 쉬운 것이 그 하나이며, 그럼에도 아직까지 다양한 응용이 가능하기 때문이 다른 하나다. 구슬이 서말이라도 꿰어야 보배라는 말처럼 여기저기 흩어져 있는 것들을 모아 줄거리가 있는 이야기로 풀어나가고 싶었다. 어찌 생각하면 이 책에서 신기한 무언가를 발견할 수 없어 실망할 수도 있겠지만 시작부터 끝까지, 준비부터 완성까지를 경험하고 스스로에게 자문할 수 있기를 바란다. 이 책을 통해 아두이노라는 또 다른 재미를 발견할 수 있기를, 아두이노를 사용하여 무언가 만들어 보고 싶은 것이 생기기를, 그 무언가를 완성해서 즐거워할 때 이 책이 기억난다면 더 바랄 것이 없겠다.

허 경 용

PART

I

아두이노와 친해지기

Chapter 01

아두이노 소개

아두이노는 비전공자들을 위한 오픈 소스 기반 마이크로컨트롤러 프로젝트 중 하나로, 쉽고 간단한 사용 방법으로 다양한 사용자층을 끌어들여 독자적인 생태계를 구축함으로써 마이크로컨트롤러 관련 프로젝트 중 가장 많은 관심을 받고 있다. 이 장에서는 아두이노 보드가 가지는 하드웨어 측면의 특징과, 아두이노 보드를 사용하여 쉽고 빠른 개발이 가능하도록 해주는 소프트웨어 개발 환경에 대해 알아본다.

1. 아두이노 하드웨어

1-1. 마이크로컨트롤러 + α

최근 마이크로컨트롤러와 관련하여 가장 주목을 받는 단어 중 하나는 아두이노가 아닐까 싶다. 아두이노는 이탈리아 밀라노 옆에 위치한 이브레아(Ivrea)에서 예술가와 디자이너가 쉽게 사용할 수 있으며, 저렴하고 간단한 제어 장치를 만들 수 있도록 시작된 오픈 소스 프로젝트 중 하나다. 2005년 처음 발표된 이후 아두이노는 쉬운 사용법으로 수많은 참여자들을 끌어 들여 독자적인 생태계 구축에 성공함으로써 마이크로컨트롤러 관련 오픈 소스 프로젝트 중 가장 많은 참여자를 가진 프로젝트의 하나로 자리매김하고 있다.

아두이노에 관해 간단히 설명 하였지만 아두이노가 무엇인지 정의하기는 쉽지 않다. 그 이유 중 하나는 아두이노라는 단어가 마이크로컨트롤러를 이용하여 만들어진 개발 보드, 즉, 하드웨어에 해당하는 아두이노 보드와 아두이노 보드를 동작시키기 위해 필요한 (흔히 펌웨어라고 불리며 아두이노에서는 스케치라 부르는) 프로그램을 개발할 수 있는 소프트웨어 개발 환경까지 함께 가리키기 때문이다.

아두이노 하드웨어에 대해서도 간단히 설명하기는 쉽지 않다. 아두이노 하드웨어를 이해하기 어렵게 만드는 이유 역시 여러 가지가 있지만 '마이크로컨트롤러'와 '마이크로컨트롤러 보드'를 명확히 구분하지 못하는 이유가 그 중 하나다. 아두이노는 '마이크로컨트롤러를 사용하여 만들어진 개발 보드'다. 주의할 점은 '개발 보드'지 '마이크로컨트롤러'가 아니라는 점이다. 마이크로컨트롤러는 싱글 칩 컴퓨터(single chip computer)라고도 불리는, 컴퓨터의 본체에 해당하는 기능을 하나의 칩으로 집약시켜 놓은 성능이 낮은 컴퓨터다. 컴퓨터의 본체에 전원만 공급하면 컴퓨터로 기능할 수 있는 것처럼 마이크로컨트롤러 역시 전원만 주어진다면 마이크로컨트롤러로서, 즉, 낮은 사양의 컴퓨터로 동작할 수 있다. 하지만 아두이노 보드에는 마이크로컨트롤러 이외에 많은 것들이 추가되어 있다. 그림 1은 아두이노 보드 중 가장 많이 사용되는 아두이노 우노를 나타낸 것이다.

아두이노는 개발 보드이므로 편리한 개발을 위해 컴퓨터 또는 주변장치와 연결할 수 있는 방법, 전원을 공급할 수 있는 방법 등을 제공하고 있다. 실제로 아두이노 우노에는 아두이노 우노에서 핵심이라 할 수 있는 ATmega328 마이크로컨트롤러 이외의 부가적인 부품들이 더 많은 공간을 차지하고 있다. 이처럼 아두이노 보드는 '마이크로컨트롤러 + α = 마이크로컨트롤러 보드'를 의미한다.

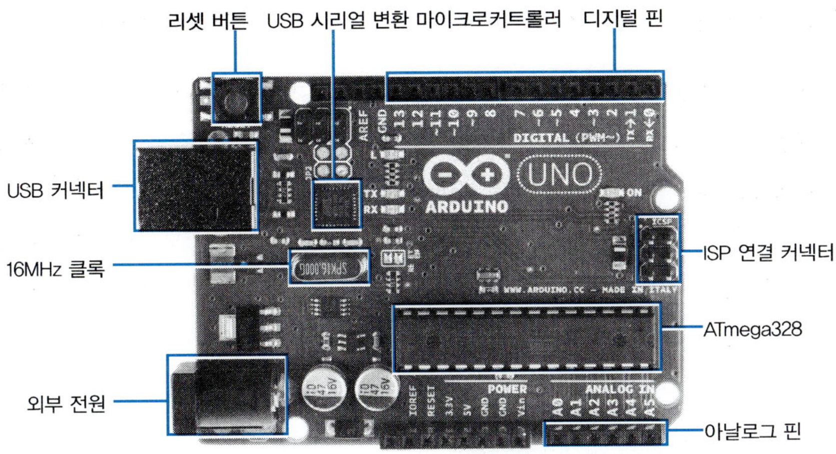

그림 1. 아두이노 우노[1]

1-2. 아두이노 보드의 종류 – 핀 헤더의 유무

아두이노를 이해하기 어렵게 만드는 또 다른 이유는 아두이노 보드가 한 가지 보드만을 지칭하는 것이 아니라는 점이다. 아두이노의 제품 소개 페이지[2]에는 수많은 보드들이 나열되어 있다. 아두이노라고 이름 붙은 보드들은 크기와 형태가 다양하여 외형적으로는 공통점을 쉽게 찾아볼 수 없다. 아두이노 보드의 공통점은 아두이노의 개발환경을 사용하여 작성된 펌웨어를 서로 다른 아두이노 보드들이 함께 사용할 수 있다는 점에서 찾아야 한다.

마이크로컨트롤러는 그 종류에 따라 펌웨어를 작성하는 방법은 조금씩 다르다. 동일한 회사에서 만들어진 마이크로컨트롤러의 경우에도 예외는 아니다. 즉, 동일한 기능을 구현하기 위해 작성해야 하는 펌웨어는 마이크로컨트롤러에 따라 일부 달라지거나 전혀 다른 형태를 가질 수 있다. 하지만 아두이노라고 이름 붙여진 보드들은 모두 동일한 방식으로 펌웨어를 작성할 수 있으며

1 http://www.arduino.cc
2 http://www.arduino.cc/en/Main/Products

이러한 공통의 개발 환경이 아두이노의 장점 중 하나라고 할 수 있다.

아두이노를 특징짓는 중요한 요소 중 한 가지가 개발 환경에 있는 것은 사실이지만, 이는 하드웨어의 지원이 바탕이 되어야 하는 것도 사실하다. 서로 다른 형태로 공통점을 찾기 어려운 아두이노 보드들이 공통점을 가지기는 한 것일까? 아두이노 보드들을 그룹으로 묶어 보면 아두이노 보드들 사이의 공통점을 발견할 수 있다. 먼저 아두이노 보드를 피메일(female) 형태의 핀 헤더가 존재하는 보드와 존재하지 않는 보드로 나누어 보자.

(a) 아두이노 우노

(b) 아두이노 나노

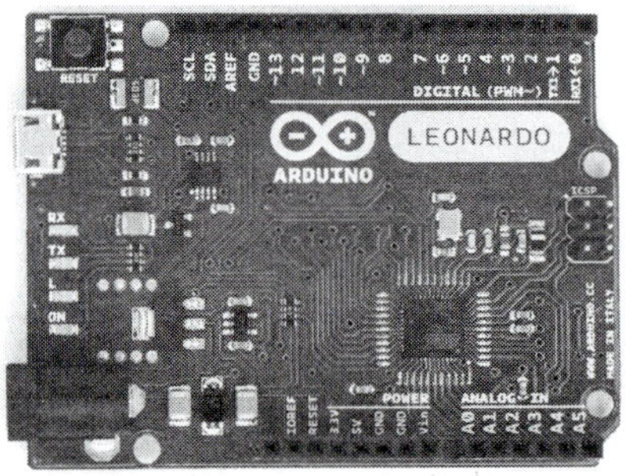

(c) 아두이노 레오나르도

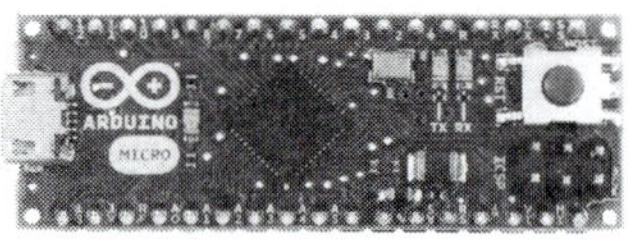

(d) 아두이노 마이크로

그림 2. ATmega328과 ATmega32u4 마이크로컨트롤러를 사용하는 아두이노 보드 [3]

---

3 http://www.arduino.cc

그림 2의 아두이노 우노와 아두이노 나노는 동일한 마이크로컨트롤러를 사용하여 만들어진 보드다. 가장 큰 칩이 마이크로컨트롤러로, 크기와 형태가 달라 보이지만 패키징의 차이일 뿐 ATmega328이라는 동일한 마이크로컨트롤러를 사용하고 있다. 동일한 마이크로컨트롤러를 사용하는 서로 다른 보드가 필요한 이유는 무엇일까? 바로 사용 목적의 차이다. 아두이노 우노는 아두이노의 대표적인 보드 중 하나로 '개발 보드'의 목적에 충실하게 주변장치나 컴퓨터와 간편하게 연결할 수 있는 다양한 부가장치들이 포함되어 있다. 하지만 아두이노 나노는 개발 목적이라기보다는 개발이 완료된 후 실제 작품에 적용하는 단계에서 사용할 수 있도록 아두이노 우노와 동일한 기능의 보드를 소형으로 만들어 놓은 것이다. 이처럼 보드의 형태는 다르지만 동일한 기능을 가지고 있는 아두이노 보드들이 존재한다. 아두이노 레오나르도와 아두이노 마이크로의 관계 역시 아두이노 우노와 아두이노 나노의 관계와 동일하다.

(a) 릴리패드 아두이노

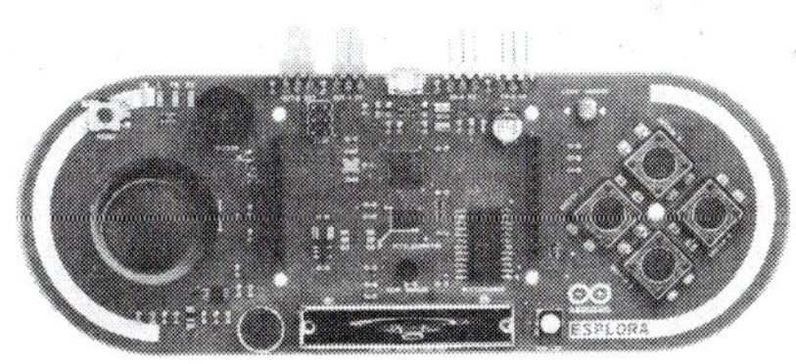

(b) 아두이노 에스플로라

(c) 아두이노 로봇

(d) 아두이노 메가 ADK

그림 3. 전용 목적의 아두이노 보드[4]

4 http://www.arduino.cc

이외에도 웨어러블 기기 개발을 위한 릴리패드 아두이노, 센서가 결합되어 있는 아두이노 에스플로라(Esplora), 주행 장치를 만들 수 있는 아두이노 로봇, 안드로이드용 액세서리 개발을 위한 아두이노 메가 ADK 등 특정 목적에 맞게 사용할 수 있는 전용 아두이노 보드들이 존재한다. 이들 전용 아두이노 보드는 아두이노 우노나 아두이노 레오나르도와 같은 기본 보드에 목적에 맞는 주변장치를 추가하여 만들어진 것이므로 기본 보드와 호환성을 가진다. 예를 들어 아두이노 에스플로라는 아두이노 레오나르도와 동일한 ATmega32u4 마이크로컨트롤러를 사용하며, 릴리패드 아두이노는 아두이노 우노와 동일한 ATmega328 마이크로컨트롤러를 사용하고 있다.

1-3. 아두이노 보드의 종류 – 핀 헤더의 배열

아두이노 보드의 또 다른 공통점을 찾아내기 위해 이번에는 핀 헤더의 위치와 배열을 살펴보자. ATmega328 마이크로컨트롤러를 사용하는 아두이노 우노와 ATmega2560 마이크로컨트롤러를 사용하는 아두이노 메가2560의 핀 헤더에서 공통점을 발견하였는가?

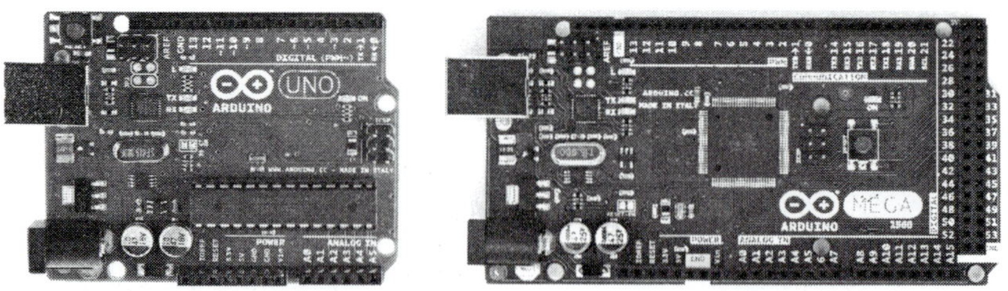

(a) 아두이노 우노 (b) 아두이노 메가2560

그림 4. 아두이노 우노와 아두이노 메가2560 [5]

5 http://www.arduino.cc

아두이노 메가2560은 ATmega2560 마이크로컨트롤러의 70개 입출력 핀을 사용할 수 있도록 해주므로, 아두이노 우노가 ATmega328 마이크로컨트롤러의 20개 입출력 핀을 사용할 수 있도록 해주는 것과 비교하면 훨씬 많은 입출력 핀을 사용할 수 있어 다양한 주변장치를 연결하여 사용할 수 있다. 따라서 아두이노 메가2560에는 더 많은 수의 피메일 핀 헤더가 존재한다. 하지만 그림 4에서 아두이노 메가2560 보드의 왼쪽에 있는 핀 헤더들은 아두이노 우노와 동일한 배열을 가지고 있다. 즉, 아두이노 우노에서 연결한 주변장치를 그대로 아두이노 메가2560에 연결하고 아두이노 우노에서 사용한 프로그램을 그대로 업로드 하면 아두이노 우노에서와 동일한 동작을 아두이노 메가2560에서도 확인할 수 있다.

핀 헤더 배열이 동일하다는 점은 아두이노 보드에 공통으로 사용할 수 있는 확장 보드인 쉴드(shield) 제작을 가능하게 해준다. 아두이노 홈페이지에도 여러 종류의 쉴드가 소개되고 있으며 그림 5는 그 중 일부다. 그림 5에 소개된 쉴드들 역시 아두이노 우노의 핀 헤더와 동일한 핀 헤더를 가지고 있으므로 여러 개의 쉴드를 적층하여 사용할 수 있다. 다만 동일한 입출력 핀을 사용하는 여러 개의 쉴드를 적층하는 경우에는 사용에 제한이 있을 수 있다.

(a) 이더넷 쉴드

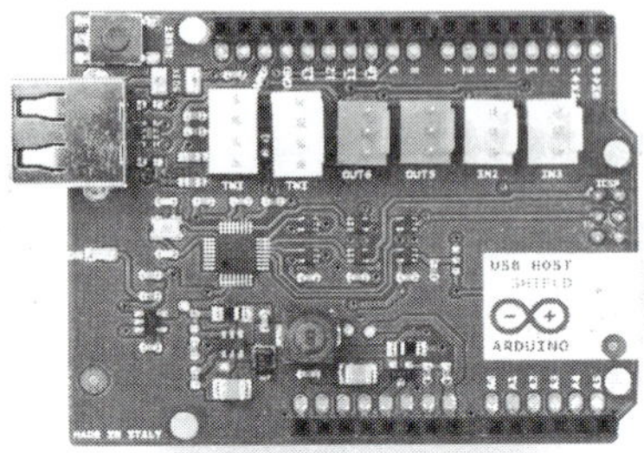

(b) USB 호스트 쉴드

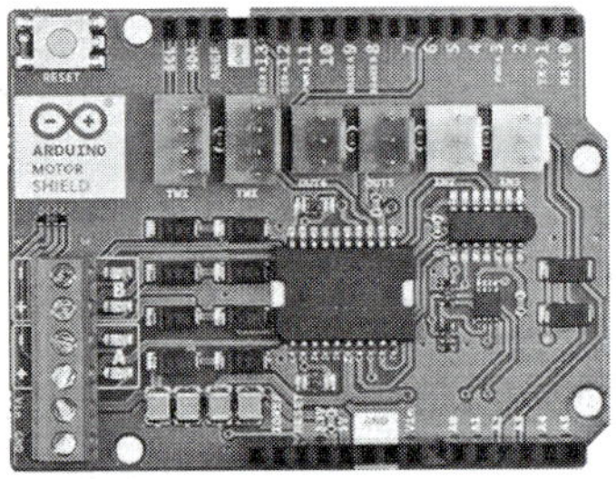

(c) 모터 쉴드

(d) 릴레이 쉴드

그림 5. **아두이노 쉴드**[6]

아두이노는 하드웨어가 공개되어 있기 때문에 누구나 아두이노에서 사용 가능한 쉴드를 제작할 수 있다. 아두이노 홈페이지에 소개된 쉴드 이외에도 검색을 통해 다양하고 신기한 기능의 쉴드들을 쉽게 찾아볼 수 있다.

1-4. 아두이노 보드의 종류 – 사용된 마이크로컨트롤러

이외에도 아두이노 보드들은 대부분 마이크로칩(Microchip)[7] 에서 제작한 마이크로컨트롤러를 사용한다는 공통점이 있다. 마이크로칩 사에서 제작하고 아두이노 보드에 사용된 마이크로컨트롤러는 크게 두 종류로 나눌 수 있다. 아

6 http://www.arduino.cc
7 http://www.microchip.com

두이노 우노, 아두이노 레오나르도, 아두이노 메가2560 등은 마이크로칩의 아키텍처를 바탕으로 하는 AVR 시리즈 마이크로컨트롤러를 사용하고 있다. 반면 아두이노 듀에, 아두이노 제로 등은 ARM의 아키텍처를 사용하고 마이크로칩에서 제작한 Cortex-M 시리즈 마이크로컨트롤러를 사용하고 있다. 표 1은 마이크로칩에서 제작하고 아두이노에서 사용되고 있는 마이크로컨트롤러의 종류를 요약한 것이다.

표 1. 아두이노 보드별 마이크로컨트롤러 종류

아두이노 보드	마이크로컨트롤러	아키텍처	CPU 비트 수
우노	ATmega328	AVR	8비트
레오나르도	ATmega32u4	AVR	8비트
메가2560	ATmega2560	AVR	8비트
제로	ATSAMD21G18	ARM Cortex M0+	32비트
듀에	AT91SAM3X8E	ARM Cortex M3	32비트

애초 아두이노는 마이크로칩의 AVR 시리즈 마이크로컨트롤러를 사용하여 제작되었다. 하지만 높은 사양의 마이크로컨트롤러에 대한 요구가 증가함에 따라 ARM Cortex-M 기반의 아두이노 보드도 출시되고 있다. 아두이노 우노의 경우 8비트 CPU에 16MHz 클록을 사용하지만 아두이노 듀에의 경우 32비트 CPU에 84MHz 클록을 사용하는 등 Cortex-M 마이크로컨트롤러를 사용하는 아두이노 보드들은 높은 성능을 보여준다. 하지만 아두이노는 비전공자들을 위한 마이크로컨트롤러 프로젝트로 시작되었다는 점을 잊지 말아야 한다. 아두이노는 높은 사양도 중요하지만 간편한 사용 역시 중요하다. 따라서 아직도 AVR 시리즈 마이크로컨트롤러를 사용한 아두이노 보드가 주류를 이루고 있으며 최초의 아두이노 보드를 계승한 아두이노 우노는 여전히 아두이노의 대표 보드로 자리매김하고 있다.

아두이노 우노와 동일한 AVR 시리즈 마이크로컨트롤러를 사용한 아두이노 보드에는 더 많은 수의 입출력 핀을 제공하는 아두이노 메가2560, USB 연결 기능을 포함하고 있는 아두이노 레오나르도 등이 있다. 이 중 아두이노 레오나르도에 사용된 ATmega32u4 마이크로컨트롤러는 마이크로컨트롤러에서 USB 연결을 지원하므로 추가 장치 없이 컴퓨터와 USB 연결이 가능하다. 표 2는 AVR 시리즈 마이크로컨트롤러를 사용한 아두이노 보드들을 비교한 것이다. 보드들의 기본 기능은 거의 동일하지만 입출력 핀의 수, 프로그램 메모리의 크기 등에서 차이가 있으므로 필요에 따라 선택하여 사용하면 된다.

표 2. AVR 시리즈 마이크로컨트롤러를 사용한 아두이노 보드

항목	아두이노 우노	아두이노 레오나르도	아두이노 메가2560
마이크로컨트롤러	ATmega328	ATmega32u4	ATmega2560
클록	16MHz	16MHz	16MHz
디지털 입출력 핀 수	14	18(12)	54
아날로그 입력 핀 수	6	6(12)	16
입출력 핀 수	20	24	70
PWM 채널 수	6	7	15
플래시 메모리	32 Kbyte	32 Kbyte	256 Kbyte
SRAM	2 Kbyte	2.5 Kbyte	9 Kbyte
EEPROM	1 Kbyte	1 Kbyte	4 Kbyte

2. 아두이노 우노

아두이노에 많은 보드들이 있지만 가장 많이 사용되는 보드는 아두이노 우노다. 아두이노 우노는 그림 1에서 이미 살펴보았듯이 ATmega328 마이크로컨트롤러를 기본으로 전원 공급을 위한 부분, 핀 헤더 부분, UART 통신 및 프로그램 업로드를 위한 USB 연결 부분 등이 추가된 형태로 구성된다. ATmega328은 5V 전원을 사용하므로 아두이노 우노에는 5V 전원 공급을 위한 레귤레이터가 포함되어 있다. 또한 최근 3.3V 전원을 사용하는 장치들이 증가하는 추세에 있어 아두이노 우노에도 3.3V 전원을 제공하기 위한 레귤레이터와 핀 헤더가 포함되어 있다. 하지만 아두이노 우노에서 입출력 데이터는 5V 기준 전압을 사용하므로 3.3V 전원을 사용하는 주변장치와 연결하기 위해서는 기준 전압을 맞추기 위해 레벨 변환기를 사용해야 한다는 점도 기억해야 한다.

아두이노 우노는 핀 헤더를 통해 20개의 입출력 핀을 사용할 수 있다. 마이크로컨트롤러의 기본 기능은 디지털 또는 아날로그 데이터를 입출력하는 기능이다. 디지털 데이터의 입출력을 위해 아두이노 우노에서는 0번에서 19번까지 핀 단위로 번호를 지정하여 사용한다. 아날로그 데이터의 경우에는 마이크로컨트롤러에서 직접 처리할 수 없으므로 디지털 데이터로 변환이 먼저 이루어져야 하며 이를 위해 ADC(Analog-Digital Converter)가 필요하다. 아두이노 우노에 사용된 ATmega328 마이크로컨트롤러에는 10비트 해상도의 6 채널 ADC가 포함되어 있고 A0에서 A5까지 상수가 지정되어 있다. 한 가지 주의할 점은 디지털 입출력을 위한 핀 중 14번부터 19번까지 핀에 A0부터 A5까지 상수가 정의되어 있다는 점이다. 디지털 입출력 핀은 0번에서 19번까지 20개가 존재한다. 하지만 표 2에서는 14개라고 설명되어 있다. 나머지 6개가 바로 아날로그 입력이 가능한 핀이다. 필요에 따라 아날로그 입력 핀은 디지털 입출력 핀으로 사용할 수 있으므로 디지털 입출력 핀은 최대 20개까지 사용할 수 있다.

아날로그 데이터 출력을 위해서는 ADC와는 반대로 DAC(Digital-Analog Converter)가 필요하지만 ATmega328에는 DAC가 포함되어 있지 않으므로 아날로그 신호를 직접 출력할 수는 없다. 대신 PWM (Pulse Width Modulation) 신호를 통해 아날로그와 유사한 기능을 하는 디지털 신호를 출력할 수 있다. PWM 신호는 디지털 신호이기는 하지만 모든 디지털 입출력 핀을 통해 출력할 수는 없다. 아두이노 우노에서는 20개의 디지털 입출력 핀 중 6개의 핀을 통해서만 PWM 신호를 출력할 수 있다. 아두이노 우노 보드에서는 핀 번호 앞에 물결표(~)를 붙여 PWM 신호 출력이 가능한 핀을 구별하고 있다.

표 3. 아두이노 우노 사양

항목	내용	비고
마이크로컨트롤러	ATmega328	ATmega328P-PU
동작 전압	5V	
입력 전압	7V~12V	추천 입력 범위
디지털 입출력 핀	14개	6개 PWM 출력 핀
아날로그 입력 핀	6개	14번에서 19번까지의 디지털 입출력 핀
PWM 출력 핀	6개	디지털 입출력 핀 중 물결표(~)가 붙어 있는 3, 5, 6, 9, 10, 11번 핀
플래시 메모리	32KB	부트로더를 위해 0.5KB 사용
SRAM	2KB	
EEPROM	1KB	
클록 주파수	16MHz	

표 4. 아두이노 우노의 입출력 핀

디지털 핀 번호	아날로그 핀 번호	디지털 데이터 입출력	아날로그 데이터 입력	아날로그 데이터 출력 (PWM)	비고
0	–	○	×	×	UART (RX)
1	–	○	×	×	UART (TX)
2	–	○	×	×	
3	–	○	×	○	
4	–	○	×	×	
5	–	○	×	○	
6	–	○	×	○	
7	–	○	×	×	
8	–	○	×	×	
9	–	○	×	○	
10	–	○	×	○	
11	–	○	×	○	SPI (MOSI)
12	–	○	×	×	SPI (MISO)
13	–	○	×	×	SPI (SCK)
14	A0	○	○	×	
15	A1	○	○	×	
16	A2	○	○	×	
17	A3	○	○	×	
18	A4	○	○	×	I2C (SDA)
19	A5	○	○	×	I2C (SCL)
핀 수		20개	6개	6개	

아두이노가 ATmega328을 포함한 AVR 시리즈 마이크로컨트롤러와 또 다른 점은 프로그램 업로드 방법에 있다. 일반적으로 AVR 시리즈 마이크로컨트롤러에 펌웨어를 업로드하기 위해서는 ISP (In System Programming) 방식을 사용

한다. 그림 1에서도 오른쪽에 ISP 연결 커넥터를 확인할 수 있으며 아두이노에서도 ISP 방식으로 펌웨어를 업로드 할 수 있다. 하지만 일반적으로 아두이노에서는 부트로더(bootloader)를 통한 시리얼 방식의 펌웨어 업로드를 사용한다. 부트로더란 스케치(또는 펌웨어)가 저장되는 플래시 메모리의 특정 위치에 존재하는 작은 크기의 특수 목적용 프로그램으로, 프로그램 업데이트를 위해 주로 사용한다. 표 3에서도 알 수 있듯이 32 Kbyte의 플래시 메모리 중 부트로더가 0.5 Kbyte를 사용하고 있다.

부트로더가 설치되어 있으면 프로그램 업로드(또는 업데이트)가 가능하기는 하지만 아두이노는 컴퓨터와 USB로 연결된다는 점에 주목할 필요가 있다. 부트로더를 통한 펌웨어 업로드에는 UART 통신이 사용되므로 USB와 UART라는 서로 다른 통신 방법을 중개할 수 있는 하드웨어가 필요하다. 그림 1에서 USB 시리얼 변환 마이크로컨트롤러인 ATmega16u2가 USB와 UART 사이의 상호 변환을 통해 프로그램 업로드를 지원하고 있다. 즉, 프로그램을 업로드 하는 경우 ATmega16u2 마이크로컨트롤러는 컴퓨터의 USB 데이터를 ATmega328을 위한 UART 데이터로 변환하여 전달한다. 프로그램 업로드에 사용되지 않는 경우 ATmega16u2 마이크로컨트롤러는 컴퓨터와 UART 시리얼 통신을 수행하기 위해 사용될 수 있다. 즉, 프로그램 업로드의 경우와는 반대로 ATmega328의 UART 데이터를 컴퓨터를 위한 USB 데이터로 변환하여 전달한다.

아두이노를 위한 드라이버가 성공적으로 설치되었다면 장치관리자에서 가상의 시리얼 통신 포트가 추가되었음을 확인할 수 있으며, 이 포트가 아두이노 우노에 해당하는, 보다 정확히는 ATmega16u2 마이크로컨트롤러에 해당하는 포트다. 할당된 포트를 통해 아두이노 우노에 프로그램을 업로드 할 수 있고, 컴퓨터와 아두이노 우노가 데이터를 주고받을 수 있다.

아두이노 우노가 준비되었다면 필요한 것은 아두이노 우노를 USB 케이블로 컴퓨터에 연결하는 것뿐이다. 물론 컴퓨터에는 아두이노 프로그램을 설치하고 아두이노를 위한 드라이버가 설치되어 있어야 한다.

3. 아두이노 소프트웨어

아두이노에는 다양한 보드들이 존재하지만 모두 동일한 환경에서 프로그램을 개발할 수 있다는 점이 아두이노의 장점 중 하나라고 이야기 하였다. 아두이노 개발 환경은 자바를 기반으로 만들어진 통합 개발 환경(IDE, Integrated Development Environment)인 아두이노 프로그램과 그 아래에 숨겨진 아두이노 함수 및 라이브러리로 이루어진다. 먼저 아두이노 프로그램을 살펴보자. 아두이노 프로그램은 아두이노 홈페이지에서 무료로 다운받을 수 있으며 Windows를 포함하여 Mac OS X와 Linux도 지원하므로 운영체제에 맞는 프로그램을 다운받아 설치하면 된다.

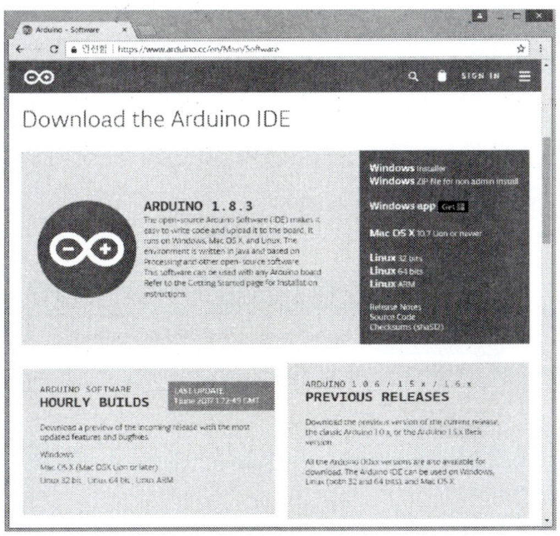

그림 6. 아두이노 프로그램 다운로드 페이지[8]

8 http://www.arduino.cc/en/Main/Software

아두이노 프로그램은 설치가 필요 없이 압축을 해제하는 것만으로도 사용할 수 있다. 윈도우즈 환경에서 사용할 수 있는 설치 파일 역시 제공되며, 설치 파일의 경우 아두이노 프로그램의 설치 이외에 아두이노 보드를 위한 드라이버 설정 등을 자동으로 해주므로 윈도우즈 환경을 사용한다면 설치 파일을 다운받을 것을 권장한다. 이외에도 Windows 10에서 사용할 수 있는 윈도우즈 앱 역시 제공되고 있다. 설치 파일을 다운받아 실행해 보자.

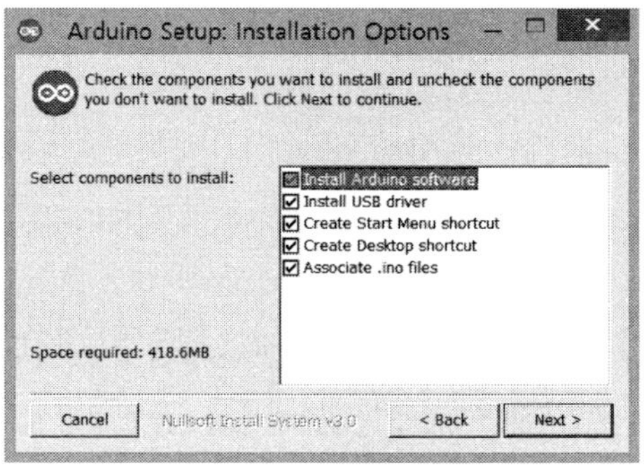

그림 7. 아두이노 프로그램 설치 옵션

설치 과정에서는 필요한 파일들의 복사 이외에도 아두이노 보드를 위한 드라이버 설치, 아이콘 생성, 아두이노 스케치 파일의 확장자인 INO와 아두이노 프로그램의 연결 등을 자동으로 진행할 수 있다.

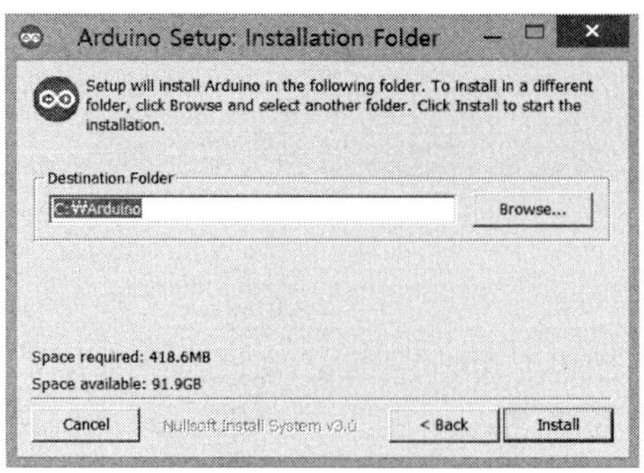

그림 8. 아두이노 프로그램 설치 디렉터리

아두이노 프로그램의 설치 디렉터리를 'C:\Arduino'로 지정하였다고 가정하자. 필요한 파일들의 복사가 끝나면 아두이노를 위한 드라이버 역시 자동으로 설치된다. 설치 과정에서 몇 번의 클릭이 필요하기는 하지만 아두이노 프로그램의 설치는 간단히 끝난다. 설치된 아두이노 프로그램을 실행시켜 보자. 아두이노 프로그램은 소스 코드 작성, 소스 코드 컴파일, 실행 파일 업로드 등에 필요한 기본 기능들만으로 구성된 직관적인 인터페이스를 제공한다. C/C++ 언어를 사용해본 경험이 있다면 아두이노 프로그램이 어딘가 허전해 보일 수도 있지만 아두이노는 비전공자들을 위한 마이크로컨트롤러 보드로 시작되었음을 기억하자. 아두이노 프로그램은 꼭 필요한 기본적인 기능들만을 제공함으로써 쉽고 간단하게 아두이노를 위한 스케치를 작성할 수 있도록 만들어져 있다.

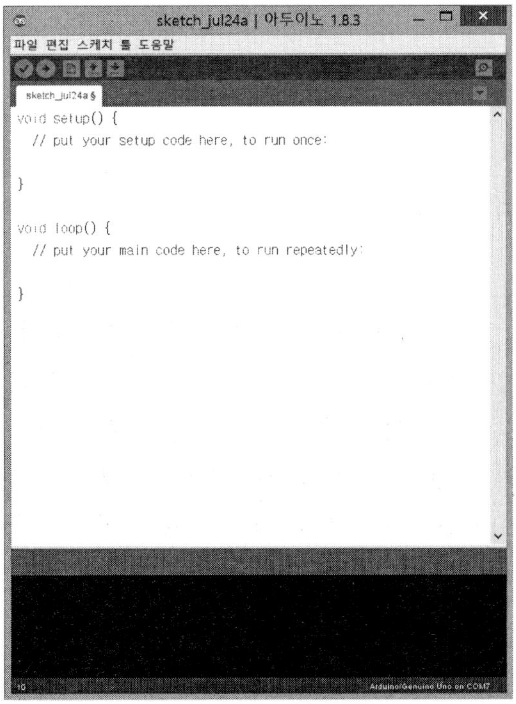

그림 9. 아두이노 프로그램

다른 마이크로컨트롤러 보드에 비해 아두이노를 쉽게 사용할 수 있는 이유 중 하나는 공통된 핀 배치와 이를 통해 다양한 확장 쉴드를 사용할 수 있도록 해주는 하드웨어적 지원이 큰 몫을 차지하고 있다. 뿐만 아니라 소프트웨어 측면에서 아두이노라고 이름 붙여진 서로 다른 종류의 보드들을 위한 프로그램을 공통의 추상화된 함수를 사용하여 작성할 수 있다는 점 역시 그에 못지 않은 장점이라고 하겠다. 예를 들어 아두이노 우노의 13번 핀에 연결된 LED를 켜는 프로그램을 ATmega328의 레지스터를 통해 구현하면 다음과 같다.

```
DDRB |= 0x20;
PORTB |= 0x20;
```

동일한 기능을 아두이노에서 제공하는 추상화된 함수를 통해 구현하면 다음과 같다.

```
pinMode(13, OUTPUT);
digitalWrite(13, HIGH);
```

레지스터를 사용하는 경우에 비해 아두이노의 추상화된 함수를 사용하는 것이 프로그램 작성은 물론 코드를 이해하는 것이 쉽다는 점은 분명하다. 큰 차이가 없어 보인다면 아두이노 메가2560을 위한 프로그램과 비교해 보면 장점을 보다 쉽게 알 수 있다. 아두이노 메가2560의 13번 핀에 연결된 LED를 켜는 프로그램을 ATmega2560의 레지스터를 통해 구현하면 다음과 같다.

```
DDRB |= 0x80;
PORTB |= 0x80;
```

ATmega328의 경우와 비슷하지만 약간의 차이가 있다. 하지만 아두이노의 함수를 사용한다면 아두이노 우노에서 사용한 코드를 변경하지 않고 아두이노 메가2560에 그대로 사용할 수 있다. 물론 아두이노에서 ATmega328이나 ATmega2560의 모든 기능을 추상화된 함수로 제공하는 것은 아니지만 기본적인 기능들에 대한 추상화된 함수들을 제공하고 있으므로 빠른 시간에 프로토타입을 만들어볼 수 있다.

추상화된 함수와 더불어 아두이노에서는 주변장치를 쉽게 사용할 수 있도록 C++의 클래스 형태로 만들어진 라이브러리를 제공하고 있다. EEPROM의 100번지에 10의 값을 쓰고 싶다면 다음과 같이 한 문장으로 충분하다.

```
EEPROM.write(100, 10);
```

간단하지 않은가? 물론 EEPROM 클래스의 내부에서는 많은 일들이 벌어지고 있다. 하지만 아두이노는 모든 번거로운 작업을 추상화된 함수와 라이브러리를 통해 대신해 주고 있으므로 프로그래머가 신경 써야 할 부분은 그리 많지 않다. 아두이노가 설치된 디렉터리 아래의 'libraries' 디렉터리를 살펴보면 사용하고자 하는 주변장치에 따라 별도의 디렉터리로 만들어진 라이브러리들을 확인할 수 있다.

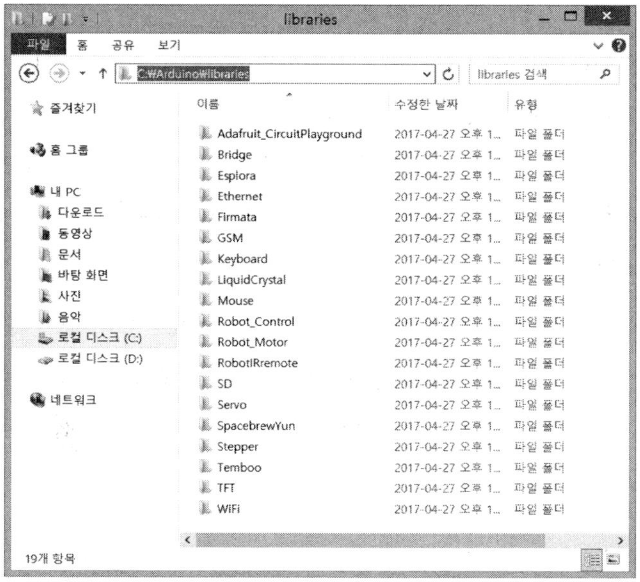

그림 10. 아두이노의 기본 라이브러리

아두이노 설치 디렉터리 아래 존재하는 라이브러리들은 '기본 라이브러리'라고 불리며 아두이노에서 공식적으로 제공하는 라이브러리들이다. 하지만 하드웨어의 기능을 확장하기 위해 쉴드를 제작하여 사용하는 것과 마찬가지로, 기본 라이브러리에서 제공하지 않는 기능들 역시 라이브러리로 만들어 사용할 수 있으며 이를 '확장 라이브러리'라고 한다. 확장 라이브러리는 스케치북 디렉터리 아래의 libraries 디렉터리에 설치하는 것이 일반적이다. 스케치북 디렉터리는 '파일 → 환경 설정' 메뉴에서 확인할 수 있으며 여기서는 'D:\Arduino'로 설정한 것으로 가정한다.

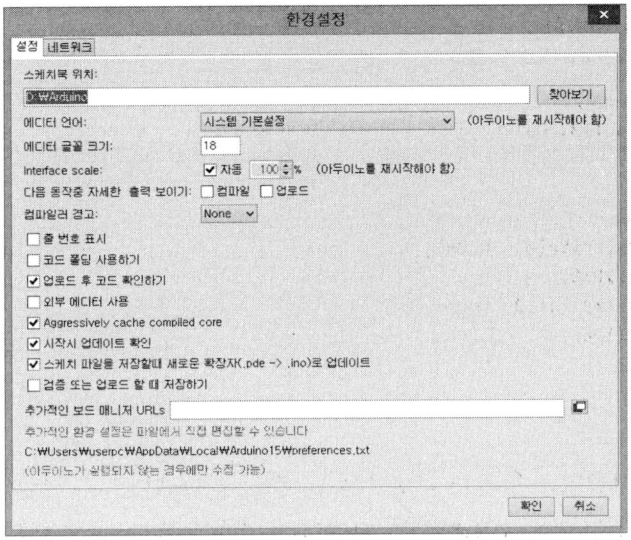

그림 11. 환경 설정 – 스케치북 위치

일반적으로 마이크로컨트롤러를 위한 프로그램은 '펌웨어(firmware)'라고 하지만 아두이노를 위한 프로그램은 '스케치(sketch)'라고 한다. 쉽고 간단하게 그림을 그리듯이 펌웨어를 만들 수 있다는 의미에서 붙여진 이름으로 C/C++ 프로그램에서의 프로젝트와 유사하다. 스케치북은 스케치들을 모아놓은 것을 말한다. 아두이노 프로그램의 편집기에 스케치 1을 입력하고 '파일 → 저장' 메뉴 항목 또는 'Ctrl + S' 단축키를 눌러 스케치를 저장해 보자.

스케치 1. 샘플 프로그램

```
void setup()
  pinMode(13, OUTPUT);
}

void loop() {
  digitalWrite(13, HIGH);
  delay(1000);
  digitalWrite(13, LOW);
  delay(1000);
}
```

스케치가 저장되는 위치는 그림 11의 스케치북 디렉터리로 자동으로 지정된다. 또한 그림 12에서 스케치북 디렉터리 아래에 'libraries' 디렉터리가 자동으로 생성되어 있는 점도 눈여겨보아야 하며 확장 라이브러리가 설치되는 위치가 바로 이곳이다.

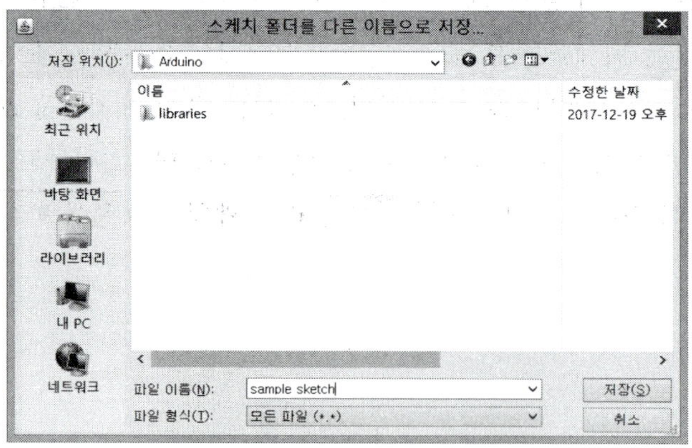

그림 12. 스케치 저장 위치

스케치들은 스케치북 디렉터리 아래에 디렉터리 별로 저장되고 관리된다. 스케치 1을 'sample sketch'라는 이름으로 저장하자. 아두이노에서 스케치 이름에 포함되어 있는 공백 문자는 자동으로 밑줄 문자로 교체된다. 저장 후 스케치북 디렉터리를 확인해 보면 그림 13에서와 같이 스케치북 디렉터리 아래에 지정한 스케치 이름을 가지는 디렉터리가 생성되고, 생성된 디렉터리 내에는 동일한 이름을 가지면서 확장자가 INO인 소스 파일이 생성되는 것을 확인할 수 있다.

그림 13. 스케치 저장 디렉터리

아두이노는 애초 비전공자들을 위한 마이크로컨트롤러로 만들어졌다. 간단한 하드웨어와 간단한 프로그램, 그리고 추상화된 함수와 라이브러리를 통해 쉽고 빠르게 스케치를 그려볼 수 있다는 점은 비전공자들을 위한 배려일 뿐만이 아니라, 경험 있는 프로그래머들도 손쉽게 프로토타입을 만들어볼 수 있도록 해준다는 점에서 장점이 아닐 수 없다. 또한 간과할 수 없는 부분이 바로 확장 라이브러리다. 아두이노에서 공식적으로 제공하지는 않지만 수많은 참여자들에 의해 만들어지고 무료로 공개되어 있는 확장 라이브러리는 아두이노라는 생태계를 구축하고 지금과 같은 아두이노의 성공을 이끈 주역이라 해도 과언이 아니다. 지금도 누군가 기존 라이브러리보다 더 편리한 라이브러리를 만들기 위해 고민에 쌓여 있을 것이며, 그럼으로써 아두이노의 영토는 점점 넓어지고 있다.

4. 아두이노 프로그래밍

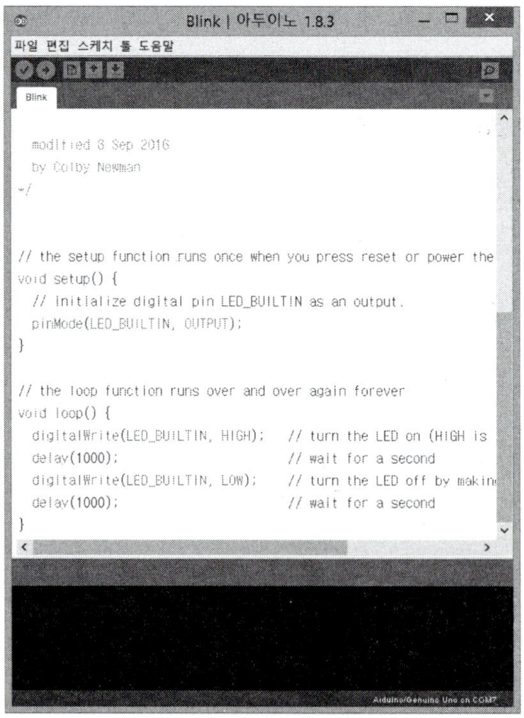

그림 14. 블링크 예제

아두이노 프로그램 설치가 끝났으면 아두이노 우노를 컴퓨터와 연결하는 것으로 아두이노를 시작할 준비는 끝난다. 아두이노 프로그램을 실행하고 '파일 → 예제 → 01.Basics → Blink'를 선택해 보자. C 프로그래밍의 시작에 'Hello World'가 있다면 아두이노 프로그래밍의 시작에는 'Blink'가 있다. 블링크 예제는 아두이노 보드에서 13번 핀에 연결된 내장 LED를 1초 간격으로 점멸하는 스케치다. 그림 14에서 'LED_BUILTIN'은 내장 LED가 연결되어 있는 핀인 13번 핀을 나타내는 상수다.

스케치를 컴파일하고 아두이노 우노로 업로드 하는 방법은 간단하다. 다만 업로드 이전에 확인해야 할 점이 몇 가지 있다. 먼저 '툴 → 보드' 메뉴에서 사용하고자 하는 아두이노 보드가 선택되었는지 확인한다. 아두이노 우노의 경우 'Arduino/Genuino Uno'를 선택하면 된다.

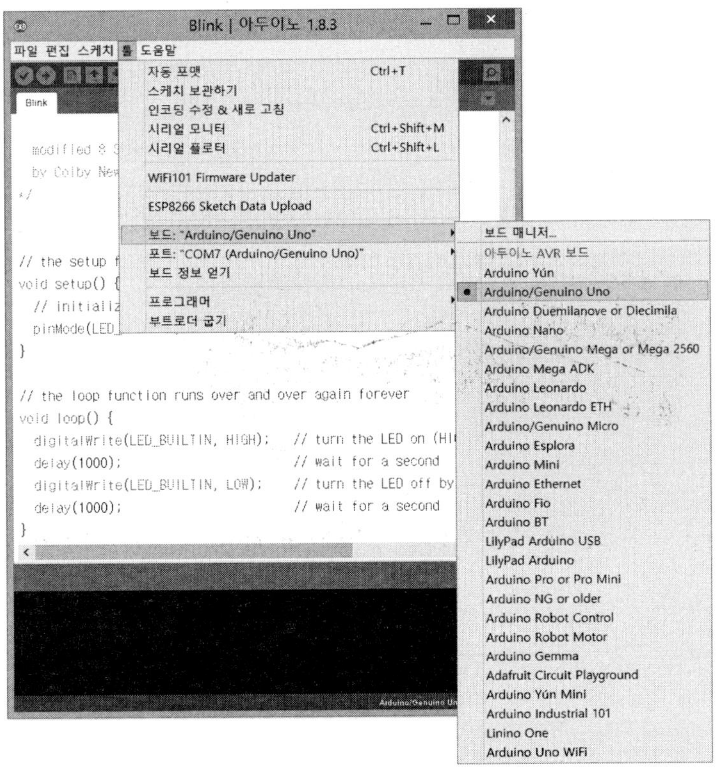

그림 15. 아두이노 보드 선택

다음은 '툴 → 포트' 메뉴에서 아두이노 보드에 할당된 시리얼 포트를 선택한다. 아두이노 우노가 연결된 COM 포트 번호 옆에 '(Arduino/Genuino Uno)'라는 표시가 나타나므로 쉽게 확인할 수 있다.

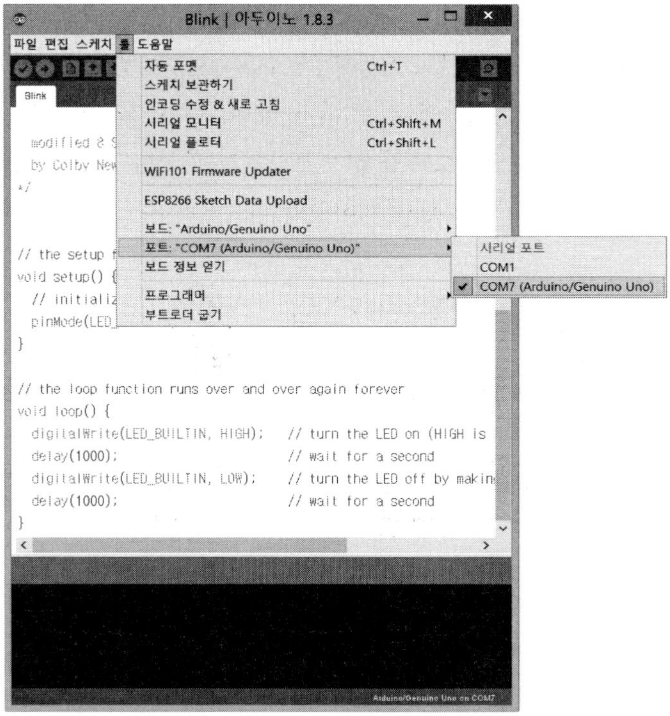

그림 16. 포트 선택

포트 번호는 컴퓨터에 따라 달라질 수 있으며 제어판의 장치관리자에서도 확인할 수 있다.

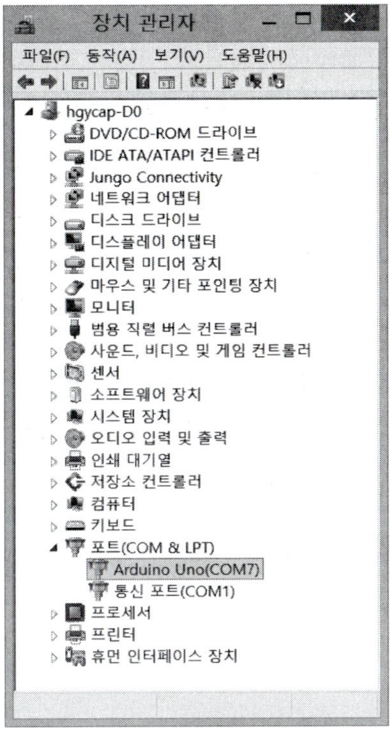

그림 17. 아두이노 보드에 할당된 포트

설정이 끝났으면 먼저 스케치를 컴파일 해 보자. 프로그래밍 과정에서 필요한 기본적인 기능들은 아두이노 프로그램의 툴바를 통해 사용할 수 있다.

그림 18. 아두이노 프로그램의 툴바

툴바의 버튼 중 가장 왼쪽에 있는 버튼은 '확인' 버튼으로 스케치의 문법적인 오류를 검사하기 위해 사용한다. 오류가 있다면 메시지 출력 창으로 오류 정보를 보여준다. 컴파일 과정에서 오류가 없다면 아두이노 우노에 Blink 스케치를 업로드 해보자. '확인' 버튼 옆에 있는 '업로드' 버튼으로 기계어 파일을 생성하고 이를 시리얼 포트를 통해 아두이노 보드로 업로드 할 수 있다. 업로드에 성공하면 13번 핀에 연결된 LED가 1초 간격으로 깜빡거리는 것을 확인할 수 있다. 다만 아두이노 우노에 포함되어 있는 LED는 칩 타입의 LED이므로 자세히 보지 않는다면 알아차리지 못할 수도 있다.

앞에서 시리얼 포트는 펌웨어 업로드 이외에도 컴퓨터와의 통신을 위해 사용될 수 있다고 설명하였다. 툴바의 가장 오른쪽에 있는 '시리얼 모니터' 버튼을 누르면 시리얼 모니터가 나타난다.

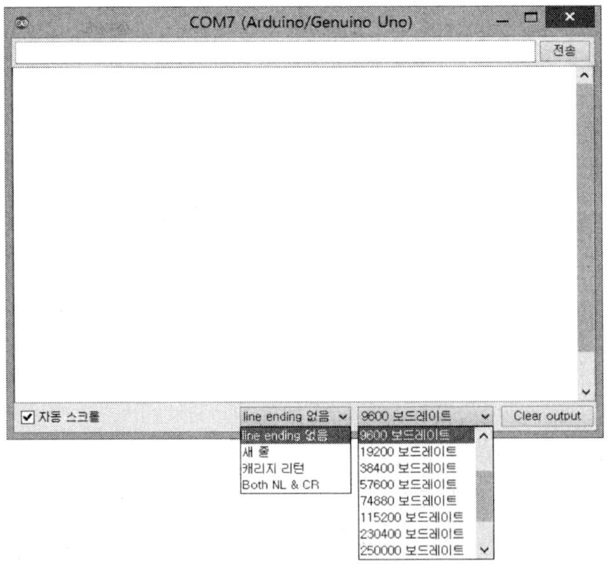

그림 19. 시리얼 모니터

시리얼 모니터는 컴퓨터에서 아두이노로 UART 시리얼 통신을 통해 전달할 데이터를 입력하는 윗부분과, 아두이노에서 UART 시리얼 통신을 통해 전달된 데이터를 표시하는 아랫부분으로 나뉘어져 있다. 이외에 아래쪽에 2개의 콤보 박스가 있다.

첫 번째 콤보 박스는 추가 문자 선택을 위한 콤보 박스다. 입력창에 데이터를 입력하고 엔터키를 누르거나 '전송' 버튼을 누르면 입력된 데이터가 아두이노로 전달된다. 이 때 추가 문자 선택 콤보 박스에 지정된 개행 문자가 입력한 데이터의 끝부분에 추가된다. '새 줄'을 선택하면 '\n'이 추가되고 '캐리지 리턴'을 선택하면 '\r'이 추가되며, 'Both NL & CR'을 선택하면 이들 두 문자 모두가 추가된다. 추가된 개행 문자는 입력한 데이터의 끝을 표시하기 위해 흔히 사용된다.

두 번째 콤보 박스는 UART 시리얼 통신의 보율(baud rate)을 선택하기 위해 사용된다. UART 시리얼 통신은 비동기식 통신 방법으로 약속된 속도, 즉, 보율에 따라 통신을 수행하므로 통신하는 두 장치는 동일한 보율로 설정되어야 한다. 아두이노에서는 9,600 보율이 흔히 사용한다.

아두이노 프로그램이 간단하고 편리하긴 하지만, 고급 기능, 특히 디버깅 기능을 제공하지 않는 점이 가장 큰 불편함이 아닐까 싶다. 디버깅을 위해서는 전용의 장비가 필요하지만 비전공자들은 사용이 쉽지 않으므로 아두이노 프로그램에서는 디버깅 기능을 지원하지 않고 있다. 하지만 간단한 디버깅이 필요하다면 시리얼 모니터로 실행 과정 및 결과를 출력하여 디버깅에 사용할 수 있으며, 이것이 디버깅을 지원하지 않는 아두이노 환경에서 사용할 수 있는 유일한 디버깅 방법이라 하겠다.

시리얼 모니터로 데이터를 출력하는 예를 살펴보자. '파일 → 예제 → 04.Communication → ASCIITable'을 선택한다. ASCIITable 예제는 아스키코드 문자들을 다양한 형식으로 시리얼 모니터로 출력하는 스케치다. 'Ctrl + U' 단축키, '스케치 → 업로드' 메뉴 항목, 또는 툴바의 '업로드' 버튼으로 스케치를 업로드 한 후 시리얼 모니터를 실행시키면 아두이노에서 컴퓨터로 전달된 아스키코드 데이터들이 시리얼 모니터로 출력되는 것을 확인할 수 있다.

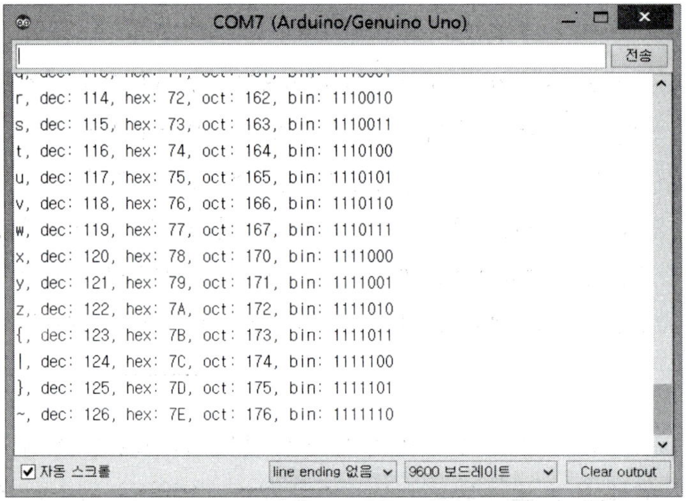

그림 20. ASCIITable 스케치 실행 결과

5. 스케치의 구조

스케치를 업로드 하고 실행 결과까지 확인해 보았다. 마지막으로 언급하고 넘어가야 할 부분은 바로 스케치의 독특한 구조다. 블링크 예제에서 특이한 점을 발견하지 못했는가? 그림 14를 다시 살펴보자. 아두이노의 스케치는 C/C++ 언어로 만들어진다. C/C++ 언어로 작성한 프로그램의 경우 제일 먼저 실행되는 main 함수가 반드시 필요하다. 하지만 그림 14에서는 main 함수를 찾아볼 수 없으며 setup과 loop의 두 개 함수만 존재한다. main은 어디에 있을까?

일반적으로 마이크로컨트롤러에는 컴퓨터와 달리 오직 하나의 프로그램만 설치될 수 있으며 설치된 프로그램은 전원이 주어지는 동안 끝나지 않는 무한루프(메인 루프 또는 이벤트 루프)를 통해 데이터를 처리한다. 이외에도 필요한 헤더 파일을 포함시키거나 상수를 정의하는 등의 작업을 수행하는 전처리

부분, 마이크로컨트롤러를 초기화하는 부분 등이 필요하다. 이러한 일반적인 마이크로컨트롤러를 위한 프로그램의 구조를 요약한 것이 그림 21다.

```
전처리
int main(void)
{
    초기화
    while(1)
    {
        데이터 처리
    }
    return 1 ;
}
```

그림 21. 마이크로컨트롤러를 위한 펌웨어 구조

아두이노의 스케치는 그림 21에 나타난 프로그램의 구조를 보다 직관적으로 이해할 수 있도록 초기화 부분과 데이터 처리 부분을 setup과 loop라는 함수로 분리해 놓고 있다.

```
전처리
void setup(voidd)
{
    초기화
}
void loop(void)
{
    데이터 처리
}
```

그림 22. 아두이노를 위한 스케치 구조

내용이 바뀐 것은 아니다. 다만 모양이 바뀌었을 뿐이다. 사실 아두이노에도 main 함수는 존재한다. 아두이노 설치 디렉터리 아래 'hardware\arduino\avr\cores\arduino' 디렉터리를 살펴보면 main.cpp 파일을 확인할 수 있으며, main.cpp 파일을 확인해 보면 그 구조가 그림 21과 다르지 않다는 사실을 확인할 수 있다.

main.cpp

```
#include <Arduino.h>

int main(void) {
  init();

  initVariant();

#if defined(USBCON)
  USBDevice.attach();
#endif

  setup();                                        // 초기화

  for (;; ) {                                     // 메인 루프 또는 이벤트 루프
    loop();                                       // 데이터 처리
    if (serialEventRun) serialEventRun();
  }

  return 0;
}
```

아두이노에서 초기화를 담당하는 함수는 setup 함수이며 스케치가 실행될 때 한 번만 실행된다. 따라서 변수의 초기화, 핀 설정 등의 작업이 setup 함수에서 실행된다. loop 함수는 반복적인 실행이 필요한 메인 루프에 해당하는 부분으로 데이터의 입출력 및 처리를 담당한다. 그림 9에서도 볼 수 있듯이 아두이노 프로그램에서 새로운 스케치 파일을 만들면 main 함수가 아니라

setup과 loop의 두 함수가 자동으로 추가된다. 두 함수에 포함되어야 하는 내용이 없는 경우에도 두 함수는 반드시 스케치에 정의되어 있어야 한다.

6. 맺는말

아두이노는 비전공자들이 손쉽게 마이크로컨트롤러를 사용할 수 있도록 해주는 표준화되고 확장이 가능한 하드웨어와, 간단하고 직관적인 소프트웨어 개발 환경으로 이루어져 있다. C 언어를 배울 때 가장 먼저 접하는 프로그램이 'Hello World'라면, 아두이노를 배울 때 가장 먼저 접하는 스케치는 'Blink'가 아닐까 싶다. 앞에서 살펴본 것처럼 블링크 스케치를 통해 아두이노나 마이크로컨트롤러를 처음 접하는 독자들도 5분이면 LED를 깜빡거리도록 할 수 있다. 그만큼 아두이노는 쉽다. 하지만 아두이노가 초보자들만을 위한 도구는 아니다. 아두이노는 초보자들이 마이크로컨트롤러로 원하는 작품을 만들 수 있도록 도와줄 뿐만이 아니라, 이미 마이크로컨트롤러로 작품을 만들어본 경험자에게는 빠르고 쉽게 원하는 기능을 테스트해볼 수 있는 프로토타이핑 도구로 가치가 있다.

오픈 소스 정책을 채택하고 있는 아두이노는 표준화된 하드웨어를 통해 누구나 손쉽게 그 기능을 확장할 수 있도록 해주었다. 또한 하드웨어를 활용할 수 있는 많은 라이브러리 역시 오픈되어 있으므로 다양한 사용자층을 끌어들이고, 이를 통해 더 많은 하드웨어와 소프트웨어를 제공하는 선순환 구조를 형성함으로써 독자적인 생태계 구축에 성공하였다. 공개된 하드웨어와 라이브러리를 통해 다양한 작품을 만들어 볼 수 있다는 점이 초보자들에게 매력적이라면, 오픈 소스 정책에 따라 아두이노를 무한히 확장할 수 있다는 점은 경험 있는 사용자들에게도 적지 않은 장점이라 하겠다.

Chapter 02

아두이노 기본 클래스

아두이노는 C/C++ 언어를 사용한다. 일반적으로 아두이노의 스케치는 C 언어를 사용하여 작성한다면, C++ 언어는 손쉬운 주변장치 사용을 가능하게 하는 라이브러리 구성을 위해 사용된다. 아두이노에서 흔히 사용되는 기능 중에는 컴퓨터나 주변장치와의 시리얼 통신과 문자열 처리가 포함되며 이를 위해 아두이노에서는 Serial 클래스와 String 클래스를 기본 클래스로 제공하고 있다. 이 장에서는 Serial 클래스와 String 클래스의 사용 방법에 대해 알아본다.

아두이노 스케치는 C/C++ 언어를 기반으로 하고 있다. 하지만 직관적인 프로그래밍이 가능하도록 스케치는 main 함수 없이 setup과 loop 함수를 기반으로 구성되며 간단한 스케치는 C 스타일로 함수 중심으로 작성되는 경우가 일반적이다. 반면 아두이노에 연결된 주변 장치 제어를 위한 라이브러리들은 C++의 객체 지향 방식으로 클래스를 사용하여 작성된다. 아두이노는 스케치에서 흔히 사용되는 UART (Universal Asynchronous Receiver Transmitter) 시리얼 통신과 문자열을 다루기 위해 Serial과 String 클래스를 기본 클래스로 제공하고 있다. 기본 클래스는 클래스를 사용하기 위해 별도의 헤더 파일을 포함시킬 필요가 없다.

한 가지 유의할 점은 아두이노 우노에 사용되는 ATmega328 마이크로컨트롤러는 하나의 하드웨어 기반 시리얼 연결만을 지원한다는 점이다. 즉, 시리얼 연결을 위한 클래스에서 생성될 수 있는 객체는 오직 하나 뿐이므로 클래스와 객체의 구별이 크게 의미가 없다. 실제로 시리얼 통신을 위한 클래스의 이름은 'Serial_'이며 아두이노 우노에서는 Serial_ 클래스의 유일한 객체가 'Serial'로 정의되어 있어 Serial을 클래스 이름이면서 객체 이름으로 혼용하여 사용하고 있다.

많은 수의 입출력 핀을 제공하고 있어 사용이 증가하고 있는 아두이노 메가2560은 아두이노 우노와는 다르다. 아두이노 메가2560에 사용된 ATmega2560 마이크로컨트롤러에는 4개의 하드웨어 기반 시리얼 연결을 지원하며 Serial 이외에도 Serial1, Serial2, Serial3의 3개 객체가 추가로 정의되어 있다. 하지만 아두이노 메가2560에서도 Serial_ 클래스의 객체를 임의로 생성하는 경우는 없으며 미리 정의된 객체를 사용하여 시리얼 통신을 수행한다. 표 1은 아두이노 우노와 아두이노 메가2560에 정의되어 있는 UART 시리얼 통신을 위한 객체를 요약한 것이다.

표 1. 아두이노 메가2560의 UART 시리얼 통신

채널	연결 핀	해당 객체	설명
0	0(RX), 1(TX)	Serial	우노와 동일
1	19(RX), 18(TX)	Serial1	
2	17(RX), 16(TX)	Serial2	
3	15(RX), 14(TX)	Serial3	

시리얼 클래스와 달리 문자열은 스케치 내에서 필요에 따라 임의의 개수를 생성하여 사용할 수 있으므로 String 클래스의 객체는 사용자가 직접 생성하여 사용한다는 점에서 Serial 클래스와 차이가 있다.

1. UART 시리얼 연결

Serial은 아두이노를 컴퓨터나 주변 장치와 UART 시리얼 통신으로 연결하기 위해 사용되는 클래스다. 아두이노의 UART 시리얼 통신은 RS-232C 프로토콜 정의 중 RX(receive data), TX(transmit data), GND(ground)의 세 개 핀만을 사용하여 통신을 수행하는 방식이다. 그림 1은 UART 시리얼 통신을 이용하기 위해 컴퓨터와 아두이노 보드를 연결한 예로 송신(TX)과 수신(RX)이 서로 교차하여 연결되어 있다는 점에 유의해야 한다.

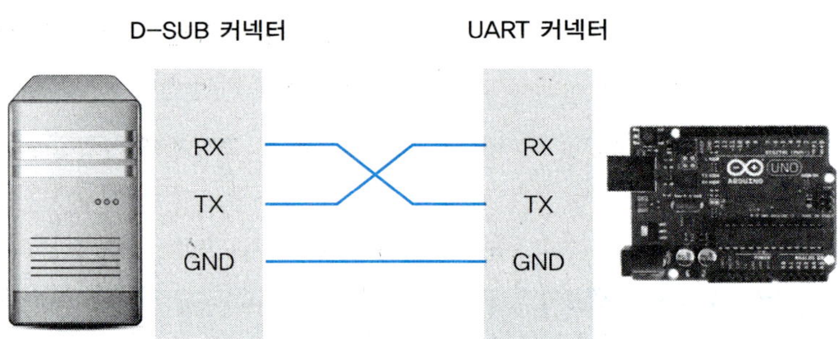

그림 1. 컴퓨터와 마이크로컨트롤러의 UART 연결

또 한 가지 주의해야 할 점이 있다. 그림 1에서 컴퓨터와 아두이노를 직접 연결하는 것처럼 그려져 있지만, 컴퓨터의 시리얼 연결은 RS-232C를 사용하므로 컴퓨터와 아두이노를 연결하기 위해서는 별도의 변환 장치가 필요하다. RS-232C 연결을 위해서는 9핀의 커넥터를 사용하지만 최근 데스크톱 컴퓨터나 노트북 컴퓨터에서는 제공하지 않는다. 따라서 아두이노 보드는 USB를 통해 컴퓨터와 연결하며, USB 연결에 해당하는 가상의 시리얼 포트를 통해 아두이노 우노와 컴퓨터가 UART 시리얼 통신을 수행한다. 이 경우에도 USB와 UART는 그 방식에 차이가 있으므로 상호 변환을 위한 장치가 필요하며 아두이노 우노의 경우 ATmega16u2 마이크로컨트롤러가 그 역할을 담당하고 있다.

아두이노 우노와 컴퓨터를 연결하는 USB 연결은 두 가지 용도로 주로 사용된다. 첫 번째는 스케치를 업로드하기 위한 용도이며 두 번째는 컴퓨터와의 UART 시리얼 통신을 위한 용도다. 스케치가 USB를 통해 전달되면 ATmega16u2 마이크로컨트롤러가 UART 데이터로 변환하고 이를 아두이노 우노에 사용된 마이크로컨트롤러인 ATmega328에 설치한다. 아두이노 우노와 컴퓨터를 USB로 연결하면 장치 관리자에서 COM 포트, 즉, 시리얼 포트가 할당되며 이 포트가 스케치 업로드에 사용된다. 스케치 업로드에 사용하지 않는 경우 할당된 가상의 시리얼 포트는 컴퓨터와 UART 시리얼 통신을 수행하기 위한 용도로 사용할 수 있다.

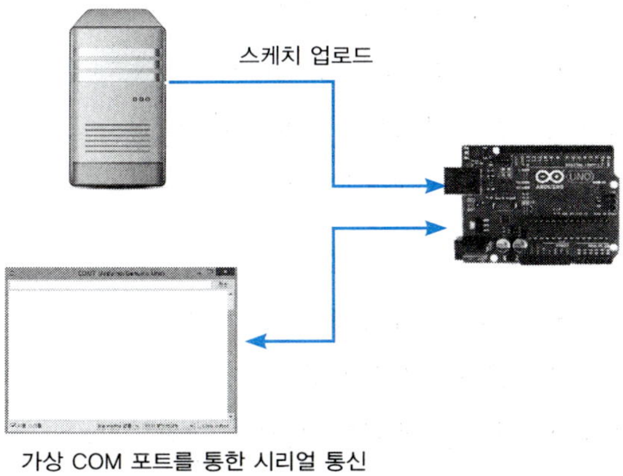

그림 2. 아두이노 우노의 USB 연결[9]

UART 시리얼 통신을 위해서는 아두이노 우노의 디지털 0번과 1번 핀이 사용된다. 입출력 핀의 개수가 부족하다면 디지털 0번과 1번 핀은 디지털 입출력 핀으로도 사용될 수 있다. 하지만 디지털 0번과 1번 핀에 주변장치를 연결하면 스케치를 업로드 할 때 충돌이 발생하고 스케치 업로드에 실패할 수 있으므로 디지털 0번과 1번 핀은 스케치 업로드를 위한 전용 핀으로 사용하는

9 이미지 출처 : http://arduino.cc

경우가 대부분이다. UART 시리얼 통신을 사용하는 주변장치를 0번과 1번 핀에 연결해야만 한다면 먼저 주변장치와의 연결을 끊고 스케치를 업로드 한 후 다시 주벼장치를 연결하는 것이 안전하다.

이전 장에서 이미 시리얼 모니터로 데이터를 출력하기 위해 Serial 클래스를 사용해 보았다. 툴바의 가장 오른쪽에 있는 '시리얼 모니터' 버튼, '도구 → 시리얼 모니터' 메뉴 항목 또는 'Ctrl + Shift + M' 단축키를 통해 시리얼 모니터를 실행시킬 수 있다. 시리얼 모니터는 아두이노의 Serial 객체를 통해 송수신되는 데이터를 확인하기 위한 용도로 사용된다. 시리얼 모니터에는 데이터 송수신에 사용할 수 있는 영역 이외에도 아래쪽에 두 개의 콤보 박스가 있다. 첫 번째 콤보 박스는 문자열 전송시에 문자열 끝에 추가할 문자를 선택할 수 있도록 해준다. 디폴트값으로 추가 문자는 없는 것(No line ending)으로 설정되어 있지만 필요한 경우 '새 줄' (Newline 또는 Line Feed, ASCII Code 10, '\n'), '캐리지 리턴' (Carriage Return , ASCII Code 13, '\r') 또는 두 문자 모두를 추가할 수 있다.

두 번째 콤보 박스는 데이터 변조 속도를 설정하는 콤보 박스로 9600 보율(baud rate)이 흔히 사용된다. 시리얼 통신의 경우 송신측과 수신측이 동일한 속도로 설정되어야만 정확한 데이터 전달이 가능하므로 아두이노와 컴퓨터 또는 주변장치의 보율이 일치하도록 설정되어 있어야 한다.

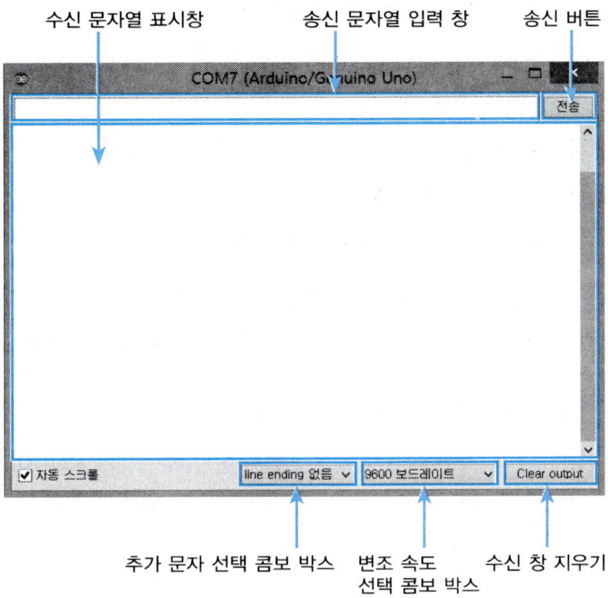

그림 3. 시리얼 모니터

2. Serial 클래스

Serial 클래스를 통해 데이터를 전송하는 방법을 살펴보자. 데이터를 전송하기에 앞서 먼저 UART 시리얼 통신을 초기화해야 하며 이를 위해 begin 함수를 사용한다.

```
void begin(unsigned long baud)
void begin(unsigned long baud, byte config)
  - 매개변수
    baud : 속도
    config : 데이터 비트 수, 패리티, 정지 비트 설정
  - 반환값 : 없음
```

begin 함수에서는 UART 시리얼 통신을 위한 전송 속도와 옵션을 설정한다. 전송 속도는 보율(baud rate)로 지정하며 여러 가지 속도를 선택할 수 있지만 9600 보율이 흔히 사용된다. 옵션은 데이터 비트 수, 패리티 비트, 정지 비트 수 등을 설정할 수 있다. 옵션은 'SERIAL_nXm' 형식의 상수로 정의되어 있으며 'n'은 데이터 비트의 수로 5, 6, 7, 8비트 중 하나를 사용할 수 있다. 'X'는 패리티 비트 없음(N), 짝수 패리티(E), 홀수 패리티(O) 중 하나를 사용할 수 있다. 'm'은 정지 비트의 수로 1 또는 2를 사용할 수 있다. 디폴트값은 8 데이터 비트, 패리티 비트 없음, 1 정지 비트로 'SERIAL_8N1'이다.

UART 시리얼 통신이 초기화 된 후 아두이노에서 컴퓨터나 주변장치로 데이터를 전송하기 위해 사용할 수 있는 멤버 함수에는 문자열 기반의 print 및 println 함수와 이진 데이터 기반의 write 함수가 있다. println 함수는 전송되는 문자열 끝에 개행 문자를 추가하는 점을 제외하면 print 함수와 동일하다.

print 함수는 인자로 주어지는 내용을 문자열로 변환하여 출력하므로 문자나 문자열뿐만 아니라 정수와 실수 역시 문자열로 출력할 수 있다. write 함수는 아스키코드 값을 기준으로 바이트 단위로 데이터를 출력한다. 예를 들어 정수 65를 print 함수로 출력하면 정수 65는 문자열 '65'로 변환되어 시리얼 모니터에는 문자열 '65'가 출력된다. 반면 정수 65를 write 함수로 출력하면 시리얼 모니터에는 ASCII 코드 값 65에 해당하는 문자 'A'가 출력된다.

```
size_t print(value, format)
  - 매개변수
    value : 출력값 (char, char 배열, String, 정수, 실수 등)
    format : 출력 형식
  - 반환값 : 시리얼 포트로 출력된 바이트 수
```

```
size_t wirte(uint8_t ch)
  - 매개변수
    ch : 출력할 바이트 단위 데이터
  - 반환값 : 시리얼 포트로 출력된 바이트 수
```

스케치 1은 print 및 write 함수를 사용하여 다양한 유형의 데이터를 시리얼 모니터로 출력하는 예를 보여준다.

스케치 1. print 함수와 write 함수

```
void setup() {
  Serial.begin(9600);                    // 시리얼 포트 초기화
}

void loop() {
  Serial.print("String  : ");
  Serial.println("Test String");         // 문자열 출력

  Serial.print("Char    : ");
  Serial.println('c');                   // 문자 출력

  Serial.print("Integer : ");
  Serial.println(123);                   // 정수 출력

  Serial.print("Float   : ");
  Serial.println(3.14);                  // 실수 출력

  byte data = 65;
  Serial.println();
  Serial.print("With print : ");
  Serial.println(data);                  // print 함수

  Serial.print("With write : ");
  Serial.write(data);                    // write 함수

  while(true);
}
```

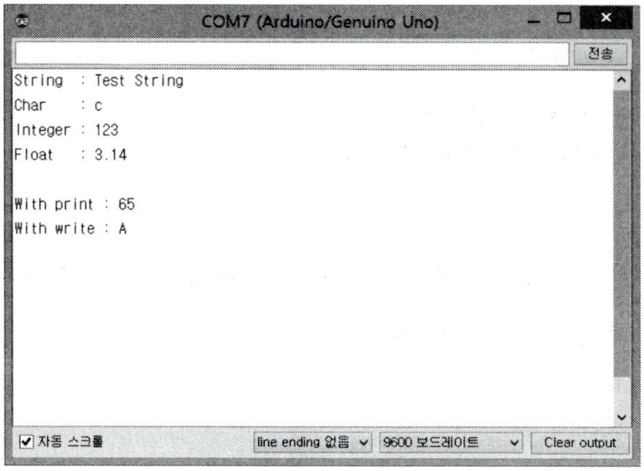

그림 4. 스케치 1 실행 결과

숫자를 print 함수로 출력하는 경우에는 두 번째 매개변수를 사용할 수 있으며 두 번째 매개변수는 정수를 출력하는 경우에는 진법을, 실수를 출력하는 경우에는 소수점 이하 자릿수를 나타낸다. 정수의 경우 디폴트값은 십진수 출력이며 실수의 경우 디폴트값은 소수점 이하 두 자리다. 진법 지정을 위해서는 미리 정의된 상수값인 BIN(Binary), DEC(Decimal), HEX(Hexadecimal)를 사용할 수 있다. 스케치 2는 정수를 이진수, 십진수 및 십육진수로 출력하는 방법과 실수의 소수점 이하 자리수를 지정하는 방법을 보여준다.

스케치 2. 정수의 진법 변환 및 실수의 소수점 이하 자리수 지정

```
void setup() {
  Serial.begin(9600);              // 시리얼 포트 초기화
}

void loop() {
  int n = 123;
  float f = 3.1415927;

  Serial.println(n, BIN);          // 이진수
```

```
    Serial.println(n, DEC);         // 십진수. 디폴트값으로 DEC는 생략 가능
    Serial.println(n, HEX);         // 십육진수

    Serial.println();
    Serial.println(f);              // 디폴트값으로 소수점 이하 두 자리
    Serial.println(f, 5);           // 소수점 이하 다섯 자리

    while(true);
}
```

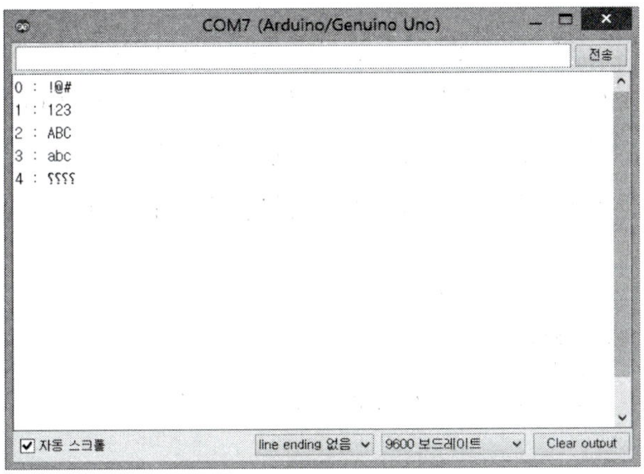

그림 5. 스케치 2 실행 결과

UART 시리얼 통신은 양방향 통신이므로 컴퓨터나 주변장치로 데이터를 송신하는 함수(print, write)와 더불어 컴퓨터나 주변장치로부터 데이터를 수신하기 위한 함수들도 마련되어 있다. 데이터 수신을 위한 함수에는 수신된 데이터가 존재하는 지의 여부를 알아보는 available, 수신된 데이터를 바이트 단위로 읽어오는 read 함수와 peek 함수가 있다.

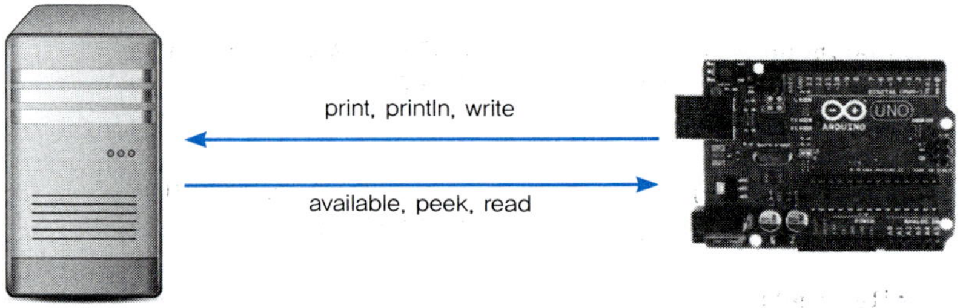

그림 6. 데이터 송수신 함수

UART 시리얼 통신을 통해 수신된 데이터는 수신 버퍼에 저장된다. available 함수는 수신 버퍼에 읽지 않고 저장되어 있는 데이터의 바이트 수를 반환한다. read와 peek 함수는 수신 버퍼의 첫 번째 바이트 데이터를 반환하지만 read 함수는 읽어온 데이터를 수신 버퍼에서 삭제하는 반면, peek 함수는 읽어온 데이터를 수신 버퍼에서 삭제하지 않는 차이가 있다.

```
int available(void)
  - 매개변수 : 없음
  - 반환값 : 시리얼 통신 수신 버퍼에 저장된 데이터의 바이트 수
```

```
int peek(void)
  - 매개변수 : 없음
  - 반환값 : 시리얼 통신 수신 버퍼의 첫 번째 바이트 데이터 또는 -1 (버퍼에서 수신 데이터를 삭
    제하지 않음)
```

```
int read(void)
  - 매개변수 : 없음
  - 반환값 : 시리얼 통신 수신 버퍼의 첫 번째 바이트 데이터 또는 -1 (버퍼에서 수신 데이터를 삭
    제함)
```

스케치 3은 시리얼 모니터에서 입력한 문자를 아두이노에서 수신하고 다시 이를 컴퓨터로 재전송하여 시리얼 모니터로 출력하는 스케치의 예다. 송신 문자열 입력 창에 문자열을 입력하고 전송 버튼을 누르면 글자 단위로 재전송되어 돌아오는 것(에코 백, echo back)을 확인할 수 있다.

스케치 3. 시리얼 모니터에서 전송된 데이터 재전송

```
void setup() {
  Serial.begin(9600);                       // 시리얼 포트 초기화
}

void loop() {
  if(Serial.available() > 0){               // 수신된 데이터 존재 여부 확인
    byte data = Serial.read();              // 바이트 단위로 읽기

    Serial.print("Echo back : ");
    Serial.write(data);                     // 문자 출력
    Serial.print("  ");
    Serial.println(data);                   // ASCII 값 출력
  }
}
```

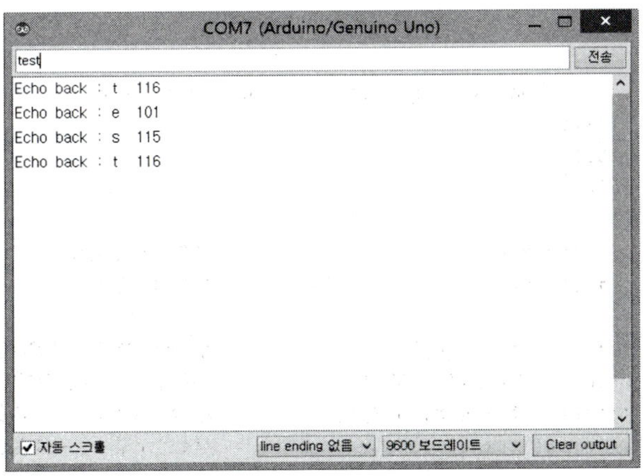

그림 7. 스케치 3 실행 결과

3. String 클래스

String 클래스는 문자열을 다루기 위한 클래스다. C 언어에서는 문자열을 다루기 위한 별도의 데이터 형이 존재하지 않으므로 문자 배열로 문자열을 처리한다. 반면 C++에서는 문자열을 위한 전용 클래스를 제공하고 있으며 아두이노 역시 문자열을 위한 전용 클래스인 String 클래스를 제공하고 있다. 문자 배열로 문자열을 다루는 경우와 String 클래스로 문자열을 다루는 경우를 비교하면, 문자 배열을 사용하는 경우가 필요로 하는 메모리가 적다는 장점은 있지만 배열을 다루는 과정에서 주의가 필요하다. String 클래스를 사용하면 문자열은 물론 숫자도 문자열로 쉽게 변환하여 문자열로 만들 수 있다. 스케치 4는 기존의 문자열 또는 다른 유형의 데이터를 이용하여 문자열을 생성하는 예를 보여주고 있다.

스케치 4. 문자열 생성

```
void setup() {
  Serial.begin(9600);                           // 시리얼 포트 초기화
}

void loop() {
  String str1 = "One string", str2 = "Another string";
  int n = 1234;
  float f = 3.14;
  char c = 'A';

  Serial.println(str1);                         // String 출력
  Serial.println(str1 + " " + str2);            // 문자열 연결

  Serial.println(String(n));                    // 정수로부터 10진 문자열 생성
  Serial.println(String(n, BIN));               // 정수로부터 2진 문자열 생성
  Serial.println(String(n, HEX));               // 정수로부터 16진 문자열 생성
  Serial.println(String(f));                    // 실수로부터 문자열 생성
```

```
    // 다른 타입의 데이터를 연결하여 새로운 String 객체를 생성한다.
    Serial.println("String + integer : " + String(n));

    String str3 = "String + character : ";
    str3 += n;
    Serial.println(str3);

    while(true);
}
```

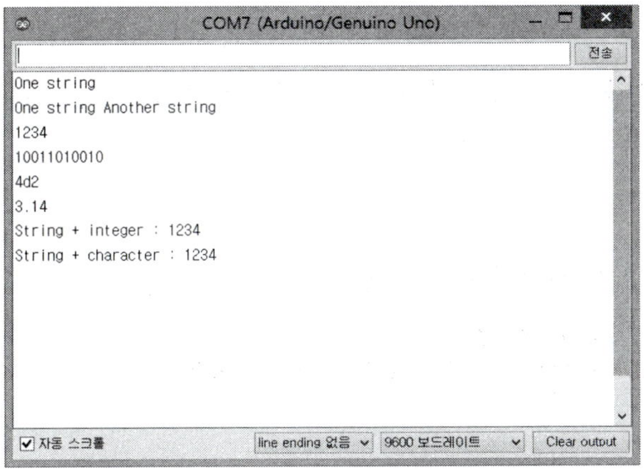

그림 8. 스케치 4 실행 결과

문자열을 연결할 때 주의할 점은 연결하고자 하는 두 값 중 하나가 String 클래스의 객체여야만 결과가 String 객체로 반환된다는 점이다. 또한 큰 따옴표로 둘러싸여진 문자열은 String 객체가 아니라 char 배열로 다루어진다는 점도 주의해야 한다. 아래의 예에서는 문자열과 정수가 연결될 것으로 생각할 수 있지만, 실제로 C 언어에서 char 배열과 정수의 덧셈은 불가능하다. char 배열과 정수를 더하는 경우 컴파일 과정에서 오류는 발생하지 않지만 문자열과 정수가 이어 붙여진 문자열을 얻을 수는 없다.

```
// 잘못된 예 : char 배열 + 정수 => ??
Serial.println("String + integer : " + n);
// 바른 예 : String 객체 + 정수 => String 객체
Serial.println(String("String + integer : ") + n);
```

String 클래스에는 문자열의 비교 및 검색 등을 위해 다양한 멤버함수가 제공되고 있다. 흔히 사용되는 멤버 함수에는 사전 순서에 따른 정렬을 위한 compareTo 함수와 두 문자열의 내용이 동일한지 비교하는 equals 및 equalsIgnoreCase 함수가 있다. equalsIgnoreCase 함수는 알파벳 대문자와 소문자를 동일한 문자로 취급한다는 점을 제외하면 equals 함수와 동일하다. compareTo 함수는 두 개의 문자열을 비교하여 배열 순서에 따라 양수(+), 영(zero), 또는 음수(–) 값을 반환한다.

```
unsigned char equals(const String &str)
  - 매개변수
      str : 비교 대상 문자열
  - 반환값 : 문자열이 str과 동일한 경우 1, 아닌 경우 0을 반환
```

```
int compareTo(const String &string2)
  - 매개변수
      string2 : 비교 대상이 되는 문자열
  - 반환값 : 순서상으로 string2가 먼저 나오면 양의 값, string2와 동일하면 0, string2
      가 뒤에 나오면 음의 값을 반환
```

스케치 5는 다섯 개의 문자열을 비교하여 오름차순으로 정렬한 결과를 보여주는 스케치의 예다. 문자열의 비교는 문자열을 구성하는 문자의 아스키코드 값을 기준으로 한다. 실행 결과에서 볼 수 있듯이 아두이노에서 한글은 지원되지 않는다.

스케치 5. 문자열 정렬

```
void setup() {
  Serial.begin(9600);                          // 시리얼 포트 초기화
}

void loop() {
  // 정렬할 문자열 배열
  String str[5] = {"abc", "ABC", "!@#", "라라라", "123"};

  // 문자열 정렬
  for(int i = 0; i < 4; i++){
    for(int j = i + 1; j < 5; j++){
      int compare = str[i].compareTo(str[j]);
      if(compare > 0){                         // 오름차순으로 정렬
        String temp = str[i];
        str[i] = str[j];
        str[j] = temp;
      }
    }
  }

  // 정렬된 문자열 출력
  for(int i = 0; i < 5; i++){
    Serial.println(String(i) + " : " + str[i]);
  }

  while(true);
}
```

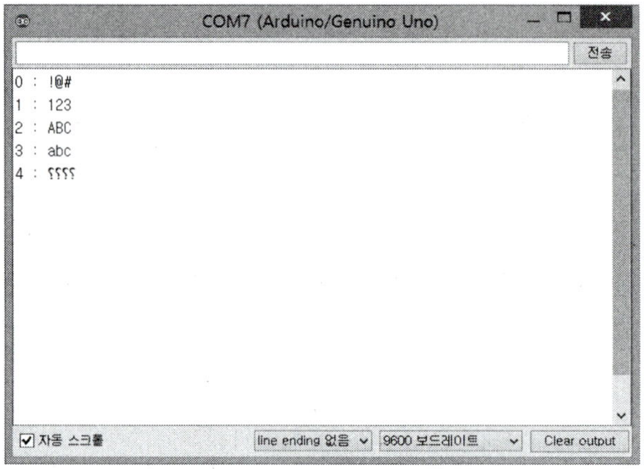

그림 9. 스케치 5 실행 결과

이외에도 Serial 클래스와 String 클래스에는 여러 가지 유용한 멤버 함수들이 다수 정의되어 있으며 다른 멤버 함수들은 부록 2. 아두이노 기본 클래스를 참고하면 된다.

4. 맺는말

아두이노의 스케치는 C/C++ 언어를 사용하여 만들어진다. 아두이노의 스케치는 마이크로컨트롤러를 제어하기 위한 저수준의 함수들을 추상화시켜 놓은 함수들을 사용하므로 비전공자들도 이해하고 사용하기 쉬운 장점이 있다. 이와 더불어 아두이노에는 마이크로컨트롤러에 연결하여 사용하는 장치들을 추상화시켜 놓은 다양한 라이브러리를 제공하고 있으며 대부분의 라이브러리는 C++의 클래스를 사용하여 만들어진다. 특히 아두이노에는 별도로 헤더 파일을 포함시키지 않고도 사용할 수 있는 Serial 클래스와 String 클래스가 기본 클래스로 제공되어 UART 시리얼 통신과 문자열 조작을 쉽게 할 수 있다.

'Serial'은 실제로는 클래스의 이름이 아니라 'Serial_' 클래스의 객체로 하드웨어 기반 UART 시리얼 포트를 통해 이루어지는 시리얼 통신을 담당한다. 하지만 아두이노 우노에서는 하나의 하드웨어 기반 UART 시리얼 포트만 사용할 수 있으므로 Serial을 클래스 이름이면서 객체로 설명하는 것이 일반적이다.

String 클래스는 문자열을 다루기 위한 클래스로 다양한 문자열 조작 함수를 제공하므로 손쉽게 문자열을 다룰 수 있다. 다만 String 클래스는 일반적으로 C 언어에서 문자 배열로 문자열을 처리하는 것과 비교할 때 더 많은 메모리를 필요로 하므로 메모리가 한정된 경우라면 주의가 필요하다.

Chapter 03

디지털 데이터 출력

마이크로컨트롤러는 디지털 컴퓨터의 일종으로 디지털 데이터 처리를 기본으로 하며 변환 장치를 통해 아날로그 데이터를 디지털로 변환한 후 처리할 수 있다. 이 장에서는 마이크로컨트롤러에서 기본이 되는 디지털 데이터 입출력 중 디지털 데이터 출력 방법을 발광 다이오드를 통해 알아본다.

마이크로컨트롤러에 포함되어 있는 중앙처리장치(CPU)는 디지털 데이터만을 처리할 수 있다. 아날로그 데이터 역시 입력이 가능하지만 실제 처리는 아날로그-디지털 변환기(Analog Digital Converter, ADC)를 거쳐 디지털 형태로 변환된 이후 가능하다. 아두이노 우노에서 사용 가능한 디지털 입출력 핀은 최대 20개로 핀 당 1비트의 데이터를 입출력할 수 있으므로 최대 20비트의 데이터를 한꺼번에 읽거나 쓸 수 있다. 20개의 데이터 핀은 0번에서 13번까지 그리고 A0에서 A5까지 번호가 할당되어 있다. A0~A5 핀은 아날로그 입력이 가능한 핀으로 디지털 데이터 입출력을 위해서라면 14~19번 핀으로 지정하여 사용할 수 있다.

표 1. 아두이노 우노의 디지털 데이터 입출력 핀

디지털 핀 번호	아날로그 핀 번호	디지털 데이터 입출력	아날로그 데이터 입력	아날로그 데이터 출력 (PWM)	비고
0	–	○	×	×	UART (RX)
1	–	○	×	×	UART (TX)
2	–	○	×	×	
3	–	○	×	○	
4	–	○	×	×	
5	–	○	×	○	
6	–	○	×	○	
7	–	○	×	×	
8	–	○	×	×	
9	–	○	×	○	
10	–	○	×	○	
11	–	○	×	○	SPI (MOSI)
12	–	○	×	×	SPI (MISO)
13	–	○	×	×	SPI (SCK)
14	A0	○	○	×	
15	A1	○	○	×	
16	A2	○	○	×	
17	A3	○	○	×	
18	A4	○	○	×	I2C (SDA)
19	A5	○	○	×	I2C (SCL)
핀 수		20개	6개	6개	

디지털 데이터 출력을 위해 이 장에서는 발광 다이오드(Light Emitting Diode, LED)를 사용한다. LED는 순방향으로 전원이 연결되었을 때 빛을 내는 다이오드의 일종으로 간단한 정보를 나타내기 위한 표시 장치에 흔히 사용된다. LED는 두 개의 다리를 가지고 있으며 긴 쪽이 양극(anode), 짧은 쪽이 음극(cathode)에 해당한다.

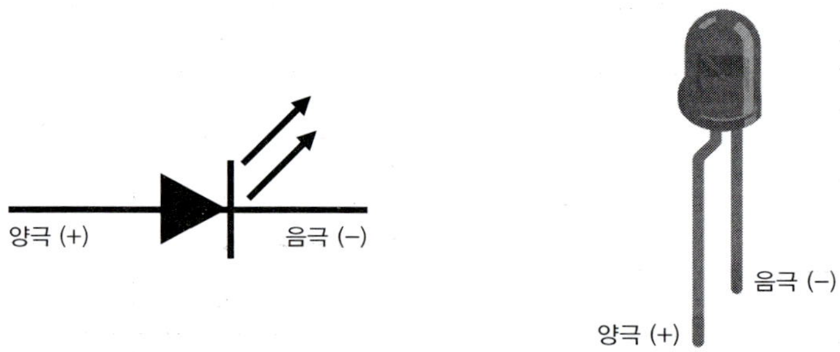

(a) 다이오드 기호　　(b) 다이오드 외형

그림 1. 발광 다이오드 (LED)

1. 블링크

아두이노 우노에는 디지털 13번 핀에 연결된 LED가 포함되어 있으므로 별도의 LED 연결 없이도 디지털 데이터 출력을 테스트해 볼 수 있다. 아두이노 프로그램을 실행시키고 '파일 → 예제 → 01.Basics → Blink'를 선택하여 블링크 스케치를 열어보자.[10] 스케치 1은 아두이노에서 제공하는 블링크 스케치에서 주석을 제거하고 정리한 스케치로 'LED_BUILTIN'은 내장 LED가 연결되어 있는 13번 핀을 나타내는 상수다.

10 또는 1장에서 스케치북 디렉터리에 저장한 'sample_sketch' 스케치를 사용해도 결과는 동일하다.

스케치 1. 블링크

```
void setup() {
  pinMode(LED_BUILTIN, OUTPUT);          // 13번 핀을 출력 모드로 설정
}

void loop() {
  digitalWrite(LED_BUILTIN, HIGH);       // 13번 핀으로 HIGH (1 또는 ON) 출력
  delay(1000);                           // 1초 (1000ms) 대기
  digitalWrite(LED_BUILTIN, LOW);        // 13번 핀으로 LOW (0 또는 OFF) 출력
  delay(1000);                           // 1초 (1000ms) 대기
}
```

블링크 스케치에서 디지털 출력 핀으로 데이터를 출력하기 위해 pinMode와 digitalWrite 함수가 사용되었다. 디지털 데이터를 출력할 수 있는 핀은 디지털 데이터 입력에도 사용이 가능하다. 하지만 하나의 핀을 입력과 출력으로 동시에 사용할 수는 없다. 따라서 디지털 입출력 핀을 입력으로 사용할 것인지 출력으로 사용할 것인지 먼저 지정해 주어야 하며, 이를 위해 pinMode 함수가 사용된다.

```
void pinMode(uint8_t pin, uint8_t mode)
  - 매개변수
    pin : 설정하고자 하는 핀 번호
    mode : INPUT, OUTPUT, INPUT_PULLUP 중 하나
  - 반환값 : 없음
```

핀 모드가 설정되면 비트 단위의 데이터 출력을 위해 digitalWrite 함수가 사용된다. digitalWrite 함수는 지정한 핀으로 디지털 데이터를 출력할 수 있으며 출력값은 미리 정의된 상수인 HIGH(1, 5V, VCC) 또는 LOW(0, 0V, GND)를 사용하면 된다.

```
void digitalWrite(uint8_t pin, uint8_t value)
  - 매개변수
    pin : 핀 번호
    value : HIGH 또는 LOW
  - 반환값 : 없음
```

delay 함수는 밀리초 단위로 지정한 시간만큼 실행을 일시 중지시키는 함수로 LED를 점멸하는 시간 간격을 조절하기 위해 사용되었다.

```
void delay(unsigned long ms)
  - 매개변수
    ms : 밀리초 단위의 지연 시간
  - 반환값 : 없음
```

블링크 스케치를 확장하여 여러 개의 LED를 제어하는 스케치를 작성해 보자. 이를 위해 디지털 2번에서 디지털 5번까지 4개의 LED를 연결한다. LED에 과도한 전류가 흐르면 쉽게 손상될 수 있으므로 220Ω의 저항을 사용하여 전류를 제한하였다. 아두이노 우노의 13번 핀에 연결된 내장 LED에도 저항이 연결되어 있다.

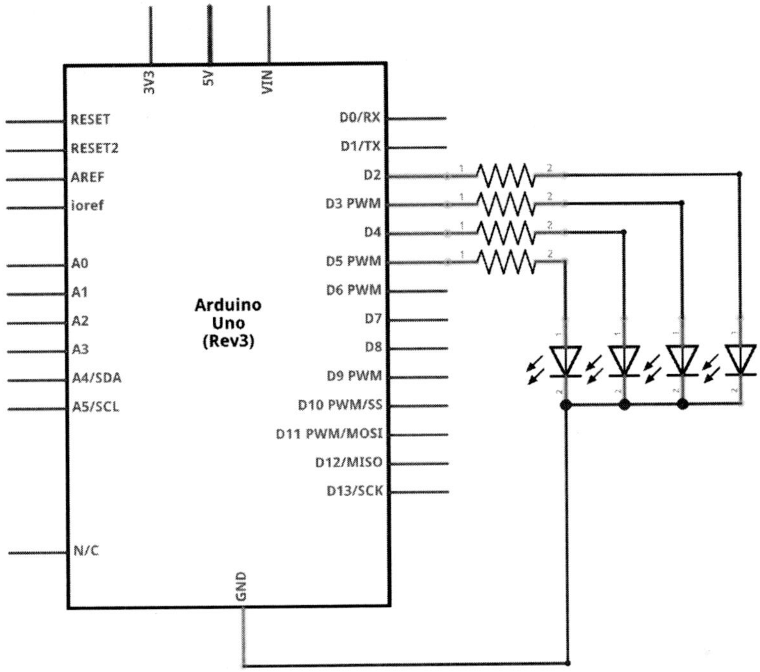

그림 2. LED 연결 회로도

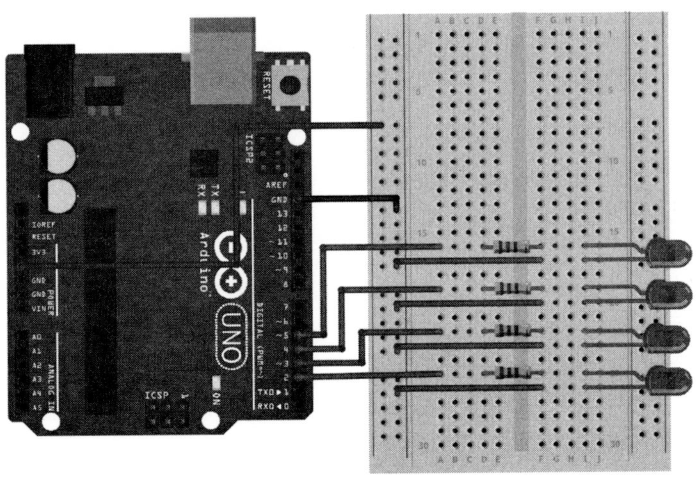

그림 3. LED 연결 회로

스케치 2는 4개의 LED를 1초에 하나씩 순서대로 켜는 스케치의 예다. 변수 state는 4개의 LED 중 현재 켤 LED를 결정하기 위해 사용되었으며 나머지 연산자(%)를 사용하여 0에서 3 사이의 값을 가지도록 하였다.

스케치 2. 4개 LED 순차적으로 점등

```
int pins[] = {2, 3, 4, 5};                  // LED 연결 핀
int state = 0;                              // 현재 켤 LED 인덱스

void setup() {
  Serial.begin(9600);                       // 시리얼 통신 초기화

  for(int i = 0; i < 4; i++){
    pinMode(pins[i], OUTPUT);               // 출력 모드로 설정
    digitalWrite(pins[i], LOW);             // 꺼진 상태로 시작
  }
}

void loop() {
  for(int i = 0; i < 4; i++){
    if(i == state){                         // 하나의 LED만 켬
      Serial.print("O ");
      digitalWrite(pins[i], HIGH);
    }
    else{                                   // 나머지는 끔
      Serial.print("X ");
      digitalWrite(pins[i], LOW);
    }
  }
  Serial.println();

  state = (state + 1) % 4;                  // 켤 LED 바꿈

  delay(1000);                              // 1초 대기
}
```

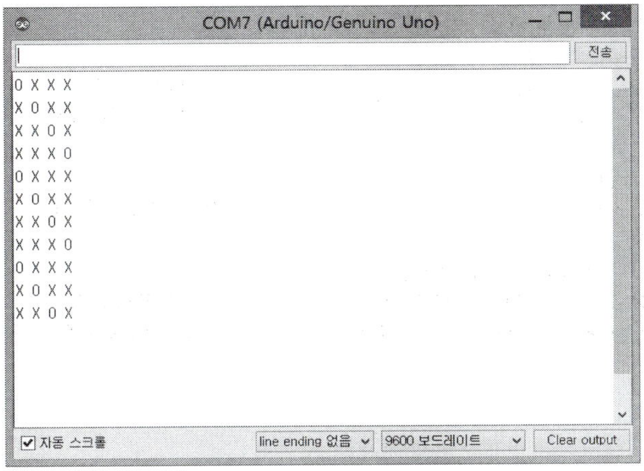

그림 4. 스케치 2 실행 결과

2. 시리얼 모니터로 LED 제어

시리얼 모니터에서 현재 켤 LED의 번호를 입력받고 해당 LED만을 켜는 스케치를 작성해 보자. LED 번호는 1에서 4 사이의 값을 입력 받고, 잘못된 값을 입력한 경우에는 잘못된 입력임을 알려주고 모든 LED가 꺼지도록 한다. 스케치 3은 시리얼 모니터를 통해 입력되는 숫자로 LED를 제어하는 스케치의 예다. LED는 그림 2의 회로도와 같이 연결하면 된다.

스케치 3. 시리얼 모니터를 통한 LED 점멸 제어

```
int pins[] = {2, 3, 4, 5};                  // LED 연결 핀
int state = -1;                             // 현재 켤 LED 인덱스

void setup() {
  Serial.begin(9600);                       // 시리얼 통신 초기화

  for(int i = 0; i < 4; i++){
    pinMode(pins[i], OUTPUT);               // 출력 모드로 설정
    digitalWrite(pins[i], LOW);             // 꺼진 상태로 시작
  }
}

void loop() {
  if(Serial.available()){                   // 입력 확인
    char data = Serial.read();              // 데이터 읽기
    // 입력 문자 표시
    Serial.println(String("You entered \'") + data + '\'');

    if(data >= '1' && data <= '4'){         // 유효한 입력인 경우
      state = data - '0' - 1;               // LED 인덱스로 변환
      Serial.print("LED ");
      Serial.print(state + 1);
      Serial.println(" is ON...");
    }
    else{                                   // 잘못된 입력인 경우
      Serial.println("* Invalid LED number...");
      state = -1;
    }

    for(int i = 0; i < 4; i++){
      if(i == state){                       // 하나의 LED만 켬
        Serial.print("O ");
        digitalWrite(pins[i], HIGH);
      }
      else{                                 // 나머지는 끔
        Serial.print("X ");
        digitalWrite(pins[i], LOW);
      }
    }
    Serial.println();
  }
}
```

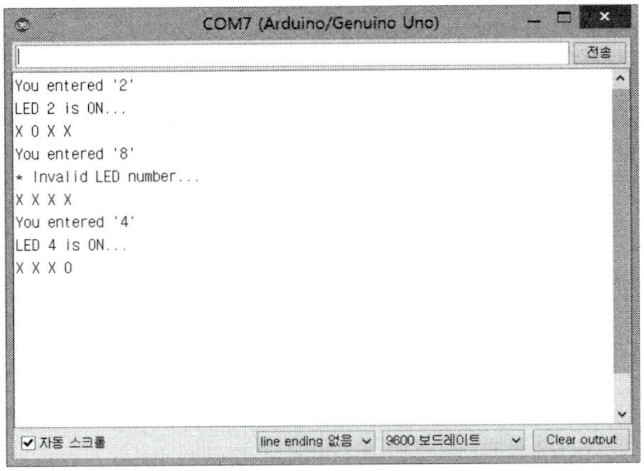

그림 5. 스케치 3 실행 결과

스케치 3은 4개의 LED 중 하나의 LED만을 켤 수 있다. 이를 수정하여 하나의 숫자로 4개의 LED를 동시에 제어할 수 있도록 스케치를 수정해 보자. 입력하는 숫자는 모든 LED를 끄는 0(0000_2)에서 모든 LED를 켜는 15(1111_2)까지로 하고 입력한 숫자의 하위 4비트가 각각의 LED 점멸을 제어하도록 해 보자. 입력한 숫자의 각 비트와 LED는 표 2와 같이 대응되는 것으로 가정한다.

표 2. 입력한 숫자의 비트와 해당 LED

비트	3 (MSB)	2	1	0 (LSB)
LED 연결 핀	5	4	3	2

한 가지 주의할 점은 Serial을 통해 입력받은 데이터는 문자를 기반으로 하는 문자열로 전송된다는 점이다. 시리얼 모니터에서 '15'를 입력하면 1바이트의 숫자 15가 아니라 2바이트 문자열 '15'가 전송된다. 즉, 입력하는 숫자에 따라 아두이노에서 읽어야 하는 데이터의 바이트 수에 차이가 있다. 이를 해결

하기 위한 방법의 한 가지는 입력 데이터의 끝을 나타내는 특별한 기호를 사용하는 것이다. 시리얼 모니터에서 '새 줄' 옵션을 선택하면 입력한 데이터의 끝에 새 줄('\n') 문자가 함께 전송되므로 숫자 입력이 종료되었음을 알려주기 위한 용도로 사용할 수 있다.

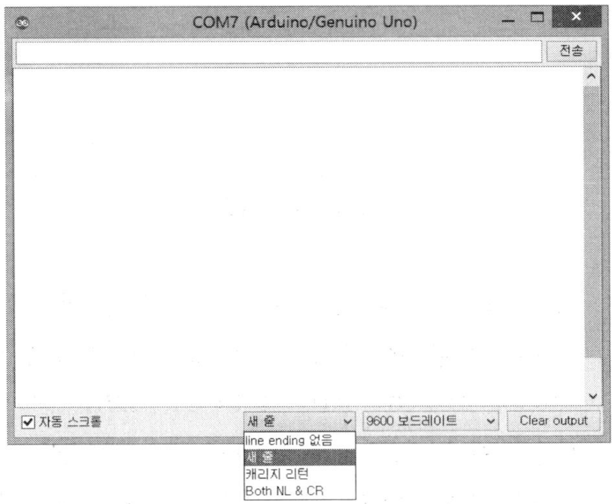

그림 6. 개행문자 전송 옵션

스케치 4는 시리얼 모니터로 숫자를 입력 받아 4개의 LED를 한꺼번에 제어하는 스케치의 예다. 범위 밖의 숫자가 입력된 경우에는 스케치 3에서와 마찬가지로 잘못된 숫자가 입력되었음을 알려주고 모든 LED가 꺼지도록 하였다.

스케치 4. 시리얼 모니터를 통한 여러 개 LED 점멸 제어

```
int pins[] = {2, 3, 4, 5};                          // LED 연결 핀
int state = 16;                                     // 현재 켤 LED 인덱스
boolean process_it = false;                         // 데이터 입력 종료
String buffer = "";                                 // 수신 데이터 버퍼

void setup() {
  Serial.begin(9600);                               // 시리얼 통신 초기화

  for(int i = 0; i < 4; i++){
    pinMode(pins[i], OUTPUT);                       // 출력 모드로 설정
    digitalWrite(pins[i], LOW);                     // 꺼진 상태로 시작
  }
}

void loop() {
  while(Serial.available()){                        // 개행문자 '\n'을 만날 때까지 읽음
    char data = Serial.read();
    if(data == '\n'){
      process_it = true;                            // 문자열 종료
      break;
    }
    else{
      buffer += data;
    }
  }

  if(process_it){
    // 입력 문자열 표시
    Serial.println(String("You entered \'") + buffer + '\'');
    state = buffer.toInt();                         // 정수로 변환

    if(state < 0 || state > 15){                    // 범위를 벗어난 숫자
      Serial.println("* Invalid number...");
      state = 16;
    }

    for(int i = 0; i < 4; i++){
      boolean on_off = state & (0x1 << i);          // LED 점멸 비트 추출
      if(on_off){                                   // LED 켬
        Serial.print("O ");
        digitalWrite(pins[i], HIGH);
      }
      else{  // LED 끔
        Serial.print("X ");
        digitalWrite(pins[i], LOW);
      }
    }
    Serial.println();

    buffer = "";
    process_it = false;
  }
}
```

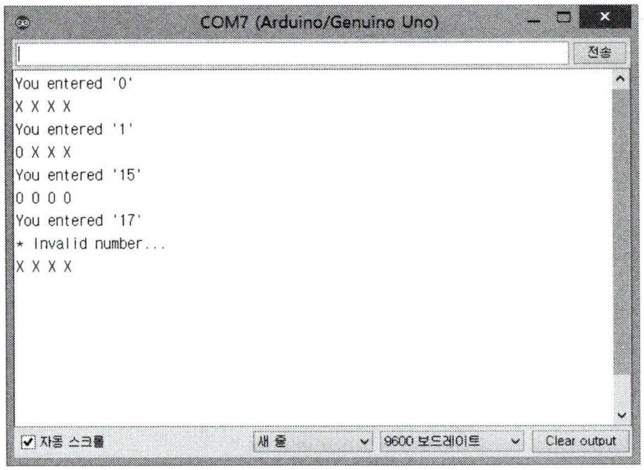

그림 7. 스케치 4 실행 결과

마이크로컨트롤러를 위한 프로그램에서는 레지스터를 조작하는 작업이 많으며 레지스터는 비트별로 그 의미가 지정되어 있는 경우가 많으므로 비트 연산을 통해 데이터를 비트 단위로 조작해야 하는 경우를 흔히 볼 수 있다. 아두이노의 디지털 입출력 핀 역시 비트 데이터로 제어되므로 비트 연산이 흔히 사용된다. 표 3은 C/C++ 언어에서 사용할 수 있는 비트 연산자를 요약한 것이다.

표 3. 비트 연산자

구분	연산자	종류	결과
비트 논리 연산자	a & b	비트 AND	a와 b의 비트 단위 AND
	a | b	비트 OR	a와 b의 비트 단위 OR
	a ^ b	비트 XOR	a와 b의 비트 단위 XOR
	~a	비트 NOT	a의 비트 단위 NOT (1의 보수)
비트 이동 연산자	a << n	왼쪽으로 이동	a를 n비트 왼쪽으로 이동하고 오른쪽은 0으로 채움
	a >> n	오른쪽으로 이동	a를 n비트 오른쪽으로 이동하고 왼쪽은 0으로 채움

스케치 4에서 입력값의 각 비트를 추출하기 위해 비트 이동 연산자와 비트 AND 연산자를 사용하였다.

```
boolean on_off = state & (0x1 << i);
```

변수 state에는 4개의 LED를 제어하는 4비트의 값이 표 2에서와 같이 포함되어 있으므로 비트 연산을 통해 각 비트의 값을 얻어내고 있다. 한 가지 주의할 점은 비트 연산의 결과는 0, 1, 2, 4, 8 등의 정수로 나온다는 점이다. 결과로 나오는 정수값을 boolean 형 변수에 대입하면 0인 경우에는 false, 나머지는 true로 인식이 되므로 LED의 on/off를 제어할 수 있다. 위의 비트 연산식은 아래와 같이 변경할 수 있으며 이 때 비트 연산의 결과는 위에서와는 달리 0 또는 1의 값만 나오게 된다.

```
boolean on_off = (state >> i) & 0x1;
```

3. 맺는말

아두이노 우노에 사용된 ATmega328의 경우 8비트 CPU를 포함하고 있으므로 8비트 단위로 데이터 처리가 이루어진다. 하지만 처리된 데이터는 핀 단위로, 즉, 비트 단위로 입출력이 이루어지는 것이 일반적이며 마이크로컨트롤러가 주변장치와 데이터를 교환하는 기본은 핀을 통한 비트 단위가 된다.

이 장에서는 1비트 데이터로 제어 가능한 LED를 사용하여 디지털 데이터를 출력하는 방법을 알아보았다. 디지털 데이터를 출력하기 위해서는 pinMode

함수를 통해 디지털 입출력 핀을 출력으로 사용하도록 지정하여야 하고, 출력으로 설정된 이후 실제 데이터 출력은 digitalWrite 함수를 통해 이루어진다. 1비트 데이터로는 ON/OFF 정도의 제어만이 가능하므로 그다지 쓸모가 있어 보이지는 않으며 실제로도 그렇다. 하지만 여러 개의 입출력 핀을 동시에 사용하는 병렬 방식이나, 하나의 핀을 통해 여러 번 데이터를 출력하는 직렬(또는 시리얼) 방식의 데이터 전달을 통해 바이트 또는 그보다 큰 데이터 출력 역시 가능하므로 모든 디지털 데이터의 출력은 digitalWrite 함수를 통한 비트 단위 출력이 기본이 된다고 할 수 있다.

Chapter 04

디지털 데이터 입력

마이크로컨트롤러는 주변 환경으로부터 다양한 데이터를 수집하고 이를 처리하여 그 결과를 출력하는 용도로 주로 사용된다. 이 중 데이터 수집을 위해서는 다양한 주변장치가 사용될 수 있으며 주변장치로부터 마이크로컨트롤러로의 데이터 전달은 비트 단위의 데이터를 기본으로 한다. 이 장에서는 버튼을 사용하여 비트 단위 디지털 데이터를 입력하는 방법을 알아본다.

마이크로컨트롤러는 디지털 컴퓨터의 일종이므로 입력과 출력에서 사용되는 데이터는 디지털 데이터가 기본이 된다. 아두이노 우노의 경우 최대 20개의 핀을 디지털 입출력 핀으로 사용할 있으므로 동시에 최대 20비트의 데이터를 읽어 들일 수 있다. 디지털 입출력 핀은 입력뿐만이 아니라 출력으로도 사용될 수 있지만 입출력으로 동시에 사용할 수는 없으므로 디지털 입출력 핀을 사용하기 전에는 반드시 pinMode 함수를 통해 핀을 입력으로 사용할 것인지 출력으로 사용할 것인지 지정해야 한다. 입력으로 설정된 핀으로부터 디지털 데이터 입력은 digitalRead 함수를 사용한다.

표 1. 아두이노 우노의 디지털 데이터 입출력 핀

디지털 핀 번호	아날로그 핀 번호	디지털 데이터 입출력	아날로그 데이터 입력	아날로그 데이터 출력 (PWM)	비고
0	–	○	×	×	UART (RX)
1	–	○	×	×	UART (TX)
2	–	○	×	×	
3	–	○	×	○	
4	–	○	×	×	
5	–	○	×	○	
6	–	○	×	○	
7	–	○	×	×	
8	–	○	×	×	
9	–	○	×	○	
10	–	○	×	○	
11	–	○	×	○	SPI (MOSI)
12	–	○	×	×	SPI (MISO)
13	–	○	×	×	SPI (SCK)
14	A0	○	○	×	
15	A1	○	○	×	
16	A2	○	○	×	
17	A3	○	○	×	
18	A4	○	○	×	I2C (SDA)
19	A5	○	○	×	I2C (SCL)
핀 수		20개	6개	6개	

1. 풀업 풀다운 저항

이 장에서는 디지털 데이터 입력을 위해 푸시 버튼을 사용한다. 버튼을 사용할 때 기본이 되는 회로도는 그림 1과 같다.

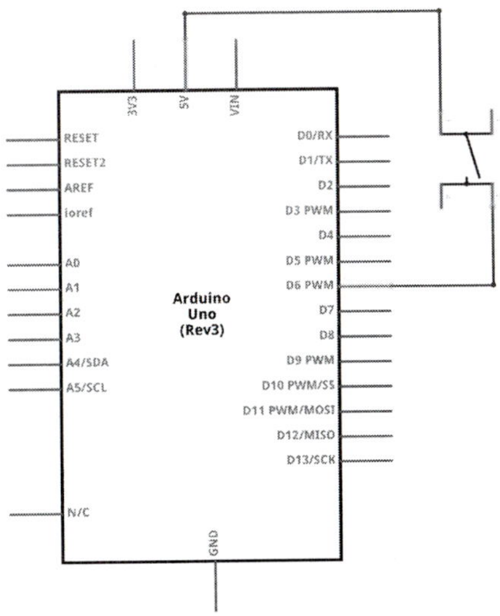

그림 1. 버튼 연결 회로도

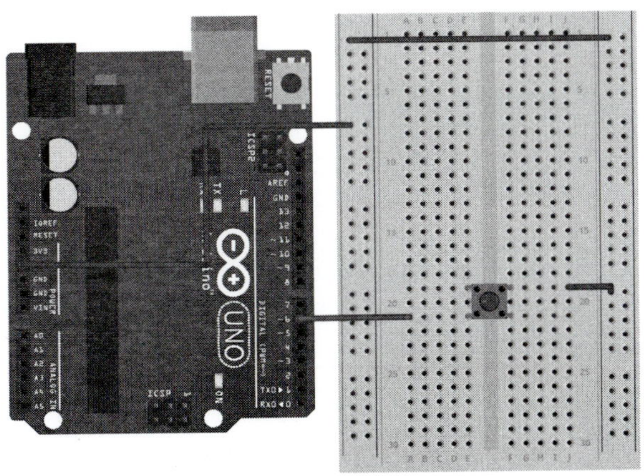

그림 2. 버튼 연결 회로

그림 1의 회로도에서 버튼을 누르면 VCC가 디지털 입력 핀에 가해져 논리 1이 입력되고, 버튼을 누르지 않으면 아무런 입력이 가해지지 않으므로 논리 0이 입력된다. 하지만 버튼을 누르지 않은 상태는 입력 핀에 아무런 회로가 연결되어 있지 않은 상태와 동일하다. 이처럼 아무런 회로가 연결되어 있지 않은 경우 디지털 입력 핀은 플로팅(floating) 되어 있다고 이야기 한다. 디지털 입력 핀이 플로팅 되어 있으면 디지털 입력 핀으로는 주변 핀의 상태나 정전기 등에 의해 임의의 값이 입력될 수 있다. 따라서 버튼을 사용하는 경우에는 그림 1에서 버튼이 눌러지지 않은 경우와 같이 회로가 오픈되는 경우는 피해야 하며 이를 위해 풀업 또는 풀다운 저항이 사용된다.

그림 3은 풀다운 저항이 사용된 예다. 풀다운 저항이 사용되면 버튼이 눌러진 경우 VCC 입력이 가해져 논리 1의 입력이 보장될 뿐만 아니라, 버튼이 눌러지지 않은 경우에도 GND 입력이 가해져 논리 0의 입력이 보장된다.

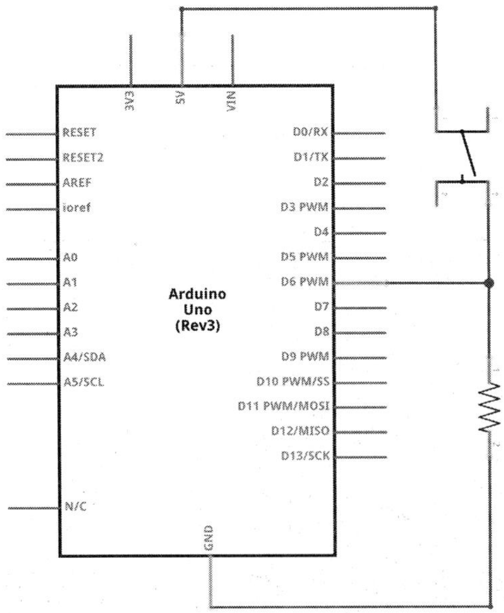

그림 3. 풀다운 저항 회로도

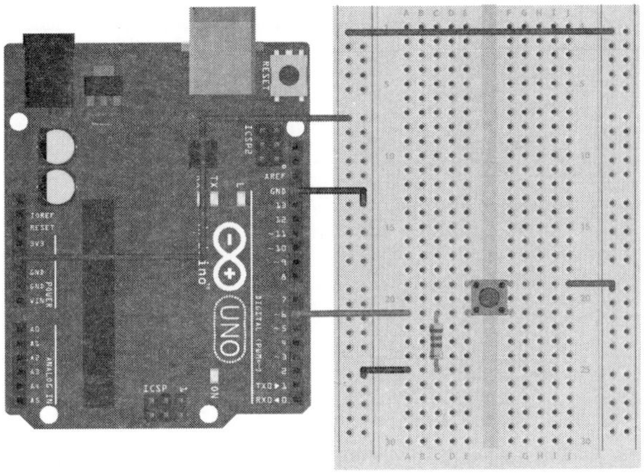

그림 4. 풀다운 저항 회로

그림 5는 풀업 저항이 사용된 예다. 풀업 저항이 사용되면 버튼이 눌러지지 않은 경우 VCC 입력이 가해져 논리 1 입력이 보장되고, 버튼이 눌러진 경우 GND 입력이 가해져 논리 0 입력이 보장된다. 풀업 저항이 사용된 경우에는 버튼을 눌렀을 때 논리 1이 가해질 것으로 생각하는 것과는 반대로 동작한다는 점에 주의해야 한다.

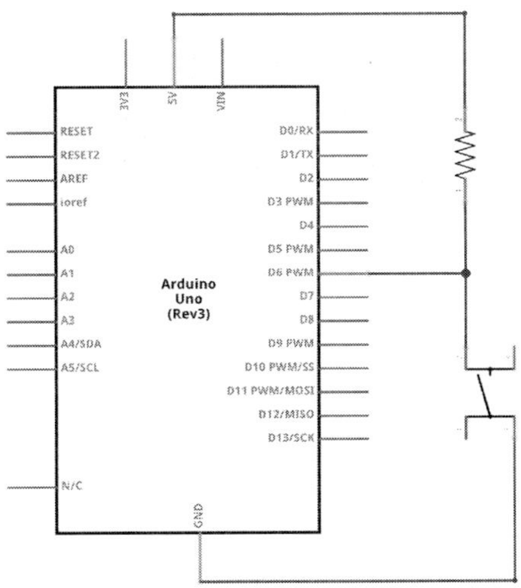

그림 5. 풀업 저항 회로도

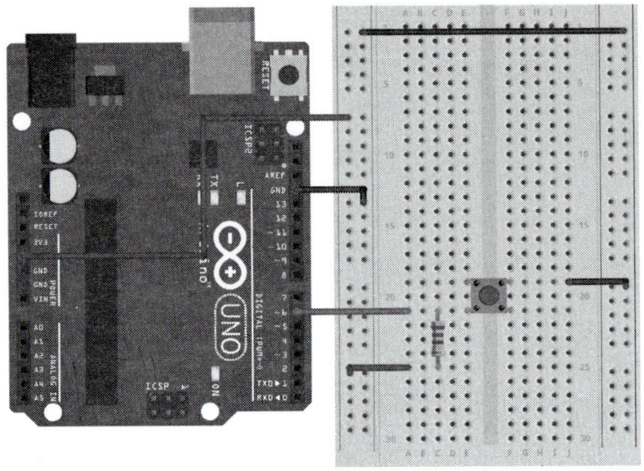

그림 6. 풀업 저항 회로

그림 3(그림 4)와 그림 5(그림 6)를 비교해 보면 GND와 VCC의 연결 위치가 바뀐 것 이외에는 차이가 없으므로 풀업 또는 풀다운 저항을 사용하는 경우에는 연결에 주의해야 한다. 표 2는 풀업 또는 풀다운 저항이 사용된 경우와 사용되지 않은 경우 버튼 상태에 따라 디지털 입력 핀에 가해지는 값을 비교한 것이다.

표 2. 저항 사용에 따른 디지털 입력 핀의 입력 값

풀업/풀다운 저항 사용	버튼 누르지 않음	버튼 누름
사용 안함	플로팅	1
풀다운 저항 사용	0	1
풀업 저항 사용	1	0

2. 버튼 테스트

풀업 및 풀다운 저항이 사용된 버튼 테스트를 위해 2개의 버튼을 디지털 6번 핀과 디지털 7번 핀에 연결하자. 이 때 디지털 6번 핀에 연결된 버튼은 풀다운 저항을 사용하고, 디지털 7번 핀에 연결된 버튼은 풀업 저항을 사용한다.

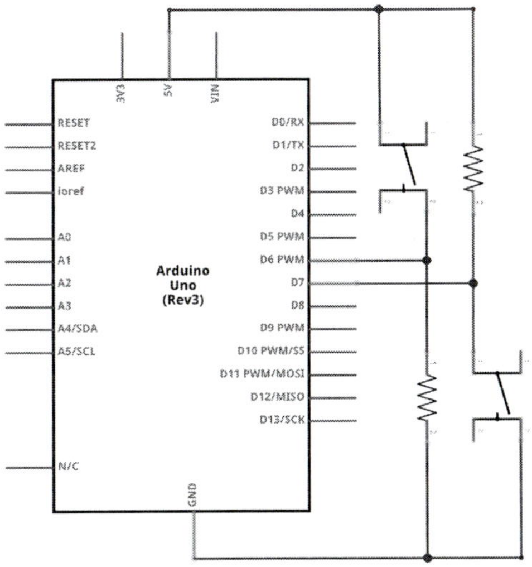

그림 7. 버튼 연결 회로도

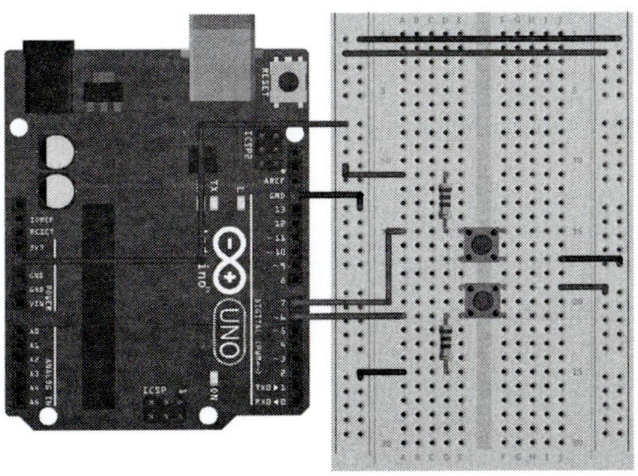

그림 8. 버튼 연결 회로

스케치 1은 디지털 6번 핀과 7번 핀에 연결된 버튼의 상태를 읽어 시리얼 모니터로 출력하는 스케치의 예다.

스케치 1. 버튼 테스트

```
int buttons[] = {6, 7};                           // 버튼 연결 핀

void setup() {
  Serial.begin(9600);                             // 시리얼 통신 초기화
  for(int i = 0; i < 2; i++){                     // 버튼 연결 핀을 입력으로 설정
    pinMode(buttons[i], INPUT);
  }
}

void loop() {
  for(int i = 0; i < 2; i++){
    Serial.print(digitalRead(buttons[i]));  // 버튼 상태 출력
    Serial.print(" ");
  }
  Serial.println();                               // 줄바꿈
  delay(1000);
}
```

스케치 1을 업로드하고 실행 결과를 확인해 보자. 아무 버튼도 누르지 않은 경우 시리얼 모니터로 출력되는 값은 "0 1"이다. 즉, 풀다운 저항을 사용한 버튼은 버튼을 누르지 않은 경우 0의 값이, 풀업 저항을 사용한 버튼은 버튼을 누르지 않은 경우 1의 값이 입력된다. 버튼을 누르면서 출력 결과가 바뀌는 것을 확인해 보자.

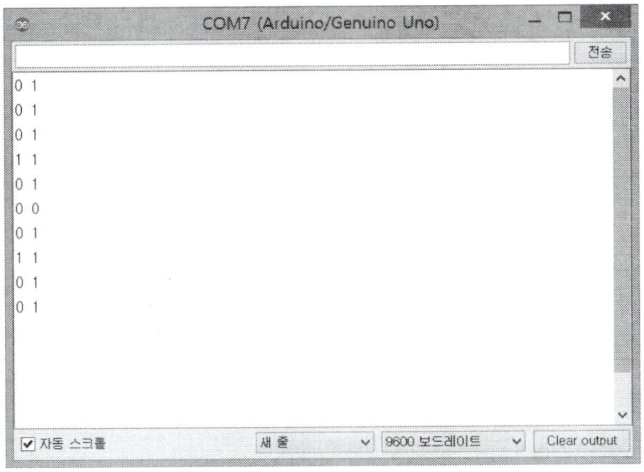

그림 9. 스케치 1 실행 결과

스케치 1에서 버튼이 연결된 핀을 입력으로 설정하기 위해 pinMode 함수를 사용하였고, 버튼 상태를 읽기 위해 digitalRead 함수를 사용하였다. digitalRead 함수는 버튼에 가해진 입력을 0(GND)이나 1(VCC)의 디지털 값으로 반환하며, 반환되는 값은 미리 정의된 상수인 LOW 또는 HIGH와 비교할 수 있다.

```
void pinMode(uint8_t pin, uint8_t mode)
  - 매개변수
    pin : 설정하고자 하는 핀 번호
    mode : INPUT, OUTPUT, INPUT_PULLUP 중 하나
  - 반환값 : 없음
```

```
int digitalRead(uint8_t pin)
  - 매개변수
    pin : 핀 번호
  - 반환값 : HIGH(1) 또는 LOW(0)
```

pinMode 함수에서 주의해서 살펴볼 점 중 하나는 매개변수 mode에 설정할 수 있는 값에 입력(INPUT)과 출력(OUTPUT) 이외에도 풀업저항을 사용하는 입력(INPUT_PULLUP)이 존재한다는 점이다. ATmega328 마이크로컨트롤러의 디지털 입출력 핀에는 소프트웨어로 제어할 수 있는 풀업저항이 포함되어 있으므로 외부에 별도의 저항을 연결하지 않고도 풀업 저항을 사용할 수 있다. 그림 10과 같이 디지털 6번 핀에 버튼을 연결해 보자. 그림 10의 회로도에서는 내부 풀업 저항을 사용하므로 버튼의 한 쪽이 GND에 연결되어 있는 반면, 그림 1의 회로도에서는 풀업이나 풀다운 저항을 사용하지 않으므로 버튼의 한 쪽이 VCC에 연결되어 있다는 점도 주의해야 한다.

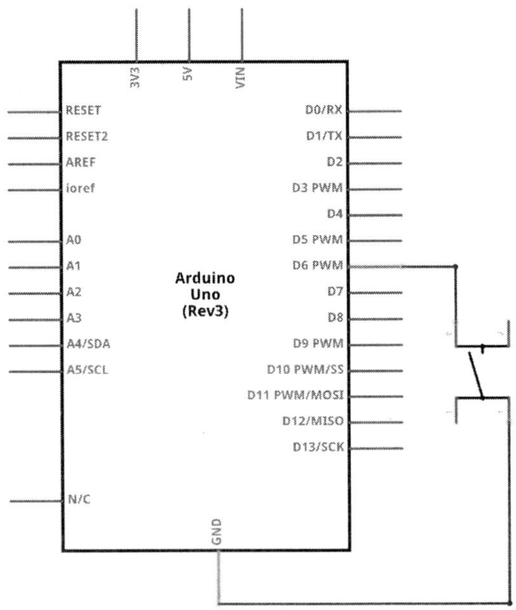

그림 10. 내부 풀업 저항 사용을 위한 버튼 연결 회로도

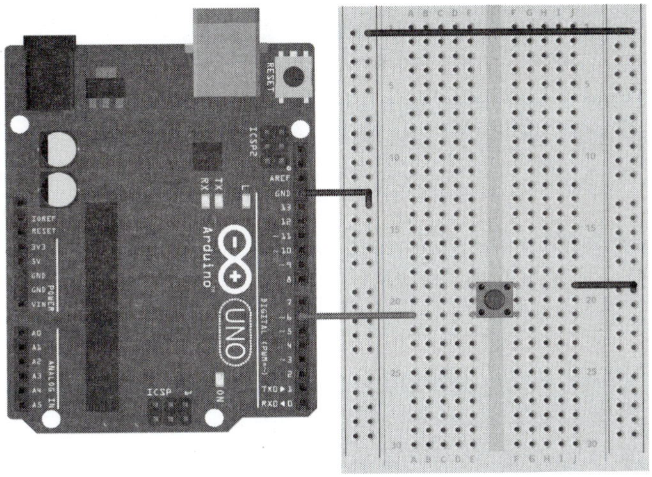

그림 11. 내부 풀업 저항 사용을 위한 버튼 연결 회로

내장 풀업 저항을 사용하기 위해서는 pinMode 함수에서 'INPUT_PULLUP' 모드를 지정한다. 스케치 2는 디지털 6번 핀에 연결된 버튼의 상태를 출력하는 예다. 풀업 저항을 사용하므로 버튼을 누르지 않은 경우 반환되는 값은 1이다.

스케치 2. 내장 풀업 저항이 연결된 버튼 테스트

```
int button = 6;                              // 버튼 연결 핀

void setup() {
  Serial.begin(9600);                        // 시리얼 통신 초기화
  pinMode(button, INPUT_PULLUP);             // 버튼 연결 핀을 입력으로 설정
}

void loop() {
  Serial.println(digitalRead(button));       // 버튼 상태 출력
  delay(1000);
}
```

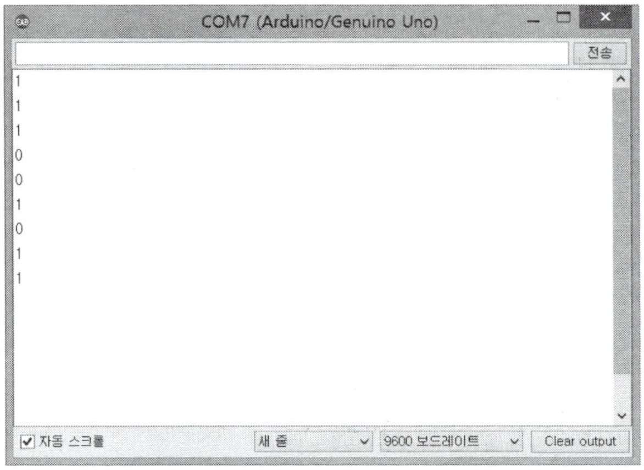

그림 12. 스케치 2 실행 결과

3. 버튼을 누른 횟수 세기

버튼을 누른 횟수를 세어보자. 버튼을 누른 횟수는 버튼을 눌렀다가 떼는 횟수를 의미하므로 단순히 버튼이 눌린 상태를 확인하는 것만으로는 부족하다. 버튼을 계속 누르고 있다면 버튼의 상태를 확인할 때마다 버튼이 눌린 것으로 판단되고, 버튼을 누른 횟수는 계속 증가하게 된다. 따라서 버튼의 이전 상태와 현재 상태를 각각 저장하고, 이전 상태와 현재 상태가 달라지는 경우를 검사하여 버튼이 눌러진 횟수를 세야 한다.

버튼을 누른 횟수를 세기 위해서는 그림 3과 같이 풀다운 저항이 연결된 버튼을 사용한다. 스케치 3은 버튼을 누른 횟수를 시리얼 모니터로 출력하는 스케치의 예다. 버튼을 계속해서 누르고 있는 경우에는 버튼을 누른 횟수가 증가하지 않음을 확인해 보자.

스케치 3. 버튼을 누른 횟수 구하기

```
int pin_button = 6;                              // 버튼 연결 핀
boolean state_previous = false;                  // 버튼의 이전 상태
boolean state_current;                           // 버튼의 현재 상태
int count = 0;                                   // 버튼을 누른 횟수

void setup() {
  Serial.begin(9600);                            // 시리얼 통신 초기화
  pinMode(pin_button, INPUT);                    // 버튼 연결 핀을 입력으로 설정
}

void loop() {
  state_current = digitalRead(pin_button); // 버튼 상태 읽기

  if(state_current){                             // 버튼을 누른 경우
    if(state_previous == false){                 // 이전 상태와 비교
      count++;                                   // 상태가 바뀐 경우에만 횟수 증가
      state_previous = true;
      Serial.println(count);
    }
    // delay(50);                                // 디바운싱
  }
  else{
    state_previous = false;
  }
}
```

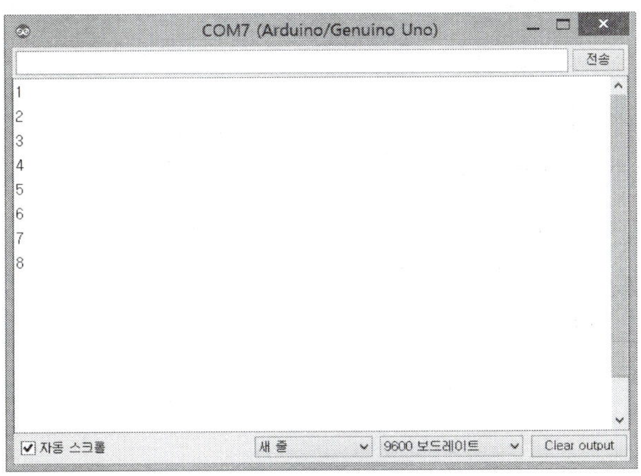

그림 13. 스케치 3 실행 결과

스케치 3에서 한 가지 주의할 점은 코멘트로 처리된 delay 함수 부분이다. 사용하는 버튼에 따라서는 버튼을 한 번 누름에도 불구하고 버튼을 누른 횟수가 2 이상 증가하는 경우가 발생한다. 이는 버튼을 누르기 시작하여 버튼이 완전히 눌러지기 까지 버튼의 기계적인 진동에 의해 버튼의 접점이 닿았다가 떨어지기를 반복하기 때문에 발생한다. 이러한 현상을 바운싱(bouncing) 또는 채터링(chattering) 이라고 한다. 그림 14는 바운싱 현상에 의해 버튼이 연결된 핀으로 입력되는 데이터의 예를 나타낸 것이다.

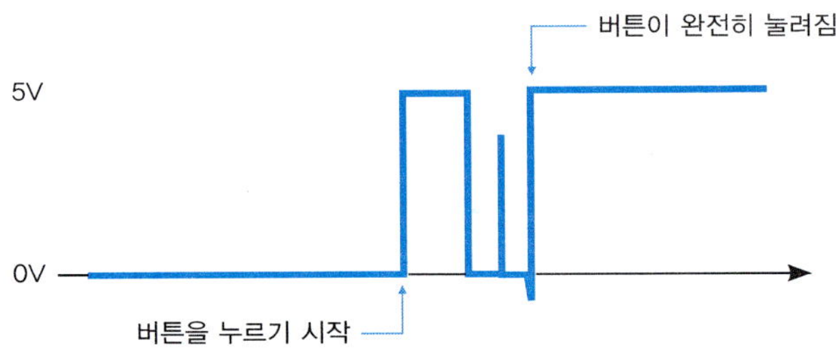

그림 14. 바운싱 현상

바운싱 현상을 없애는 방법을 디바운싱(de-bouncing)이라고 한다. 바운싱 현상은 아주 짧은 시간 동안 발생하므로 버튼이 처음 눌러지기 시작할 때 delay 함수를 사용하여 이후 짧은 시간 동안의 변화를 무시하는 것이 디바운싱을 위한 간단한 방법 중 하나다. 스케치 3을 업로드하고 버튼을 눌렀을 때 버튼을 누른 횟수가 1씩 증가하지 않는다면 스케치 3에서 delay 부분의 코멘트를 제거하고 업로드하면 정상적으로 동작할 것이다. 하지만 사용하는 버튼의 종류에 따라서는 바운싱이 발생하는 시간이 다를 수 있으므로 지연 시간을 조절해야할 수 있다.

4. 맺는말

디지털 데이터 입출력은 마이크로컨트롤러가 주변장치와 데이터를 교환하는 기본이 된다. 디지털 데이터 입력을 위해 아두이노에서는 pinMode와 digitalRead 함수를 제공하고 있으며, 이들 함수는 디지털 데이터 출력을 위한 digitalWrite 함수와 함께 마이크로컨트롤러에서 데이터 교환을 위한 기본 함수에 속한다.

이 장에서는 버튼을 통해 디지털 데이터를 입력하는 방법을 살펴보았다. 버튼을 사용하는 경우 한 가지 유의할 점은 버튼이 연결된 핀이 플로팅되는 경우를 막기 위해 풀업 또는 풀다운 저항을 사용해야 한다는 점이다. ATmega328의 디지털 입출력 핀에는 프로그램으로 제어 가능한 풀업 저항이 포함되어 있으므로 별도의 외부 저항 없이도 풀업 저항을 사용할 수 있다. 다만 내장 또는 외부 풀업 저항을 사용하는 경우 버튼이 눌러진 경우 0, 눌러지지 않은 경우 1이 입력되어 직관적인 방식과는 반대로 동작한다는 점은 기억해야 한다.

버튼을 누른 횟수를 세는 경우 일부 버튼에서 기계적인 진동으로 인해 버튼을 한 번 누르는 경우에도 두 번 이상 눌러진 것으로 인식하는 바운싱 현상이 발생할 수 있다. 바운싱 현상을 제거하는 방법은 여러 가지가 있지만 기계적인 진동이 발생하는 짧은 시간 동안 입력을 무시하는 것이 간단하면서 효과적인 해결책이 될 수 있다.

Chapter 05

아날로그 데이터 입출력

마이크로컨트롤러는 디지털 컴퓨터의 일종이므로 디지털 데이터만 처리할 수 있다. 아날로그-디지털 변환기(ADC)나 디지털-아날로그 변환기(DAC)가 포함된 마이크로컨트롤러의 경우 아날로그 데이터 입출력 역시 가능하지만 아두이노 우노에 사용된 ATmega328에는 ADC만 포함되어 있어 아날로그 데이터 입력은 가능하지만 아날로그 데이터 출력은 불가능하다. 하지만 펄스 폭 변조 신호를 통해 아날로그 신호와 유사한 효과를 내는 디지털 신호를 출력할 수 있다. 이 장에서는 ADC를 통해 아날로그 데이터를 입력하는 방법과 펄스 폭 변조 신호를 통해 아날로그 신호 출력과 유사한 효과를 얻는 디지털 신호 출력 방법에 대해 알아본다.

아두이노 우노에 사용된 ATmega328 마이크로컨트롤러에는 아날로그 데이터 입력을 위해 6채널의 아날로그-디지털 변환기(Analog Digital Converter, ADC)가 포함되어 있으며 각 채널에는 A0에서 A5까지 상수가 정의되어 있다. 아날로그 핀을 나타내는 상수의 경우, A0이 디지털 14번 핀에 해당하며 A5가 디지털 19번 핀에 해당한다. 따라서 아날로그 0번 A0 핀을 지정하기 위해서는 디지털 핀 번호인 '14'나 이에 0번 ADC 채널에 해당하는 상수 'A0' 중 어느 것을 사용해도 무방하다. 아날로그 입력 핀은 디지털 데이터 입출력을 위해서도 사용이 가능하지만, 디지털 0번에서 디지털 13번까지의 디지털 입출력 핀으로는 아날로그 데이터를 입력받을 수 없다.

ATmega328 마이크로컨트롤러에 ADC는 포함되어 있어 아날로그 신호를 입력받을 수 있지만, 디지털-아날로그 변환기(Digital Analog Converter, DAC)는 포함되어 있지 않으므로 아날로그 데이터를 출력할 수는 없다. 하지만 아날로그 데이터와 유사한 효과를 내는 펄스 폭 변조(Pulse Width Modulation, PWM) 신호 출력을 지원한다. PWM 신호는 디지털 신호의 일종이지만 LED의 밝기 조절이나 모터의 속도 조절 등 아날로그 신호와 유사한 동작을 수행할 수 있다. PWM 신호 출력을 위한 함수의 이름도 analogWrite로 'analog'라는 단어가 포함되어 있다.

표 1. 아두이노 우노의 아날로그 데이터 입출력 핀

디지털 핀 번호	아날로그 핀 번호	디지털 데이터 입출력	아날로그 데이터 입력	아날로그 데이터 출력 (PWM)	비고
0	–	○	×	×	UART (RX)
1	–	○	×	×	UART (TX)
2	–	○	×	×	
3	–	○	×	○	
4	–	○	×	×	
5	–	○	×	○	
6	–	○	×	○	
7	–	○	×	×	
8	–	○	×	×	
9	–	○	×	○	
10	–	○	×	○	
11	–	○	×	○	SPI (MOSI)
12	–	○	×	×	SPI (MISO)
13	–	○	×	×	SPI (SCK)
14	A0	○	○	×	
15	A1	○	○	×	
16	A2	○	○	×	
17	A3	○	○	×	
18	A4	○	○	×	I2C (SDA)
19	A5	○	○	×	I2C (SCL)
핀 수		20개	6개	6개	

1. 아날로그 데이터 입력

아두이노 우노에는 아날로그 데이터 입력을 위해 6개의 아날로그 입력 핀이 준비되어 있다. 마이크로컨트롤러는 디지털 데이터만을 처리할 수 있으므로 아날로그 입력 핀으로 가해지는 아날로그 데이터는 ADC를 거쳐 디지털 데이터로 변환된 후 마이크로컨트롤러에 입력된다. 아두이노 우노에 사용되는 ATmega328 마이크로컨트롤러의 ADC는 10비트의 해상도를 가진다. 즉, 입력되는 아날로그 값을 10비트의 디지털 값으로 변환하므로 0에서 1023 사이의 값을 반환한다.

아날로그 데이터 입력을 위해 사용하는 함수는 analogRead다. 아날로그 데이터는 입력만 가능하고 출력이 불가능하므로 analogRead 함수를 사용하기 이전에 pinMode 함수를 사용하여 해당 핀을 입력으로 설정하지 않아도 된다. 하지만 프로그램 작성의 일관성과 혼돈을 피하기 위해 가능하면 pinMode 함수를 사용하기를 권장한다. analogRead 함수가 디지털 데이터 입출력 함수와 다른 점 중 하나는 디지털 데이터의 경우 1비트 단위로 데이터가 입력되는 반면, 아날로그 데이터는 한 번의 함수 호출로 10비트의 데이터가 입력된다는 점이다. 따라서 analogRead 함수가 반환하는 값은 int 형식을 가진다. 함수 정의에 따르면 digitalRead 함수 역시 int 형식의 반환값을 가지지만 반환되는 값은 HIGH(정수 1) 또는 LOW(정수 0) 값만을 가진다.

```
int analogRead(uint8_t pin)
  - 매개변수
     pin : 핀 번호
  - 반환값 : 0에서 1023 사이의 정수값
```

아날로그 데이터를 읽을 때 고려해야 할 점 중 한 가지는 기준전압의 설정이다. 기준전압은 analogRead 함수가 반환할 수 있는 최댓값인 1023에 해당하는 전압을 말한다. 아두이노 우노에서는 디폴트값으로 아날로그 전압인 AVCC(Analog VCC) 값을 기준전압으로 사용하며 AVCC 값은 VCC와 동일한 5V가 주어진다. 따라서 아두이노 우노는 $\frac{5}{1024} \approx 4.9mV$의 전압 차이를 인식할 수 있다. 하지만 아두이노 우노와 함께 사용할 수 있는 주변장치들이 출력하는 전압의 범위가 0~5V가 아닌 경우도 허다하며 이런 경우에는 analogReference 함수를 통해 기준전압을 변경할 수 있다.

```
void analogReference(uint8_t type)
  - 매개변수
    type : DEFAULT, INTERNAL, INTERNAL1V1, INTERNAL2V56, EXTERNAL 중
    한 가지
  - 반환값 : 없음
```

analogReference 함수는 다음의 전압 중 한 가지를 기준전압으로 설정할 수 있다.

- DEFAULT : 아두이노 우노의 AVCC 값인 5V로 기준전압을 설정한다. 3.3V를 사용하는 아두이노 보드의 경우에는 3.3V로 기준전압을 설정한다.
- INTERNAL : 내부 전압으로 기준전압을 설정한다. ATmega168이나 ATmega328의 경우 1.1V, ATmega8의 경우 2.56V로 설정된다. 아두이노 메가2560의 경우에는 사용할 수 없다.
- INTERNAL1V1 : 내부 1.1V를 기준전압으로 설정한다. 아두이노 메가 2560에서만 사용할 수 있다.
- INTERNAL2V56 : 내부 2.56V를 기준전압으로 설정한다. 아두이노 메

가2560에서만 사용할 수 있다.

- EXTERNAL : AREF 핀에 인가된 0V ~ 5V 사이의 전압을 기준전압으로 설정한다.

analogReference 함수를 EXTERNAL 옵션으로 사용하는 경우에도 AREF 핀에 인가할 수 있는 전압의 최댓값은 5V다. 아날로그 입력 핀과 AREF 핀에 5V 이상의 전압이 인가되면 보드가 손상될 수 있으므로 주의해야 한다.

아날로그 0번 A0 핀에 가변저항을 연결하여 A0 핀에 가해지는 전압을 디지털로 변환하여 읽어보자. 기준전압은 디폴트값인 5V를 사용하므로 analogReference 함수는 사용하지 않았다.

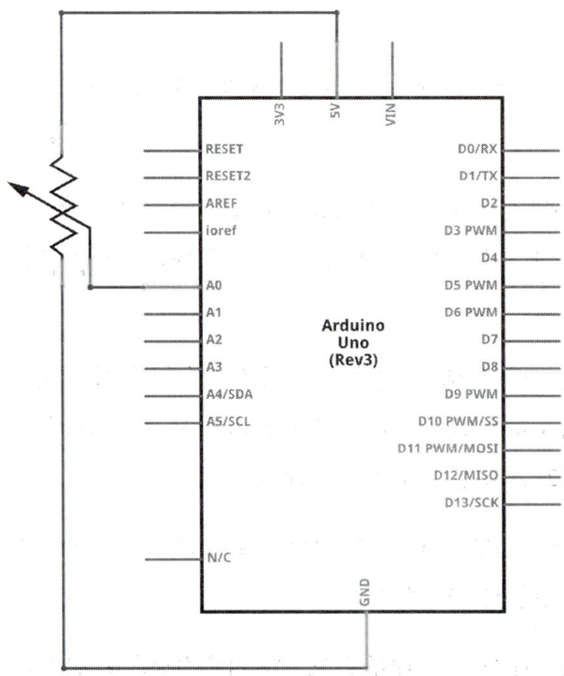

그림 1. 가변저항 연결 회로도

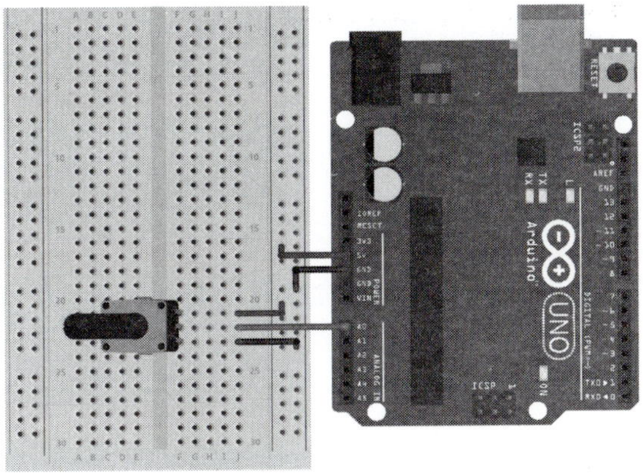

그림 2. 가변저항 연결 회로

그림 1에서와 같이 가변저항을 연결하고 가변저항을 돌리면 가변저항의 가운데 핀에는 VCC(5V)와 GND(0V) 사이의 전압이 가해진다. 가변저항에 가해지는 전압은 아날로그 0번 핀인 A0 핀에 가해지고 가해진 전압은 0에서 1023 사이의 디지털 값으로 변환되어 아두이노 우노로 입력된다. 스케치 1은 가변저항의 값을 읽어 시리얼 모니터로 출력하는 스케치의 예다. 가변저항을 돌리면서 0에서 1023 사이의 값이 시리얼 모니터로 출력되는 것을 확인해 보자.

스케치 1. 가변저항 테스트

```
int vResistor = A0;                          // A0 핀에 가변저항 연결

void setup() {
  Serial.begin(9600);                        // 시리얼 통신 초기화
  pinMode(vResistor, INPUT);
}

void loop() {
  Serial.println(analogRead(vResistor));     // 가변저항 값을 읽어 출력

  delay(1000);                               // 1초 (1000ms) 대기
}
```

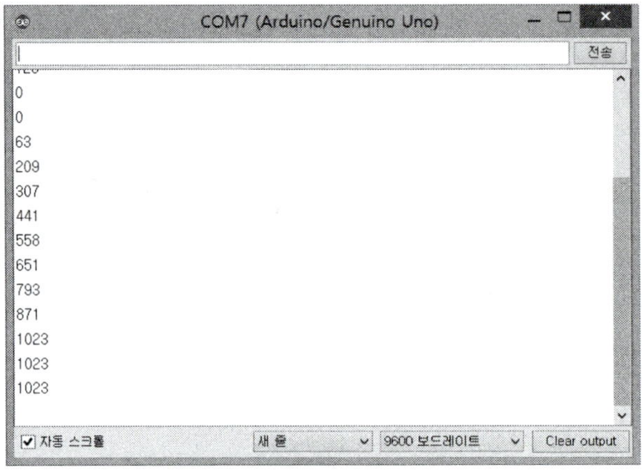

그림 3. 스케치 1 실행 결과

2. 아날로그 데이터 출력

아두이노 우노에 사용된 ATmega328은 ADC를 포함하고 있어 아날로그 데이터를 디지털로 변환한 후 읽어 들일 수 있다. 하지만 ATmega328에 DAC는 포함되어 있지 않으므로 아날로그 데이터 출력은 불가능하다. 대신 펄스 폭 변조 (Pulse Width Modulation, PWM) 신호를 이용하여 아날로그 신호와 유사한 효과를 얻을 수 있다. 아두이노 우노는 6개의 핀(디지털 3, 5, 6, 9, 10, 11번 핀)으로 PWM 신호를 출력할 수 있으며 핀 번호 앞에 물결무늬(~)를 표시하여 구별하고 있다. PWM 신호는 구형파(square wave)를 기본으로 하고 한 주기 내에서 ON(또는 HIGH) 상태인 시간의 비율로 표시된다. 한 주기 내에서 ON 상태인 시간의 비율을 듀티 사이클(duty cycle)이라 하며, 그림 4는 듀티 사이클에 따라 생성되는 PWM 신호의 예를 나타낸다.

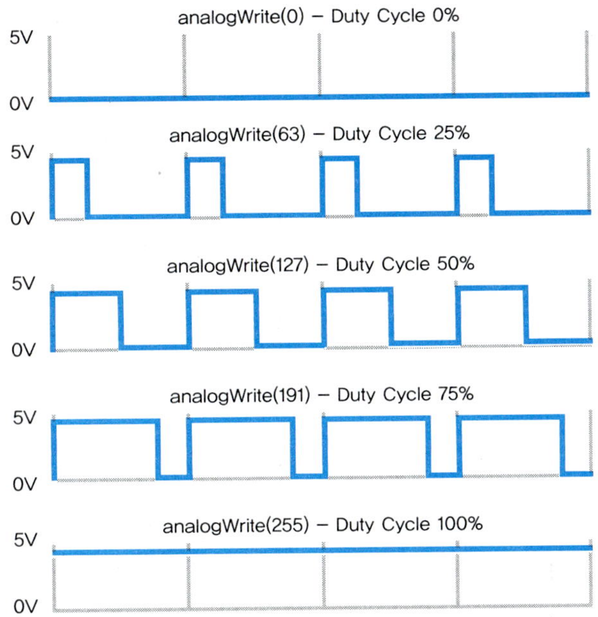

그림 4. 펄스 폭 변조 방식 (Pulse Width Modulation)

PWM 신호를 출력하기 위해서는 디지털 핀에 analogWrite 함수를 사용하며 0에서 255 사이의 값으로 듀티 사이클을 지정한다. analogWrite 함수의 매개변수로 255를 지정하면 듀티 사이클은 100%가 되고 0을 지정하면 듀티 사이클은 0%가 된다. PWM 신호는 LED의 밝기 조절이나 모터 속도 조절에 흔히 사용된다.

```
void analogWrite(uint8_t pin, int value)
  - 매개변수
    pin : 핀 번호
    value : 듀티 사이클 (duty cycle). 0(항상 OFF)에서 255(항상 ON) 사이의 값
  - 반환값 : 없음
```

PWM 신호 출력을 테스트하기 위해 RGB LED를 디지털 9, 10, 11번 핀에

연결해 보자. 디지털 9, 10, 11번 핀은 모두 PWM 출력이 가능한 핀이다.

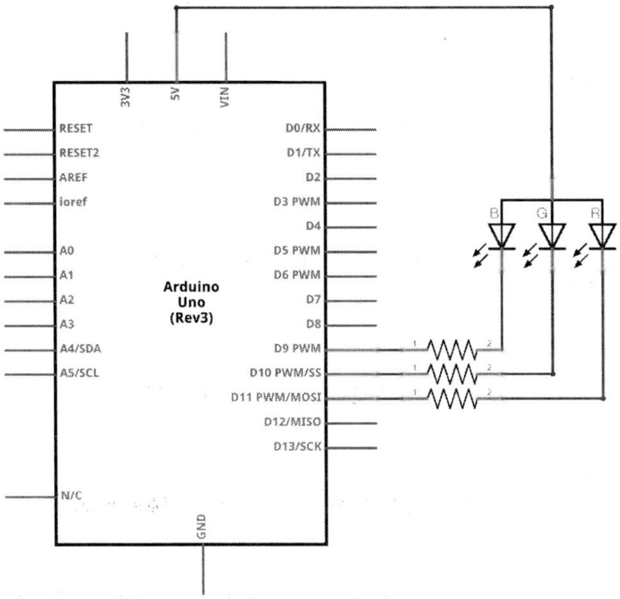

그림 5. RGB LED 연결 회로도

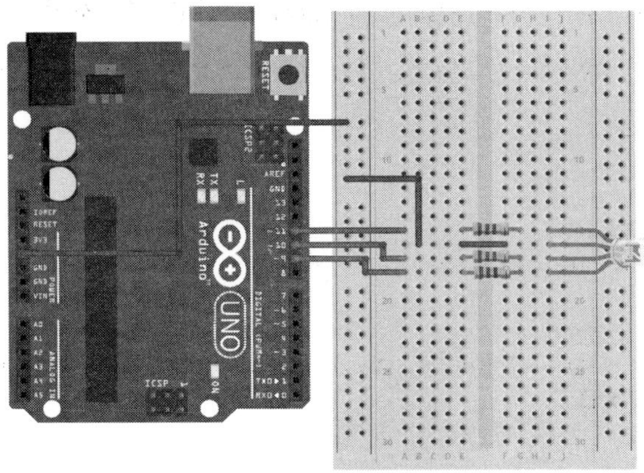

그림 6. RGB LED 연결 회로

RGB LED는 빛의 3원색에 해당하는 적색(Red), 녹색(Green), 청색(Blue) LED를 결합시킨 형태로 각 원색을 제어하기 위한 개별적인 제어 핀 3개와 공통 핀 1개를 가지고 있다. 공통 핀을 GND에 연결하고 각 제어 핀에 VCC를 연결하면 LED가 켜지는 방식을 공통 음극 방식(common cathode)이라 한다. 반면 공통 핀을 VCC에 연결하고 각 제어 핀에 GND를 연결하면 LED가 켜지는 방식을 공통 양극 방식(common anode)이라 한다. 그림 7은 공통 양극 방식의 RGB LED를 나타낸 것으로 4개 핀 중 가장 긴 핀이 공통 핀에 해당한다. 공통 음극 방식의 RGB LED 역시 외형은 그림 7과 동일하지만 공통 핀을 GND에 연결해야 하는 점에서 차이가 있다.

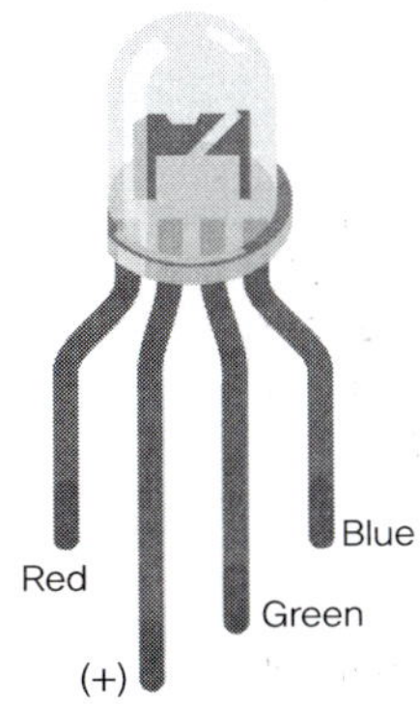

그림 7. RGB LED

스케치 2는 RGB LED의 R, G, B 값 중 하나만을 analogWrite 함수로 서서히 변화시키는 스케치의 예다. 스케치 2의 경우에는 R, G, B 값 중 하나만을 변화시켰지만 동시에 2개 이상의 값을 변화시키면 더 다양한 색을 확인할 수 있다.

스케치 2. RGB LED의 밝기 조절

```
int RGB_LED[] = {9, 10, 11};                    // RGB LED 연결 핀

void setup() {
  for(int i = 0; i < 3; i++){                   // RGB LED 연결 핀을 출력으로 설정
    pinMode(RGB_LED[i], OUTPUT);
  }
}

void loop() {
  // Blue 색상 조절. Green, Red는 끔
  digitalWrite(RGB_LED[1], HIGH);
  digitalWrite(RGB_LED[2], HIGH);
  for(int i = 255; i >= 0; i--){
    analogWrite(RGB_LED[0], i);
    delay(10);
  }

  // Green 색상 조절. Blue, Red는 끔
  digitalWrite(RGB_LED[0], HIGH);
  digitalWrite(RGB_LED[2], HIGH);
  for(int i = 255; i >= 0; i--){
    analogWrite(RGB_LED[1], i);
    delay(10);
  }

  // Red 색상 조절. Blue, Green은 끔
  digitalWrite(RGB_LED[0], HIGH);
  digitalWrite(RGB_LED[1], HIGH);
  for(int i = 255; i >= 0; i--){
    analogWrite(RGB_LED[2], i);
    delay(10);
  }
}
```

아날로그 데이터의 입출력 방법을 가변저항과 RGB LED를 통해 알아보았다. 이를 함께 사용하여 가변저항으로 RGB LED의 밝기를 조절해 보자. 그림 8과 같이 가변저항을 아날로그 0번 A0 핀에 연결하고 RGB LED를 디지털 9, 10, 11번 핀에 연결하여 ADC 값에 비례하는 밝기로 RGB LED가 켜지도록 한다.

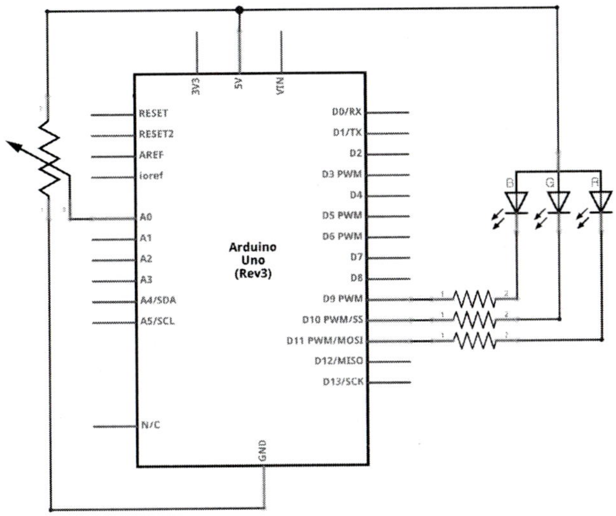

그림 8. RGB LED와 가변저항 연결 회로도

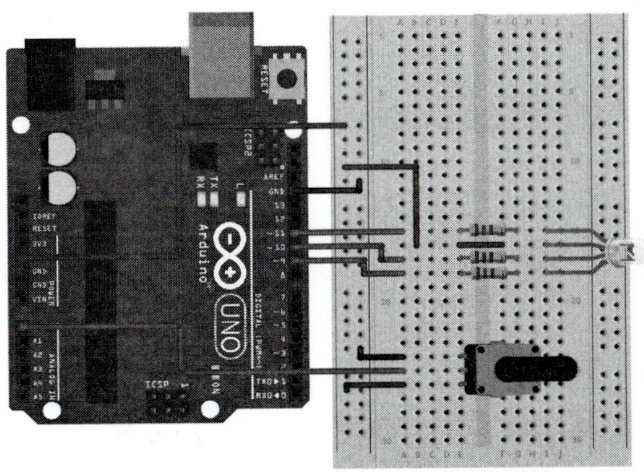

그림 9. RGB LED와 가변저항 연결 회로

스케치 3은 가변저항을 사용하여 LED의 밝기를 제어하는 스케치의 예다. 스케치 3에서는 RGB LED의 제어선에 모두 동일한 값을 analogWrite 함수로 출력하고 있으므로 밝기가 다른 백색광만을 볼 수 있다. 한 가지 주의할 점은 ADC 값과 듀티 사이클 값이 가지는 범위의 차이다. ATmega328의 ADC는

10비트 해상도를 가지는 반면 PWM을 위한 듀티 사이클은 8비트 값을 가진다. 따라서 스케치 3에서는 ADC 값을 오른쪽으로 2비트 이동시켜 8비트의 듀티 사이클 값으로 변환하여 사용하고 있다.

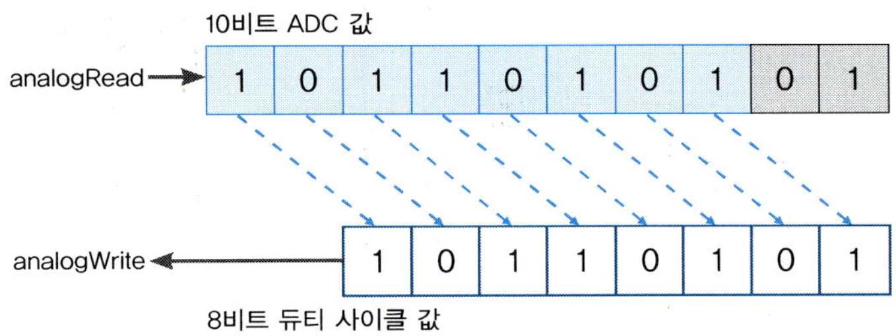

그림 10. 아날로그 값 변환

스케치 3. 가변저항으로 LED 밝기 조절

```
int pins_LED[] = {9, 10, 11};                    // RGB LED 연결 핀

void setup() {
  Serial.begin(9600);

  for(int i = 0; i < 3; i++){
    pinMode(pins_LED[i], OUTPUT);
  }
  pinMode(A0, INPUT);                            // 가변저항 연결 핀 입력으로 설정
}

void loop() {
  int ADC_value = analogRead(A0);                // ADC 값
  int PWM_value = ADC_value >> 2;                // PWM 값

  Serial.print(String("ADC value : ") + ADC_value);
  Serial.println(String(", PWM value : ") + PWM_value);

  for(int i = 0; i < 3; i++){                    // LED 밝기 조절
    analogWrite(pins_LED[i], PWM_value);
  }

  delay(1000);
}
```

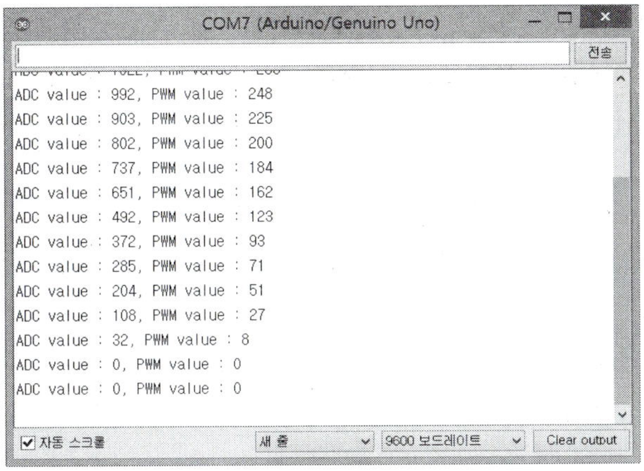

그림 11. 스케치 3 실행 결과

3. 맺는말

마이크로컨트롤러가 디지털 데이터 입출력을 기본으로 하지만 실제로 주변에 존재하는 데이터는 모두 아날로그 데이터다. 따라서 디지털 컴퓨터의 일종인 마이크로컨트롤러에서 아날로그 데이터를 처리하기 위해서는 먼저 아날로그 데이터를 디지털로 변환하는 과정이 필요하며 이를 위해 아날로그-디지털 변환기(ADC)가 사용된다. 아두이노 우노에 사용된 ATmega328에는 10비트 해상도를 갖는 ADC가 포함되어 있으므로 아날로그 데이터를 입력할 수 있다. 아날로그 데이터를 입력하는 경우에는 5V 이하의 전압만을 가해야 한다는 점은 기억해야 한다.

아날로그 데이터 입력에 ADC가 필요하다면 아날로그 데이터 출력에는 디지털-아날로그 변환기(DAC)가 필요하다. 하지만 ATmega328에는 DAC가 포함되어 있지 않으며, 대신 듀티 사이클 조절을 통해 아날로그 신호와 유사한 기능을 하는 디지털 신호인 펄스 폭 변조 (PWM) 신호를 사용할 수 있다. PWM

신호는 디지털 신호지만 ON/OFF 주기, 즉, 듀티 사이클 조절을 통해 전력 공급을 조절함으로써 아날로그 신호와 유사한 효과를 얻을 수 있다. PWM 신호는 LED의 밝기 조절이나 모터의 속도 조절 등에 흔히 사용된다.

마이크로컨트롤러는 디지털 및 아날로그 데이터 입출력을 기본으로 한다. 물론 디지털 데이터가 기본이 되지만 아날로그 데이터 입력과 아날로그 데이터와 유사한 효과를 내는 PWM 데이터 출력이 더해짐으로써 마이크로컨트롤러는 간단한 제어장치를 만들기에 충분한 기능을 갖추게 된다. 표 2는 아두이노에서 디지털 및 아날로그 데이터 입출력을 위해 사용하는 함수를 요약한 것이다.

표 1. 디지털 및 아날로그 데이터 입출력 함수

	입력	출력

디지털	`int pinNo = 13;`
	
	`pinMode(pinNo, INPUT);`
	`int value = digitalRead(pinNo);`
		`int pinNo = 13;`
		`int value = HIGH;`
		
		`pinMode(pinNo, OUTPUT);`
		`digitalWrite(pinNo, value);`

아날로그	`int pinNo = A0;`
	
	`pinMode(pinNo, INPUT);`
	`int value = analogRead(pinNo);`
		`int pinNo = 9;`
		`int dutyCycle = 128;`
		
		`pinMode(pinNo, OUTPUT);`
		`analogWrite(pinNo, dutyCycle);`

PART II

아듀카를 위한 부품

Chapter 06

주기적인 데이터 처리

마이크로컨트롤러는 간단한 제어장치를 만들기 위해 주로 사용되며, 제어장치의 경우 일정한 시간 간격으로 반복적인 작업을 수행하는 경우를 흔히 볼 수 있다. 이 장에서는 일정한 시간 간격으로 주어진 작업을 수행할 수 있도록 해주는 여러 가지 방법에 대해 알아본다.

마이크로컨트롤러는 작고 간단한(마이크로) 제어장치(컨트롤러)를 만들기 위해 흔히 사용된다. 제어장치를 만들 때 흔히 접하게 되는 문제 중 하나가 일정 시간 간격으로 특정 동작을 반복하는 문제다. 아두이노에서 처음 접하게 되는 1초 간격으로 LED를 켜고 끄기를 반복하는 블링크 예제, 1초 간격으로 증가하는 카운터를 만드는 문제, 10초 간격으로 온도 센서를 읽어 현재 온도를 표시하는 문제 등이 이러한 예에 속한다. 이처럼 일정 시간 간격으로 특정 동작을 반복할 필요가 있을 때 사용할 수 있는 함수에 delay와 millis가 있다. delay 함수의 경우 간단하게 시간 간격을 지정할 수 있지만 지정한 시간 동안 진행 중인 대부분의 작업이 일시적으로 멈추므로 즉각적인 반응이 필요한 경우에는 사용할 수 없는 단점이 있다. 반면 millis 함수는 delay 함수와 같이 진행 중인 작업을 정지시키지는 않지만 코드가 복잡해지는 단점이 있다.

1. delay 함수

블링크 예제에서도 살펴보았던 delay 함수는 지정한 시간만큼 실행을 일시 중지시키기 위해 사용한다.

```
void delay(unsigned long ms)
  - 매개변수
     ms : 밀리초 단위의 지연 시간
  - 반환값 : 없음
```

delay 함수에 사용되는 매개변수는 밀리초 단위의 지연 시간을 지정하며, unsigned long 타입은 4바이트의 크기를 가지므로 지정할 수 있는 최대 지연 시간은 232밀리초로 약 50일에 해당한다. delay 함수는 밀리초 단위의 지연 시간을 설정할 수 있는 반면, delayMicroseconds 함수는 마이크로초 단위의 지연 시간을 설정할 수 있도록 해준다. delayMicroseconds 함수로 지정할 수 있는 최대 지연시간은 232마이크로초로 약 1.2시간이다.

```
void delayMicroseconds(unsigned int us)
     us : 마이크로초 단위의 지연 시간
  반환값 : 없음
```

아두이노에서 처음 접하는 스케치는 블링크로 1초 간격으로 LED를 점멸하기 위해 delay 함수를 사용하였다. 12번 핀에 LED를 그림 1과 같이 연결하고 스케치 1을 업로드 하여 1초 간격으로 LED가 점멸하는 것을 확인해 보자.

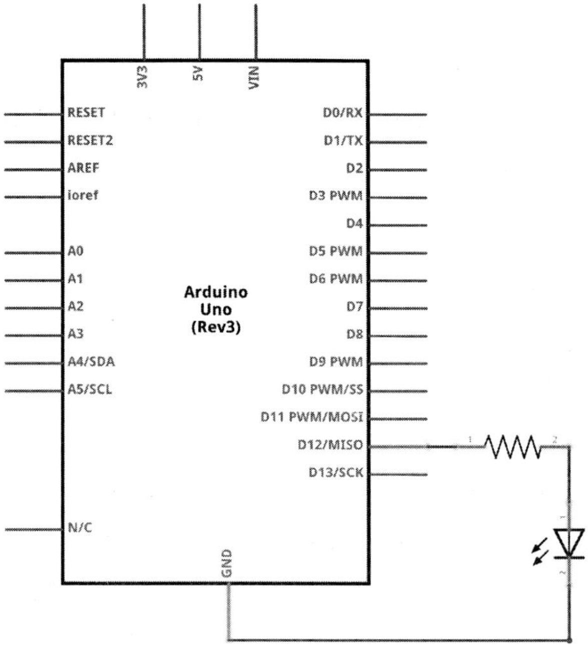

그림 1. 1개 LED 연결 회로도

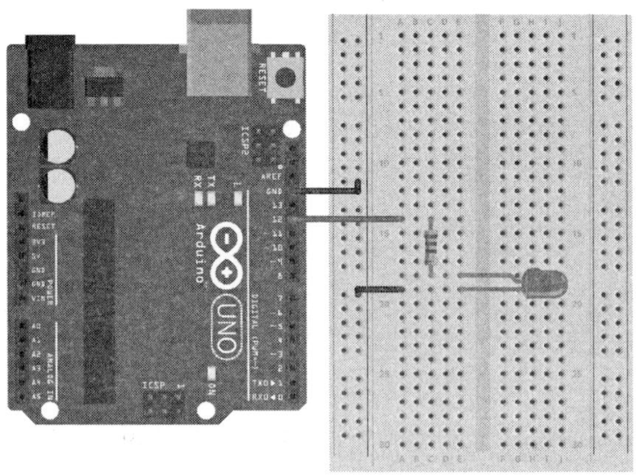

그림 2. 1개 LED 연결 회로

스케치 1. 블링크 – 2개의 delay 함수 사용

```
int pin_LED = 12;                          // LED 연결 핀

void setup() {
  pinMode(pin_LED, OUTPUT);                // 출력으로 설정
  digitalWrite(pin_LED, false);            // 꺼진 상태로 시작
}

void loop() {
  digitalWrite(pin_LED, true);             // LED 켜기
  delay(1000);                             // 1초 대기

  digitalWrite(pin_LED, false);            // LED 끄기
  delay(1000);                             // 1초 대기
}
```

스케치 1에서는 2개의 delay 함수가 사용되었다. 스케치 1을 delay 함수를 1개만 사용하도록 수정한 예가 스케치 2다. 스케치 2에는 현재 LED의 상태를 나타내기 위한 변수 LED_state를 정의하고 1초마다 LED_state 값을 반전시킴으로써 LED가 점멸하는 효과를 얻을 수 있다.

스케치 2. 블링크 – 1개 delay 함수 사용

```
int pin_LED = 12;                          // LED 연결 핀
boolean LED_state = false;                 // LED 상태

void setup() {
  pinMode(pin_LED, OUTPUT);                // 출력으로 설정
  digitalWrite(pin_LED, LED_state);
}

void loop() {
  LED_state = !LED_state;                  // LED 상태 반전
  digitalWrite(pin_LED, LED_state);        // LED 상태 표시
  delay(1000);                             // 1초 대기
}
```

지금까지는 아무런 문제가 없어 보인다. 그림 1의 회로도에서 13번 핀에 LED를, 5번 핀에 풀다운 저항을 사용하는 버튼을 추가해 보자.

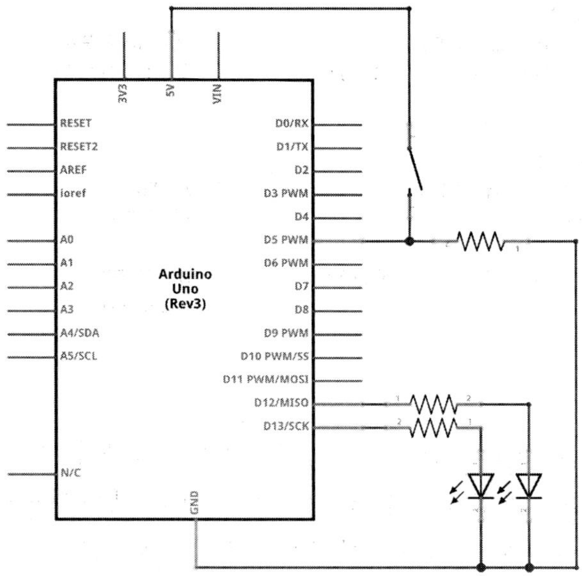

그림 3. 2개 LED와 버튼 연결 회로도

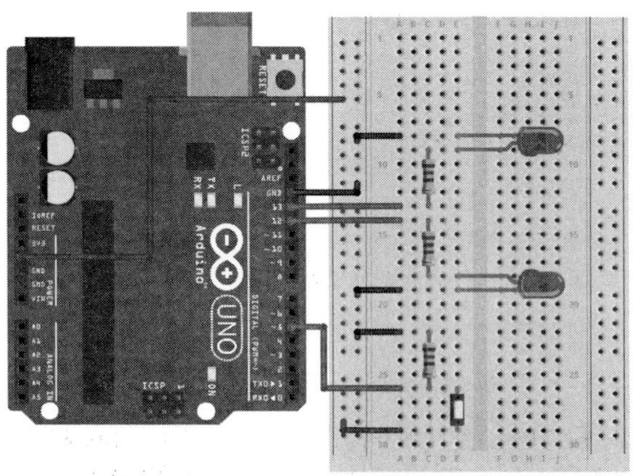

그림 4. 2개 LED와 버튼 연결 회로

그림 3의 회로도에서 12번 핀에 연결된 LED는 1초 간격으로 점멸하고, 13번 핀에 연결된 LED는 버튼이 눌러진 경우에만 켜지도록 스케치를 작성해 보자. 스케치 3은 1초 간격으로 점멸하는 12번 핀에 연결된 LED와 버튼의 상태를 나타내는 13번 핀에 연결된 LED를 delay 함수를 사용하여 제어하는 스케치의 예다.

스케치 3. 2개 LED 제어

```
int pin_LED1 = 12, pin_LED2 = 13;          // LED 연결 핀
int pin_button = 5;                        // 버튼 연결 핀
boolean LED_state = false;

void setup() {
  pinMode(pin_LED1, OUTPUT);               // 출력으로 설정
  digitalWrite(pin_LED1, LED_state);       // 꺼진 상태로 시작
  pinMode(pin_LED2, OUTPUT);
  digitalWrite(pin_LED2, false);

  pinMode(pin_button, INPUT);              // 입력으로 설정
}

void loop() {
  LED_state = !LED_state;                  // LED 상태 반전
  digitalWrite(pin_LED1, LED_state);       // LED 상태 출력
  delay(1000);                             // 1초 대기

  // 버튼 상태를 읽어서 13번 핀에 연결된 LED에 표시
  digitalWrite(pin_LED2, digitalRead(pin_button));
}
```

스케치 3을 업로드 하고 버튼을 눌러보자. 12번 핀에 연결된 LED가 1초 간격으로 점멸하는 것에는 문제가 없지만, 13번 핀에 연결된 LED는 버튼을 눌러도 켜지지 않거나 버튼을 떼도 켜진 상태가 유지되는 경우를 발견할 수 있다. 무엇이 문제인가? delay 함수는 프로그램의 실행을 일시적으로 중지시키는 함수이므로 delay 함수가 실행 중인 동안 프로그램은 더 이상 진행되지 않

고 delay 함수에서 멈추게 된다. delay 함수가 실행 중인 1초 사이에 버튼이 눌러지면 버튼이 눌러진 상태를 확인하는 digitalRead 함수도 동작할 수 없으므로 버튼이 상태를 알아낼 수 없고 따라고 LED 상태도 버튼 상태를 반영할 수 없다. 이처럼 delay 함수는 즉각적인 반응이 필요한 경우에는 사용할 수 없으며 이를 해결하기 위한 방법 중 하나가 millis 함수를 사용하는 것이다.

2. millis 함수

millis 함수는 현재 실행 중인 프로그램이 시작된 이후의 경과 시간을 밀리초 단위로 반환하는 함수다.

```
unsigned long millis(void)
  - 매개변수 : 없음
  - 반환값 : 프로그램이 시작된 이후의 밀리초(millisecond) 단위 경과 시간
```

delay 함수를 사용하면 delay 함수가 실행 중인 동안은 다른 작업을 할 수 없다. 이와 달리 millis 함수는 현재까지의 실행시간을 반환하므로 즉시 다른 작업을 수행할 수 있다. 따라서 millis 함수를 사용하는 경우에는 현재까지의 실행시간을 얻고, 기준 시간과 비교하여 1초가 경과되었는지 여부를 스케치에서 판단해야 한다.

블링크 스케치로 돌아가 보자. 스케치 4는 스케치 2를 수정하여 delay 함수 없이 1초 간격으로 12번 핀에 연결된 LED를 점멸하는 스케치의 예다. 스케치 4에서는 기준 시간을 time_previous에 저장하고 현재 시간을 time_current에 저장하여 이들을 비교함으로써 1초가 경과하였는지 검사하고 있다.

스케치 4. 블링크 – millis 함수 사용

```
int pin_LED = 12;                                // LED 연결 핀
boolean LED_state = false;                       // LED 상태
unsigned long time_previous, time_current;
unsigned long count = 0;                         // loop 함수 실행 횟수

void setup() {
  pinMode(pin_LED, OUTPUT);
  digitalWrite(pin_LED, LED_state);

  Serial.begin(9600);
  time_previous = millis();                      // 시작 시간
}

void loop() {
  time_current = millis();                       // 현재 시간
  count++;                                       // loop 함수 실행 횟수

  // 1초 이상 시간이 경과한 경우
  if(time_current - time_previous >= 1000){
    time_previous = time_current;                // 시작 시간 갱신

    LED_state = !LED_state;                      // LED 상태 반전
    digitalWrite(pin_LED, LED_state);            // LED 상태 표시

    Serial.println(count);                       // 1초 동안 loop 함수가 실행된 횟수 출력
    count = 0;                                   // 실행 횟수 초기화
  }
}
```

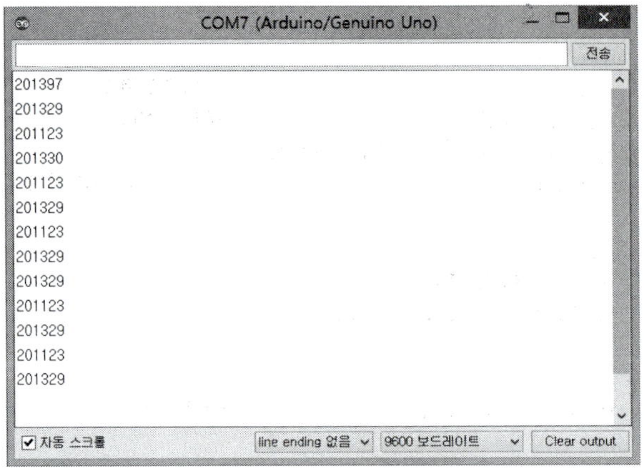

그림 5. 스케치 4 실행 결과

스케치 4에서 count 변수는 1초에 loop 함수가 실행되는 횟수를 알아보기 위한 변수다. 그림 5의 실행 결과에서 알 수 있듯이 1초에 약 20만 번 loop 함수가 실행된다. 반면 스케치 1의 경우 delay(1000) 문장이 2개 있으므로 2초에 1번 loop 함수가 실행되고, 스케치 2의 경우 delay(1000) 문장이 1개 있으므로 1초에 1번 loop 함수가 실행된다.

스케치 3의 경우도 1초에 1번 loop 함수가 실행되므로 1초에 1번만 버튼 상태를 검사할 수 있어 버튼을 빨리 눌렀다 뗀다면 버튼 상태를 검사하지 못해 버튼 상태를 LED에 표시할 수 없다. 하지만 스케치 4와 같이 millis 함수를 사용하면 약 5μs에 1번 버튼 상태를 검사할 수 있으므로 버튼 상태를 LED에 즉시 나타낼 수 있다.[11] 그림 6은 delay 함수와 millis 함수를 사용하는 경우의 흐름을 비교한 것이다.

---

11 '즉시'의 기준은 모호하지만 5μs는 사람이 알아차리기 힘든 짧은 시간이므로 버튼을 누르는 즉시 LED의 상태가 바뀌는 것으로 설명하였다.

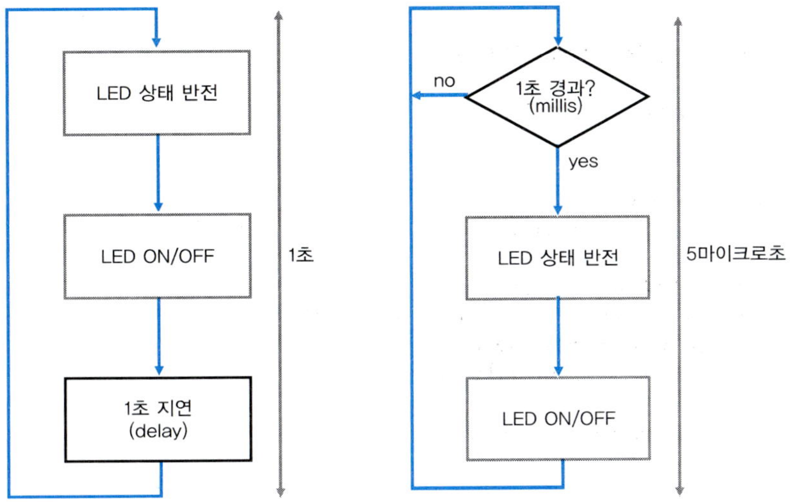

(a) delay 함수를 사용한 경우 (b) millis 함수를 사용한 경우

그림 6. 프로그램의 흐름

스케치 5는 스케치 3에서 delay 함수 대신 millis 함수를 사용하여 2개의 LED를 제어하는 스케치의 예다. 버튼을 눌러보면 스케치 3과 달리 버튼을 누르는 즉시 LED의 상태가 바뀌는 것을 확인할 수 있다.

스케치 5. 2개 LED 제어 – millis 함수 사용

```
int pin_LED1 = 12, pin_LED2 = 13;           // LED 연결 핀
int pin_button = 5;                         // 버튼 연결 핀
boolean LED_state = false;
unsigned long time_previous, time_current;

void setup() {
  pinMode(pin_LED1, OUTPUT);                // 출력으로 설정
  digitalWrite(pin_LED1, LED_state);        // 꺼진 상태로 시작
  pinMode(pin_LED2, OUTPUT);
  digitalWrite(pin_LED2, false);
```

```
  pinMode(pin_button, INPUT);

  time_previous = millis();                    // 시작 시간
}

void loop() {
  time_current = millis();                     // 현재 시간

  // 1초 이상 시간이 경과한 경우
  if(time_current - time_previous >= 1000){
    LED_state = !LED_state;
    digitalWrite(pin_LED1, LED_state);         // LED 반전

    time_previous = time_current;
  }

  // 버튼 상태를 읽어서 13번 핀에 연결된 LED에 표시
  digitalWrite(pin_LED2, digitalRead(pin_button));
}
```

12번 핀에 연결된 LED는 0.5초 간격으로 점멸하고 13번 핀에 연결된 LED는 1초 간격으로 점멸하도록 스케치를 작성해 보자. 0.5초와 1초는 정수배이므로 delay 함수를 사용해서도 구현이 가능하며 스케치 6이 그 예다.

스케치 6. 서로 다른 점멸 간격을 가지는 2개 LED 제어 – delay 함수 사용

```
int pin_LED1 = 12, pin_LED2 = 13;                // LED 연결 핀

void setup() {
  pinMode(pin_LED1, OUTPUT);
  digitalWrite(pin_LED1, LOW);
  pinMode(pin_LED2, OUTPUT);
  digitalWrite(pin_LED2, LOW);
}

void loop() {
  digitalWrite(pin_LED1, HIGH);                  // (ON, OFF)
  delay(500);

  digitalWrite(pin_LED1, LOW);                   // (OFF, ON)
  digitalWrite(pin_LED2, HIGH);
  delay(500);

  digitalWrite(pin_LED1, HIGH);                  // (ON, ON)
  delay(500);

  digitalWrite(pin_LED1, LOW);                   // (OFF, OFF)
  digitalWrite(pin_LED2, LOW);
  delay(500);
}
```

스케치 6에서는 2개 LED가 가질 수 있는 ON/OFF 상태의 조합을 4가지로 나누어서 LED를 제어하고 있다. 하지만 스케치 6에서 loop 함수는 2초에 1번만 실행된다. 따라서 LED만을 제어하고자 한다면 문제가 없겠지만 다른 작업과 함께 진행하기에는 어려움이 있다. 또한 점멸 간격이 정수배가 아닌 경우라면 시간 계산이 복잡해진다. 스케치 7은 서로 다른 점멸 간격을 가지는 2개 LED를 millis 함수를 사용하여 제어하는 예다. 0.5초와 1초 간격으로 점멸하는 LED 제어를 별도의 함수로 작성하였다.

스케치 7. 서로 다른 점멸 간격을 가지는 2개 LED 제어 – millis 함수 사용

```
int pin_LED1 = 12, pin_LED2 = 13;                   // LED 연결 핀
boolean LED_state1 = false, LED_state2 = false;     // LED 상태

void setup() {
  pinMode(pin_LED1, OUTPUT);                        // LED 연결 핀을 출력으로 설정
  digitalWrite(pin_LED1, LED_state1);               // 꺼진 상태에서 시작
  pinMode(pin_LED2, OUTPUT);
  digitalWrite(pin_LED2, LED_state2);
}

void loop() {
  blink_pin_12();                                   // 0.5초 간격 점멸
  blink_pin_13();                                   // 1초 간격 점멸
}

void blink_pin_12() {
  static unsigned long time_previous = 0;           // 이전 시간
  const int INTERVAL = 500;                         // 점멸 간격
  unsigned long time_current = millis();            // 현재 시간

  if(time_current - time_previous > INTERVAL){      // 0.5초 경과
    time_previous = time_current;

    LED_state1 = !LED_state1;                       // LED 상태 반전
    digitalWrite(pin_LED1, LED_state1);
  }
}

void blink_pin_13() {
  static unsigned long time_previous = 0;           // 이전 시간
  const int INTERVAL = 1000;                        // 점멸 간격
  unsigned long time_current = millis();            // 현재 시간

  if(time_current - time_previous > INTERVAL){      // 1초 경과
    time_previous = time_current;

    LED_state2 = !LED_state2;                       // LED 상태 반전
    digitalWrite(pin_LED2, LED_state2);
  }
}
```

12번 핀과 13번 핀에 연결된 LED를 점멸하는 blink_pin_12와 blink_pin_13 함수에서는 LED 상태가 바뀐 시점을 저장하기 위해 정적(static) 변수를 사용하고 있다. 정적 변수는 전역(global) 변수와 지역(local) 변수의 특징을 모두 가지고 있다. 전역 변수로서의 특징은 프로그램이 시작될 때 초기화되어 프로그램이 종료할 때까지 사라지지 않는 것이다. 따라서 함수에서 반환한 후에도 변경된 값이 유지된다. 지역 변수로서의 특징은 변수의 유효 범위가 지역 변수와 동일하다는 것이다. 따라서 스케치 7에서 정적 변수는 전역 변수와 달리 함수 내에서만 사용할 수 있다.

3. 맺는말

마이크로컨트롤러를 사용하여 제어 장치를 구성하는 경우 흔히 접하는 문제 중 하나는 일정 시간 간격으로 특정 동작을 반복하는 문제다. 일정 시간 간격으로 값을 증가 또는 감소시키는 카운터와 일정 시간 이후 특정 동작을 수행하도록 하는 타이머가 그 전형적인 예에 속하며 이외에도 다양한 예를 찾아볼 수 있다. 이처럼 시간 간격을 조절하기 위해 사용할 수 있는 함수에 delay와 millis가 있다. delay 함수는 지정한 시간 동안 프로그램의 실행을 일시 정지하는 함수로 간단하게 정해진 시간만큼 프로그램의 동작을 '정지'시킬 수 있는 장점이 있다. 하지만 delay 함수가 실행 중인 동안에는 대부분의 마이크로컨트롤러 기능 역시 '정지'하므로 버튼의 입력 등을 확인할 수 없다. 따라서 즉각적인 반응이 요구되는 경우에는 delay 함수를 사용할 수 없다.

millis 함수는 시간 지연을 위한 함수가 아니라 프로그램이 실행 된 이후의 경과 시간을 알려주는 함수다. 따라서 시간 지연을 위해 millis 함수를 사용하기 위해서는 시작 시간과 현재 시간을 계속 비교하여 지정한 시간이 경과하였는지 확인해야 한다. 이처럼 millis 함수를 사용하는 것은 delay 함수를 사용할 때보다 복잡하지만, delay 함수와 달리 millis 함수는 프로그램 실행을 '정지'시키지 않으므로 즉각적인 반응이 필요한 경우 사용할 수 있다. 예를 들어 서로 다른 주기를 가지면서 점멸하는 두 개의 LED를 제어하는 것은 delay 함수로는 구현하기 쉽지 않지만, millis 함수를 사용하면 간단하게 구현할 수 있다.

Chapter 07

DC 모터

DC 모터는 구조가 간단하고, 제어가 쉬우며, 가격이 저렴한 등 여러 가지 장점으로 널리 사용되고 있다. 하지만 DC 모터는 일반적으로 많은 전력을 필요로 하며 2개의 연결선만을 가지고 있어 연결된 후에는 회전 방향을 바꾸기가 어렵다는 단점이 있다. 이러한 문제점을 해결하기 위해서는 전용의 모터 제어 칩인 모터 드라이버 칩을 사용해야 한다. 이 장에서는 모터 드라이버 칩을 사용하여 DC 모터를 제어하는 방법에 대해 알아본다.

1. DC 모터

DC 모터는 모터 중 가장 먼저 만들어진 모터로 2개의 연결선만을 가지고 있다. DC 모터는 2개의 연결선을 VCC와 GND에 연결하는 순서에 따라 모터의 회전 방향이 결정되며 PWM (Pulse Width Modulation) 신호를 사용하여 간단하게 속도 제어가 가능하다. 하지만 DC 모터를 사용하는 경우 주의해야 할 점이 있다. 첫 번째는 일반적으로 DC 모터는 많은 전력을 필요로 한다는 점이다.[12] 아두이노의 디지털 핀과 GND에 DC 모터를 연결하고 핀의 출력으로 모터의 ON/OFF 제어도 가능하고, PWM 출력을 통해 속도 제어도 가능

12 모터 구동을 위해 많은 전력을 필요로 하는 것은 DC 모터만의 문제는 아니다. 서보 모터, 스텝 모터 등 다른 모터의 경우에도 큰 힘을 얻기 위해서는 별도의 모터 전용 전원을 사용해야 한다.

하다. 하지만 아두이노의 디지털 출력 핀으로 출력되는 최대 전류는 40mA에 불과하므로 이러한 적은 출력은 아주 작은 DC 모터를 구동하기에도 충분하지 않다. 따라서 DC 모터를 사용하는 경우에는 아두이노 구동을 위한 전원과는 별도로 모터 전용 전원을 사용하고 아두이노의 디지털 출력 핀은 전원을 제어하는 역할을 하도록 구성하는 것이 일반적이다. 디지털 출력 핀으로 전원을 제어하기 위해서는 트랜지스터를 사용할 수 있다. 트랜지스터는 일종의 스위치 역할을 하여 아두이노의 디지털 핀으로 출력되는 적은 전류로 모터 구동에 필요한 많은 전류를 제어할 수 있도록 해준다. 그림 1은 NPN 타입의 트랜지스터를 나타낸 것으로 베이스(base)에 연결된 아두이노 핀의 출력이 1인 경우 콜렉터(collector)에서 에미터(emitter)로 전류가 흐르게 되고 아두이노 핀의 출력이 0인 경우 콜렉터에서 에미터로 전류는 흐르지 않는다. 즉, 베이스에 연결된 아두이노의 디지털 핀이 콜렉터와 에미터 사이에 흐르는 전류를 제어하는 스위치 역할을 한다.

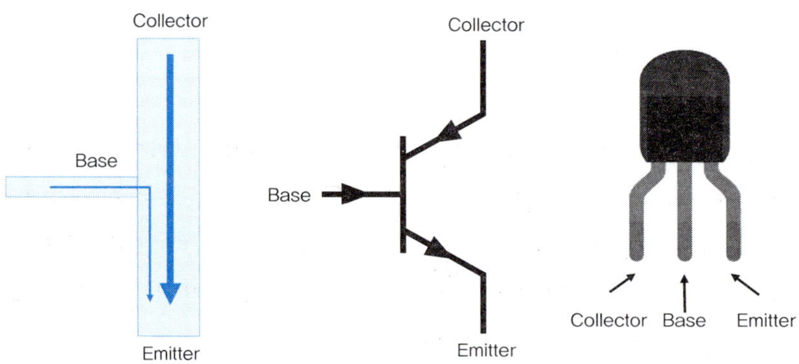

그림 1. 트랜지스터

전용 전원을 사용하면 많은 전류를 필요로 하는 모터의 ON/OFF를 제어할 수 있지만 이것만으로는 충분하지 않다. DC 모터 사용에서 또 다른 문제점은 DC 모터의 회전 방향이 전원을 연결하는 방향에 따라 결정된다는 점으로 모터를 연결한 이후에는 회전 방향을 변경할 수 없다. 따라서 DC 모터의 연결 핀에 (+) 또는 (−) 전원을 선택적으로 연결할 수 있는 방법이 필요하며 이를 위해 흔히 사용하는 회로가 H 브리지(bridge) 회로다. H 브리지 회로는 그림 2에서와 같이 4개의 스위치로 표현할 수 있다. H 브리지 회로는 스위치 1(S1)과 4(S4)가 연결되는 경우와 스위치 2(S2)와 3(S3)이 연결되는 경우 모터에 가해지는 전압이 서로 반대가 되는 원리를 사용하여 모터의 회전 방향을 제어할 수 있다.

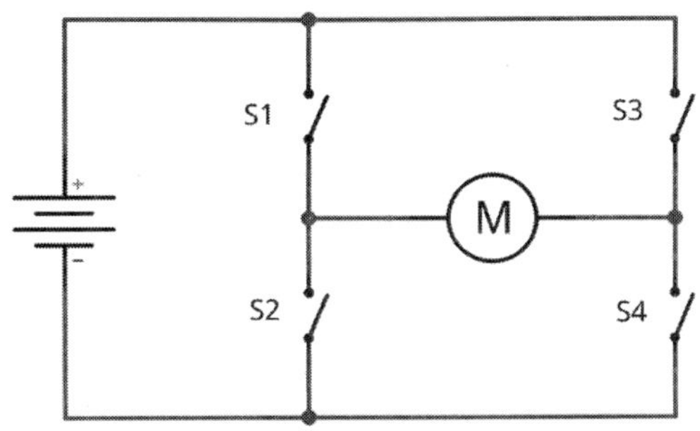

그림 2. H 브리지 회로

이러한 두 가지 문제점을 해결할 수 있도록 만들어진 칩을 모터 드라이버(motor driver) 칩이라고 한다. DC 모터를 위한 드라이버는 H 브리지 회로를 사용하고 전용 전원을 연결할 수 있도록 만들어져 있으며 L293, L298 등이 흔히 사용된다. 이 장에서 사용하는 모터는 3~12V 전압에서 동작하는 소형 DC 모터로 기어 박스가 포함되어 있다. 기어는 모터의 회전 속도를 줄이고 회전력을 높이기 위해 사용된다.

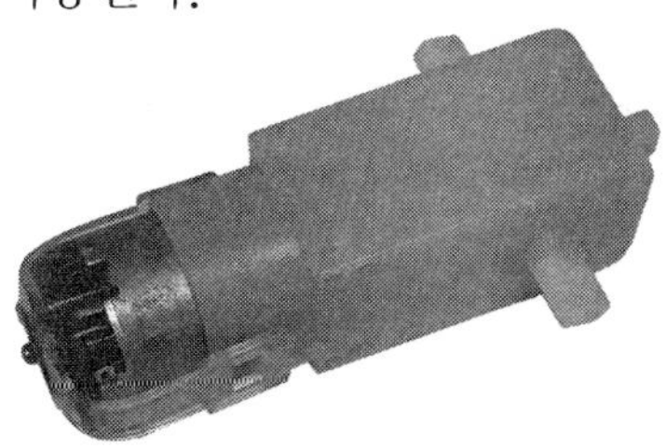

그림 3. 기어 박스가 포함된 DC 모터

그림 3의 모터를 위한 전원은 아두이노 우노에 공급되는 전원을 함께 사용할 수 있다. 다만 아두이노 우노의 전원을 USB를 통해 컴퓨터로부터 공급받는 경우라면 USB를 통해 충분한 전원이 공급되지 못해 아두이노가 정상적으로 동작하지 않을 수 있다.

이 책에서는 아듀카(Arduino Controller Car)를 만들기 위해 그림 3의 모터 4개를 사용한다. 이 장에서와 같이 1개의 DC 모터를 테스트하는 경우라면 USB를 통해 공급되는 전력으로도 테스트가 가능하겠지만 4개의 모터를 구동하기에는 부족하다. 가능하다고 하더라도 아듀카를 항상 컴퓨터와 연결하여 동작시키지는 않으므로 독립적인 전원이 필요하다. 아듀카를 위한 전원 공급은 2가지 방법을 생각할 수 있다. 첫 번째는 아두이노를 위한 전원과 모터를 위한 전원을 별도로 공급하는 방법이다. 모터는 많은 전기 잡음을 만들어내기 때문에 별도의 전원을 공급하는 것이 아두이노의 안정적인 동작을 위해 추천되기도 한다. 하지만 아두이노와 모터에 별도의 전원을 공급하기 위해서는 2개의 배터리 홀더가 필요하다는 단점이 있다.

두 번째 방법은 아두이노와 모터 전원을 공통으로 사용하는 방법이다. 아두이노 우노에는 7~12V의 전원을 연결하여 사용할 수 있고 그림 3의 모터 역시 12V까지 전원을 가할 수 있으므로 가능한 높은 전압을 공통으로 사용할 수 있다. 하지만 모터는 전압보다는 전압과 전류의 곱인 전력에 더 많은 영향을 받으므로 충분한 전력이 공급되도록 해주어야 한다. 4개의 DC 모터를 사용하는 경우에는 AA 건전지 6개, 18650 충전지 2개 이상이 필요하며 이 책에서는 18650 충전지를 사용한다. 18650 충전지는 AA 건전지에 비해 그 크기가 크지만 3.75V 전압에 2,800mAh의 용량을 가지고 있어 모터를 위한 충분한 전력을 공급할 수 있다.[13]

13 AA 건전지와 18650 충전지는 여러 가지 종류가 있고 종류에 따라 용량이 다르다.

그림 4. AA 배터리와 18650 충전지

2. DC 모터 제어

이 장에서는 L298 모터 드라이버 칩을 사용하여 DC 모터를 제어한다. L298 모터 드라이버 칩은 15핀의 칩으로 2개의 DC 모터를 제어할 수 있다. 그림 5는 L298 모터 드라이버 칩의 외형을 나타낸 것이며, 표 1은 각 핀의 기능을 요약한 것이다.

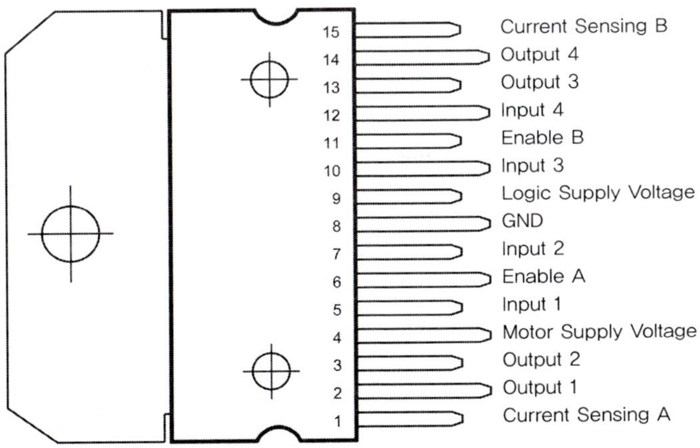

그림 5. L298 모터 드라이버 칩

표 1. L298 모터 드라이버 칩의 핀

핀 번호	이름	설명
1	Current Sensing B	모터 2의 공급 전류 측정용
2	Output 4	모터 2 연결
3	Output 3	
4	Input 4	모터 2 입력
5	Enable B	모터 2 제어 활성화 (active HIGH)
6	Input 3	모터 2 입력
7	Logic Supply Voltage	모터 드라이버 칩 동작 전압 (5V)
8	GND	그라운드
9	Input 2	모터 1 입력
10	Enable A	모터 1 제어 활성화 (active HIGH)
11	Input 1	모터 1 입력
12	Motor Supply Voltage	모터 전원 (최대 46V)
13	Output 2	모터 1 연결
14	Output 1	
15	Current Sensing A	모터 1의 공급 전류 측정용

모터 제어를 위해서는 (Enable A, Input 1, Input 2) 또는 (Enable B, Input 3, Input 4)의 3개 제어선 연결이 필요하다. 제어선 중 Enable은 입력이 HIGH인 상태에서만 모터의 구동 및 제어가 가능하며, LOW인 상태에서 모터는 정지한다. 나머지 2개의 입력(Input) 핀은 모터의 회전 방향을 결정하기 위해 사용된다. 표 2는 모터 드라이버 칩의 입력 핀에 가하는 신호에 따른 모터의 동작 상태를 나타낸다.

표 2. 모터 제어 신호

Enable	Input n	Input n+1	설명
LOW	–	–	정지
HIGH	LOW	LOW	정지
HIGH	LOW	HIGH	정회전
HIGH	HIGH	LOW	역회전
HIGH	HIGH	HIGH	–

Input 핀은 그림 2의 H 브리지 회로에서 스위치 개폐를 통해 모터에 가해지는 전압의 방향을 바꾸는 역할을 하며 이를 통해 정회전과 역회전이 가능하도록 해준다. 반면 모터의 속도는 Enable 핀에 PWM 신호를 가함으로써 가능하다. 따라서 모터의 속도를 제어하고자 한다면 Enable 핀은 PWM 신호 출력이 가능한 핀에 연결해야 하며, 속도 제어 없이 회전 방향만을 제어하고자 한다면 Enable 핀을 5V에 연결하거나 디지털 출력 핀에 연결하여 HIGH를 출력하면 된다.

모터 드라이버 칩을 사용하면 간단하게 모터를 제어할 수 있지만 모터, 전원, 제어선 등의 연결 단자가 필요하므로 모터 드라이버 칩을 바탕으로 만들어진 모터 드라이버 모듈이 주로 사용된다. 그림 6은 L298 모터 드라이버 칩을 사용하여 만들어진 모터 제어 모듈을 나타낸다.

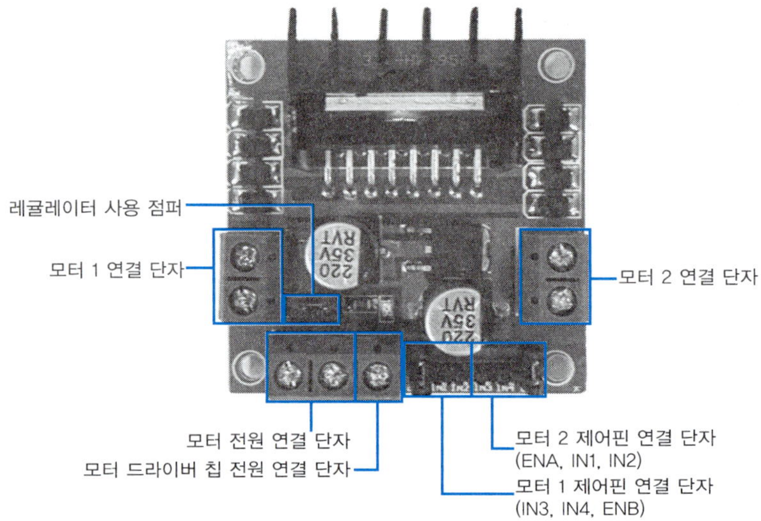

그림 6. 모터 제어 모듈

모터 제어 모듈과 모터를 그림 7과 같이 아두이노 우노에 연결하자. 모터 제어 모듈에는 2개의 모터를 연결할 수 있지만 제어 방법이 동일하므로 이 장에서는 모터 제어 방법을 테스트하기 위해 한 개의 모터만을 연결하여 사용하였다.

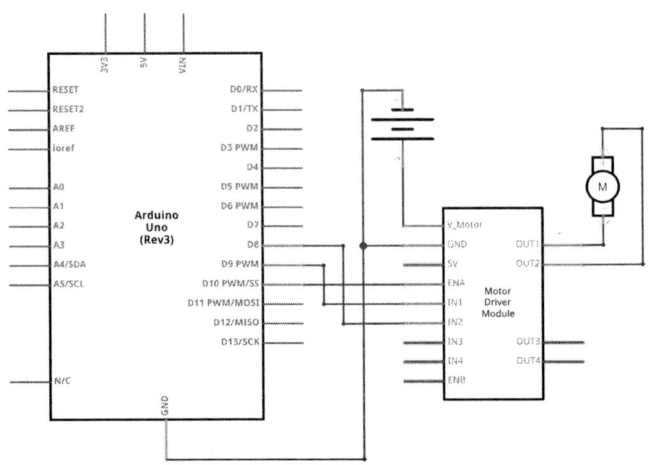

그림 7. 모터 제어 모듈과 모터 연결 회로도

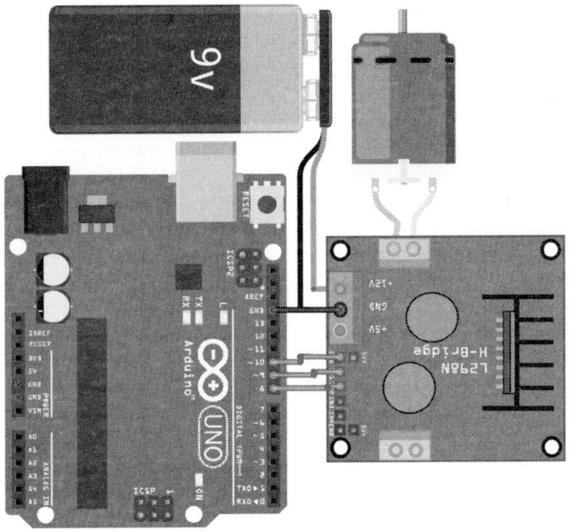

그림 8. 모터 제어 모듈과 모터 연결 회로

모터 제어 모듈에는 5V 레귤레이터가 포함되어 있어 모터 전원을 통해 5V 전원을 만들어 내고 이를 모터 드라이버 칩 구동을 위한 전원으로 사용할 수 있다. 단, 이를 위해서는 모터 드라이버 모듈의 '레귤레이터 사용' 점퍼가 연결된 상태에 있어야 한다. 점퍼가 연결되어 있지 않다면 모터 드라이버 칩을 위한 5V 입력 전압을 별도로 연결하면 된다. 그림 7에서는 레귤레이터의 출력을 모터 드라이버 칩의 동작을 위해 사용하므로 별도로 5V 입력은 사용하지 않았다. Enable 핀에도 점퍼가 존재한다. Enable 핀과 5V핀을 연결하면 Enable 핀에 5V가 가해지므로 속도 제어가 필요하지 않은 경우 연결하면 된다.

스케치 1은 모터 1을 정방향과 역방향으로 회전시키는 스케치의 예다. 스케치 1에서 모터의 속도는 제어하지 않지만 모터 속도 제어에도 사용할 수 있도록 모듈의 Enable 핀은 PWM 신호 출력이 가능한 디지털 10번 핀에 연결하였다.

스케치 1. DC 모터 회전 방향 제어

```
int ENA = 10;                                  // Enable 핀
int IN1 = 9;
int IN2 = 8;

void setup() {
  pinMode(ENA, OUTPUT);
  pinMode(IN1, OUTPUT);
  pinMode(IN2, OUTPUT);

  digitalWrite(ENA, HIGH);                     // 제어 가능한 상태로 둠
}

void loop() {
  forward();                                   // 정회전
  delay(2000);

  backward();                                  // 역회전
  delay(2000);
}

void forward() {
  digitalWrite(IN1, LOW);                      // 표 2 참고
  digitalWrite(IN2, HIGH);
}

void backward() {
  digitalWrite(IN1, HIGH);                     // 표 2 참고
  digitalWrite(IN2, LOW);
}
```

모터 제어를 위한 입력 핀은 모터의 회전 방향만을 조절하며 모터의 속도는 Enable 핀에 PWM 신호를 출력하여 조절한다. 스케치 1은 모터의 회전 방향만을 조절하였다면 스케치 2는 모터의 회전 속도를 PWM 신호를 사용하여 제어하는 스케치의 예다.

스케치 2. DC 모터 회전 속도 제어

```
int ENA = 10;                              // Enable 핀
int IN1 = 9;
int IN2 = 8;

void setup() {
  pinMode(ENA, OUTPUT);
  pinMode(IN1, OUTPUT);
  pinMode(IN2, OUTPUT);

  digitalWrite(ENA, LOW);                  // 제어 불가능한 상태로 둠
}

void loop() {
  forward();                               // 정회전
  for(int i = 0; i < 256; i++) {           // 속도 증가
    analogWrite(ENA, i);
    delay(30);
  }
  motor_stop();                            // 표 2 참고
  backward();                              // 역회전
  for(int i = 0; i < 256; i++) {           // 속도 증가
    analogWrite(ENA, i);
    delay(30);
  }
}

void motor_stop() {
  digitalWrite(IN1, LOW);
  digitalWrite(IN2, LOW);
}

void forward() {
  digitalWrite(IN1, LOW);                  // 표 2 참고
  digitalWrite(IN2, HIGH);
}

void backward() {
  digitalWrite(IN1, HIGH);                 // 표 2 참고
  digitalWrite(IN2, LOW);
}
```

디지털 2번 핀에 풀다운 저항을 통해 버튼을 연결하고 버튼이 눌러질 때마다 모터의 회전 방향을 바꾸는 스케치를 작성해 보자. 버튼과 모터는 그림 9와 같이 연결한다.

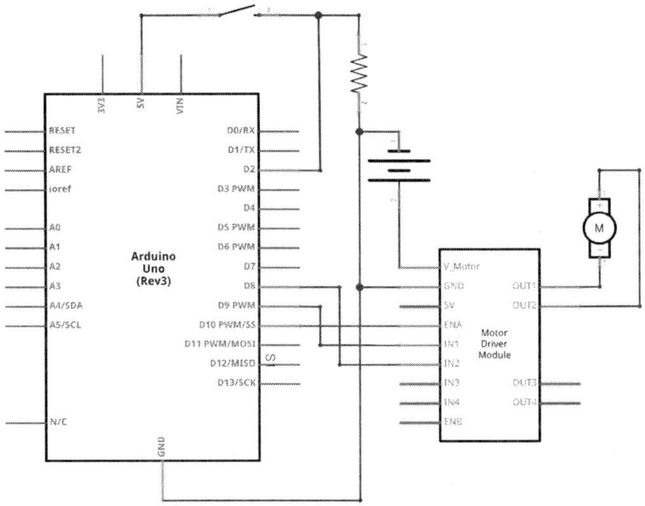

그림 9. 버튼과 모터 연결 회로도

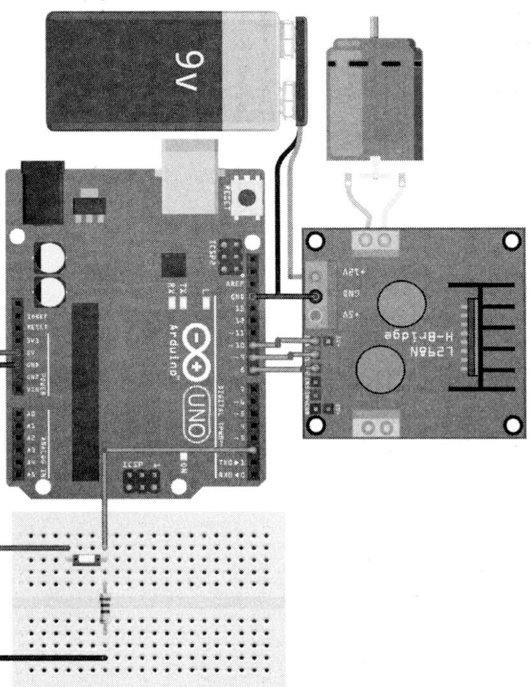

그림 10. 버튼과 모터 연결 회로

스케치 3은 초기 회전 방향을 정방향으로 하고 버튼을 누를 때마다 회전 방향이 바뀌도록 하는 스케치의 예다. 버튼이 눌러졌을 때 회전 방향을 반대로 바꾸기 위해서는 현재 회전 방향을 저장하고 있어야 하며 스케치 3에서 변수 direction이 현재 모터의 회전 방향을 저장하기 위해 사용되었다.

스케치 3. 버튼으로 DC 모터 회전 방향 제어

```
int ENA = 10;                              // Enable 핀
int IN1 = 9;
int IN2 = 8;
int BUTTON_PIN = 2;
boolean direction = true;                  // 정회전

void setup() {
  pinMode(ENA, OUTPUT);
  pinMode(IN1, OUTPUT);
  pinMode(IN2, OUTPUT);
  digitalWrite(ENA, HIGH);                 // 최대 속도
  pinMode(BUTTON_PIN, INPUT);              // 버튼 연결 핀을 입력으로 설정

  forward();                               // 정회전으로 시작
  Serial.begin(9600);
  Serial.println("Start...");
}

void loop() {
  if(digitalRead(BUTTON_PIN)){
    direction = !direction;                // 버튼이 눌러지면 회전 방향 바꿈

    if(direction){
      forward();
      Serial.println("Forward...");
      delay(500);
    }
    else{
      backward();
      Serial.println("Backward...");
      delay(500);
    }
  }
}
```

```
void forward() {
  digitalWrite(IN1, LOW);                    // 표 2 참고
  digitalWrite(IN2, HIGH);
}

void backward() {
  digitalWrite(IN1, HIGH);                   // 표 2 참고
  digitalWrite(IN2, LOW);
}
```

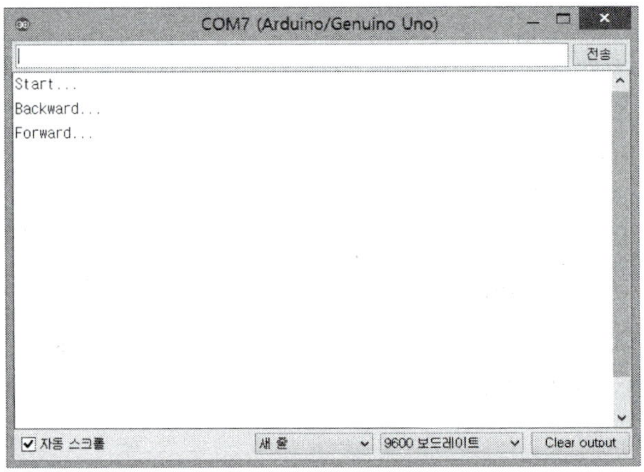

그림 11. 스케치 3 실행 결과

3. 맺는말

DC 모터는 구조와 제어 방법이 간단하고 가격이 저렴하므로 다양한 용도로 널리 사용되고 있다. 하지만 DC 모터는 전원 연결 방법에 따라 회전 방향이 결정되고, 큰 전력을 필요로 하는 경우가 많으므로 모터 드라이버 칩을 사용하여 회전 방향과 전력 공급을 제어하는 것이 일반적이다. 이 장에서 사용한 L298 모터 드라이버 칩의 경우 정방향 또는 역방향의 회전 방향 결정을 위한

디지털 신호 출력 2개와 속도 제어를 위한 PWM 신호 출력 1개, 총 3개 제어선 연결이 필요하다.

L298 모터 드라이버 칩 이외에도 다양한 모터 드라이버 칩이 존재하며 칩에 따라 제어 방식에 약간의 차이가 있다. 또한 칩의 종류에 따라 제어할 수 있는 최대 전력이 다르므로 사용하고자 하는 모터가 필요로 하는 전력에 따라 모터 드라이버 칩을 선택해야 한다.

아듀카를 만들기 위해서는 DC 모터 이외에 스텝 모터를 사용할 수도 있다. DC 모터는 정확한 회전량을 제어하기 어렵고 배터리 잔량에 의해서도 회전량이 영향을 받으므로 정확한 위치 제어는 불가능하므로 경험에 의존해야 한다. 반면 스텝 모터는 모터에 가해지는 펄스에 의해 일정 각도를 회전하고 멈추는 특징을 가지므로 펄스의 수에 의해 회전하는 각도를 제어할 수 있고 펄스를 가하는 속도에 의해 회전 속도를 제어할 수 있다. 스텝 모터 역시 전용의 모터 드라이버 모듈이 필요한 것은 DC 모터와 동일하지만 DC 모터에 비해 가격이 비싸고 무거운 단점도 있으므로 필요에 따라 선택하여 사용하면 된다.

그림 12. 스텝 모터

Chapter 08

서보 모터

모터는 전기를 이용하여 회전력을 얻는 기기로 움직이는 장치를 만드는 데 필수적인 부품 중 하나다. 아두이노와 함께 사용되는 모터에는 여러 종류가 있으며 그 중 서보 모터는 DC 모터와 더불어 흔히 사용되는 모터 중 하나이다. 서보 모터는 회전 범위가 제한되어 있어 일정한 범위에서만 움직이는 장치를 만들기 위해 흔히 사용된다. 이 장에서는 180도 범위에서 회전하는 서보 모터를 제어하는 방법에 대해 알아본다.

아두이노와 함께 사용되는 모터에는 DC 모터, 서보 모터, 스테핑 모터 등을 흔히 볼 수 있다. 각각의 모터들은 그 특징과 용도가 조금씩 다르므로 사용하고자 하는 목적에 맞는 모터를 선택하는 것이 중요하다. 각 모터의 특징은 다음과 같다.

- **DC (Direct Current) 모터** : 축이 연속적으로 회전하는 형태의 모터로, 전원이 연결되면 회전하고 전원이 끊어지면 정지하는 구조로 되어 있어 전원 이외의 연결선이 필요하지 않아 연결과 제어가 간단한 장점이 있다. 하지만 DC 모터는 정확한 회전량을 지정하기는 어렵다.

- **서보 (servo) 모터** : DC 모터의 한 종류로 DC 모터에 귀환 제어 회로를 추가하여 위치 제어가 가능하도록 구성된 모터다. 제어 회로로 인해 가격이 비싼 단점은 있지만 정밀 제어가 가능한 점은 DC 모터에 비해 우수하며, 속도 면에서는 스텝 모터에 비해 빠른 장점이 있다.

- **스텝 (step) 모터** : 스테핑 모터, 스테퍼(stepper), 펄스 모터 등으로도 불리는 모터로 전원이 공급되면 축은 일정 각도를 회전하고 멈춘다. 축을 연속적으로 회전시키기 위해서는 모터로 펄스열을 전달해야 하며 하나의 펄스에 반응하여 회전하는 양을 분할각(step angle)이라고 한다. 예를 들어, 분할각이 1도인 경우 모터를 10도 회전시키기 위해서는 10개의 펄스를 전송해주어야 한다. 스텝 모터는 원하는 각도만큼 회전시킬 수 있는 점은 장점이지만 분할각 단위로만 제어되고 그 이하의 각도로는 제어가 불가능한 단점도 있다.

이 장에서는 이들 모터 중 서보 모터의 특징과 제어 방법에 대해 알아본다.

1. 서보 모터

서보 모터는 DC 모터의 한 종류로 PWM (Pulse Width Modulation) 신호를 통해 모터를 특정 위치로 움직일 수 있는 모터다. 서보 모터는 표준 서보 모터와 연속 회전 서보 모터로 나눌 수 있으며, 표준 서보 모터는 0° ~ 180° 범위에서 회전할 수 있는 반면 연속 회전 서보 모터는 DC 모터와 마찬가지로 360° 회전이 가능하다. 이 장에서 사용할 서보 모터는 표준 서보 모터다.

그림 1. 표준 서보 모터

서보 모터는 3개의 연결선(VCC, GND 그리고 제어선)을 가지고 있다. 3개의 연결선은 색상에 의해 기능이 구별되며 표 1의 색상이 흔히 사용된다.

표 1. 서보 모터의 연결선 색상

연결선	색상
VCC	붉은색
GND	검정색, 갈색
제어선	노란색, 주황색, 흰색

DC 모터의 경우 VCC와 GND의 구별이 없으며 반대로 연결하면 모터가 반대 방향으로 회전하지만 서보 모터의 경우에는 전원을 반대로 연결하면 모터가 파손될 수 있으므로 주의해야 한다.

서보 모터의 위치 제어는 PWM 신호에 의해 이루어진다. 서보 모터가 PWM 신호를 받으면 입력된 PWM 신호에 의한 위치와 현재 위치를 비교하여 모터를 회전시킨다. 이 때 PWM 신호에 의한 모터의 위치는 듀티 사이클에 의해 결정된다. 서보 모터는 주파수 50Hz, 주기 $\frac{1}{50\text{Hz}} = 20\text{ms}$의 PWM 신호를 사용한다. 20ms의 주기 중 서보 모터의 위치를 결정하는 구간은 1~2ms로, 1ms에서 반시계 방향으로 최대로 회전한 상태(0°)이며 2ms에서 시계 방향으로 최대로 회전한 상태(180°)에 있게 된다.[14]

14 서보 모터의 종류에 따라 회전할 수 있는 각도의 범위와 이에 따른 듀티 사이클에 약간의 차이가 있을 수 있으므로 사용하고자 하는 서보 모터의 데이터시트를 확인해야 한다.

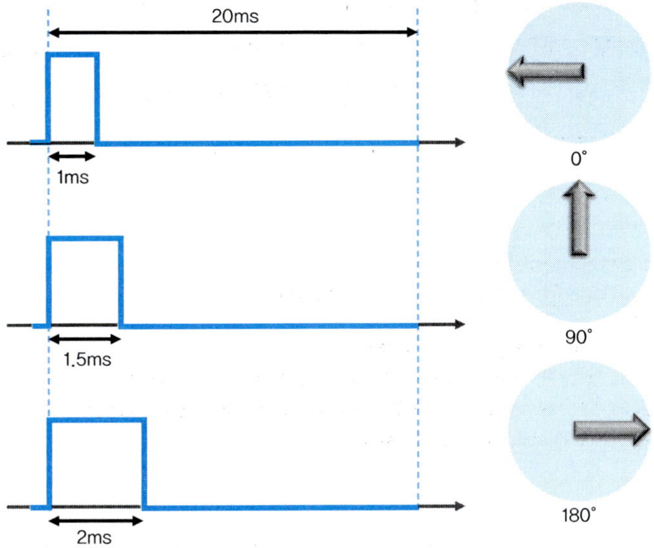

그림 2. 서보 모터 제어

2. 서보 라이브러리

서보 모터 제어를 위해 아두이노에는 기본 라이브러리 중 하나로 Servo 라이브러리가 포함되어 있다. Servo 라이브러리를 사용하면 아두이노 우노에서는 최대 12개까지, 아두이노 메가2560에서는 최대 48개까지 서보 모터를 제어할 수 있다. Servo 라이브러리를 사용하기 위해서는 먼저 'Servo.h' 헤더 파일을 포함시켜야 한다. '스케치 → 라이브러리 포함하기 → Servo' 메뉴 항목을 선택하면 헤더 파일이 자동으로 포함된다.

```
#include <Servo.h>
```

헤더 파일이 포함되었으면 서보 모터 제어를 위한 객체를 생성하고 attach 함수를 통해 서보 모터 제어 핀과 서보 모터를 연결시킨다. 이 때 attach 함수는 서보 모터 하나를 연결시키는 함수라는 점을 기억해야 한다. 즉, 2개의 서보 모터를 사용하고자 한다면 attach 함수를 2번 호출해야 한다.

```
uint8_t attach(int pin)
uint8_t attach(int pin, int min, int max)
  - 매개변수
     pin : 서보의 제어선이 연결된 핀 번호
     min : 0°에 해당하는 마이크로초 단위의 펄스 폭 (디폴트값은 544)
     max : 180°에 해당하는 마이크로초 단위의 펄스 폭 (디폴트값은 2400)
  - 반환값 : 현재 서보 모터가 연결된 채널
```

attach 함수는 서보 모터가 연결된 채널을 반환하며, 연결에 실패하면 255를 반환한다. min과 max 값은 0°와 180°에 해당하는 펄스폭을 지정하기 위해 사용하며 모터 종류에 따라 다른 값을 가지는 경우 사용할 수 있다.

서보 모터가 연결되면 write 함수를 통해 각도 제어가 가능하다. write 함수의 매개변수는 0에서 180 사이의 값을 가지며 표준 서보 모터의 경우 각도를, 연속 회전 서보 모터의 경우 회전 속도를 나타낸다.

```
void write(int value)
  - 매개변수
     value : 서보 모터의 제어 값
  - 반환값 : 없음
```

서보 모터 테스트를 위해 서보 모터를 그림 3과 같이 디지털 11번 핀에 연결해 보자.

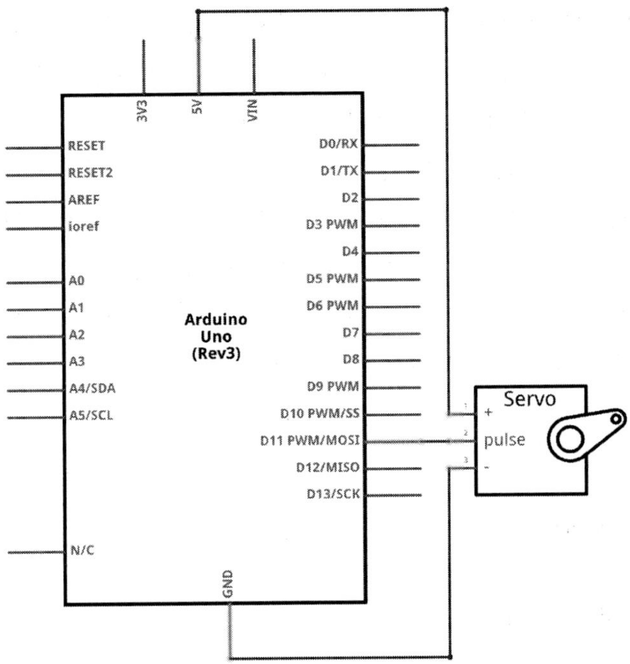

그림 3. 서보 모터 연결 회로도

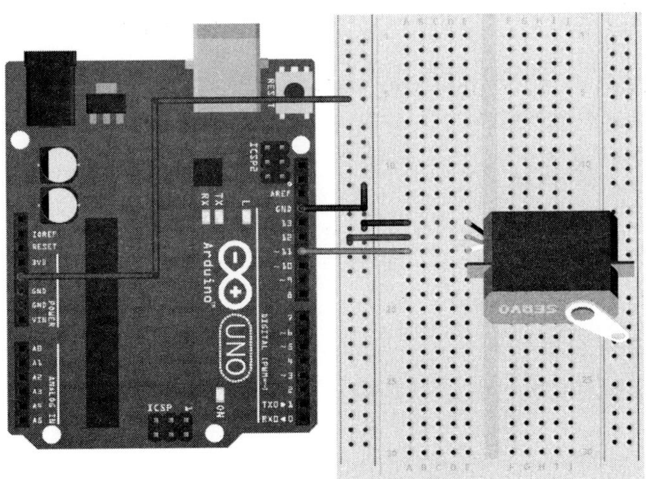

그림 4. 서보 모터 연결 회로

스케치 1은 서보 모터를 0°에서 180°로 회전시키고, 다시 0°로 회전시키는 스케치의 예다. 서보 모터가 방향을 바꾸는 순간에는 순간적으로 많은 전력을 필요하기 때문에 다른 장치들이 영향을 받을 수 있다. 예를 들어 텍스트 LCD가 연결되어 있다면 깜빡거리는 현상이 발생할 수 있다. 그림 3의 회로도에서는 서보 모터의 전원과 아두이노 우노의 전원을 함께 사용하는 것으로 그려져 있지만, 모터 회전 중에 LCD가 깜빡거리는 등의 현상을 보인다면 DC 모터의 경우에서와 마찬가지로 전용 전원을 사용하거나 충분한 전력을 공급할 수 있도록 배터리를 교체해야 한다.

스케치 1. 서보 모터 제어

```
#include <Servo.h>

Servo myServo;
int servoPin = 11;

void setup() {
  myServo.attach(servoPin);                  // 서보 모터 연결
}

void loop() {
  int angle;                                 // 축 제어 값

  for(angle = 0; angle < 180; angle++){      // 0도에서 180도로
    myServo.write(angle);
    delay(5);
  }

  for(angle = 180; angle > 0; angle--){      // 180도에서 0도로
    myServo.write(angle);
    delay(5);
  }
}
```

3. 가변저항으로 서보 모터 제어

아날로그 0번 A0 핀에 가변저항을 연결하고 가변저항의 위치에 따라 서보 모터의 위치를 제어하는 스케치를 작성해 보자. 가변저항과 서보 모터는 그림 5와 같이 연결한다.

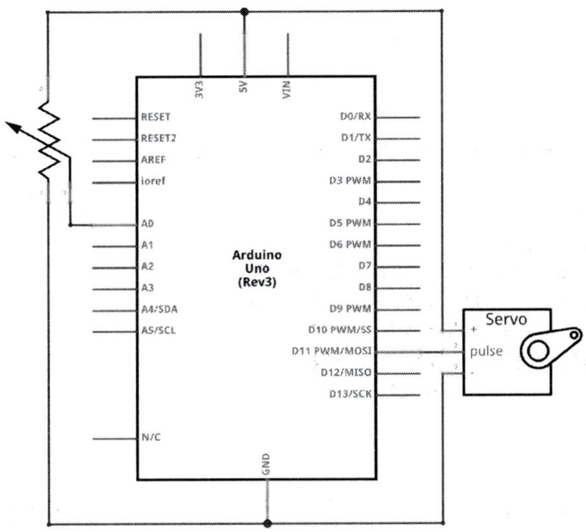

그림 5. 서보 모터와 가변저항 연결 회로도

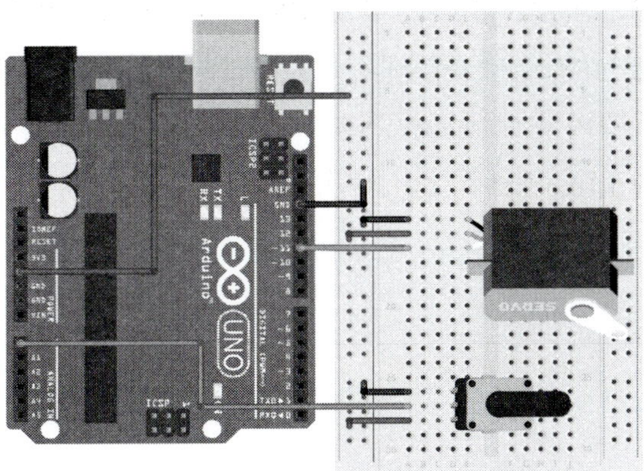

그림 6. 서보 모터와 가변저항 연결 회로

아두이노 우노에 사용된 ATmega328 마이크로컨트롤러에는 10비트의 ADC(Analog Digital Converter)가 포함되어 있으므로 analogRead 함수를 사용하여 가변저항의 위치에 따라 0에서 1023 사이의 디지털 값을 얻을 수 있다. 반환된 디지털 값을 0에서 180 사이의 각도로 변환하고 변환된 각도 값으로 서보 모터의 위치를 제어해 보자. 0~1023 사이의 가변저항 값을 0~180 사이의 각도 값으로 변환하기 위해서는 선형 사상(linear mapping) 함수인 map을 사용할 수 있다.

```
long map(long value, long fromLow, long fromHigh, long toLow, long
toHigh)
  - 매개변수
    value : 데이터
    fromLow : 현재 데이터가 가질 수 있는 최솟값
    fromHigh : 현재 데이터가 가질 수 있는 최댓값
    toLow : 변환하고자 하는 범위의 최솟값
    toHigh : 변환하고자 하는 범위의 최댓값
  - 반환값 : 지정한 범위로 사상된 값
```

map 함수는 [fromLow fromHigh] 범위의 값을 [toLow toHigh] 범위의 값으로 변환하는 함수다. 보다 정확하게는 fromLow 값을 toLow 값으로, fromHigh 값을 toHigh 값으로 대응시켜 선형 사상을 위한 직선의 방정식을 구하고 이를 바탕으로 변환을 수행하므로 변환하고자 하는 값(value)은 fromLow 보다 작거나 fromHigh 보다 커도 상관없다. 또한 toLow는 toHigh 보다 커도 상관없다. 스케치 2는 가변저항으로 서보 모터를 제어하는 스케치의 예다.

스케치 2. 가변저항으로 서보 모터 제어

```
#include <Servo.h>

Servo myServo;
int servoPin = 11;

void setup() {
  myServo.attach(servoPin);                   // 서보 모터 연결
}

void loop() {
  int value = analogRead(A0);                 // 가변저항 값 읽기
  // 가변저항 값을 각도 값으로 변환
  int angle = map(value, 0, 1023, 0, 180);

  myServo.write(angle);
}
```

스케치 2에서는 가변저항의 값에 따라 모터의 위치를 제어해 보았다. 이를 수정하여 가변저항의 값에 따라 모터의 회전 속도를 제어해 보자. 연속 회전 서보모터는 write 함수로 회전 속도를 간단하게 제어할 수 있다. 반면 표준 서보모터는 회전 속도 조절을 위한 제어선이 없지만 서보 모터로 위치값을 출력하는 속도를 조절함으로써 회전 속도 조절이 가능하다. 스케치 3은 가변저항으로 서보 모터의 회전 속도를 제어하는 스케치의 예다. 이동 시간 간격을 조절하기 위해서는 millis 함수를 사용하였으며, 이동 시간 간격은 최소 5에서 최대 20밀리초 범위로 설정하였다.

스케치 3. 가변저항으로 서보 모터 속도 제어

```
#include <Servo.h>

Servo myServo;
int servoPin = 11;

unsigned long time_previous, time_current;
int interval = 10;                          // 현재 이동 시간 간격
int angle = 0;                              // 현재 모터의 각도
int angle_step = 1;                         // 모터 각도의 증감 (1 or -1)

void setup() {
  myServo.attach(servoPin);                 // 서보 모터 연결
  Serial.begin(9600);

  myServo.write(angle);                     // 0°에서 시작
  delay(100);

  time_previous = millis();
}

void loop() {
  time_current = millis();

  if(time_current - time_previous >= interval){
    time_previous = time_current;

    angle += angle_step;                    // 현재 각도 조정
    if(angle > 180){                        // 180°를 넘어가면 방향 전환
      angle = 180;
      angle_step *= -1;
    }
    else if(angle < 0){                     // 0°를 넘어가면 방향 전환
      angle = 0;
      angle_step *= -1;
    }

    myServo.write(angle);
  }

  int reading = analogRead(A0);             // 가변저항 값 읽기
  int new_interval = map(reading, 0, 1023, 5, 20);
  if(new_interval !=  interval){
    interval = new_interval;                // 이동 시간 간격 조정
    Serial.print("Currrent Interval : ");
    Serial.println(interval);
  }
}
```

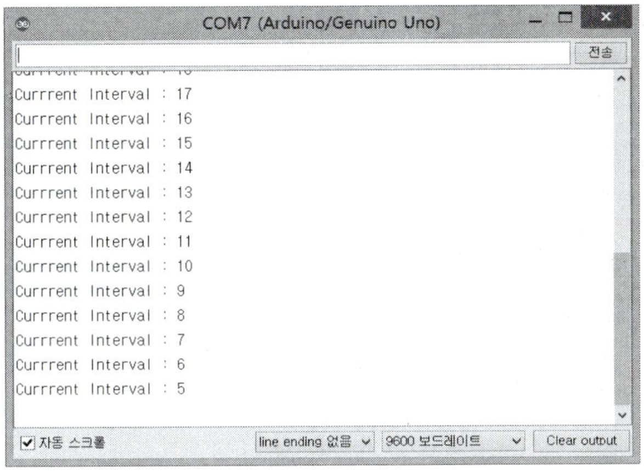

그림 7. 스케치 3 실행 결과

4. 시리얼 모니터 입력으로 서보 모터 제어

시리얼 모니터로 각도를 입력 받아 서보 모터의 위치를 제어해 보자. 시리얼 모니터에서 입력한 값은 문자열로 전달되므로 입력의 끝을 표시하기 위해 개행문자가 추가되도록 '새 줄' 옵션을 선택한다. 서보 모터는 그림 3의 회로도에서와 같이 디지털 11번 핀에 연결한다. 스케치 4는 시리얼 모니터로 입력되는 값으로 서보 모터를 제어하는 스케치의 예다. 스케치 4에서 문자열을 숫자로 변환하기 위해 String 클래스의 toInt 함수를 사용하였으며, 변환된 값이 0~180의 값이 아닌 경우에는 잘못된 값임을 출력하도록 하였다.

```
long toInt(void)
   - 매개변수 : 없음
   - 반환값 : 변환된 정수값
```

스케치 4. 시리얼 모니터 입력으로 서보 모터 제어

```
#include <Servo.h>

Servo myServo;
int servoPin = 11;
String buffer = "";
boolean process_it = false;

void setup() {
  myServo.attach(servoPin);                  // 서보 모터 연결
  Serial.begin(9600);
}

void loop() {
  while(Serial.available()){                 // 시리얼 모니터 입력 값 읽기
    char data = Serial.read();
    if(data == '\n'){                        // 문자열 종료
      process_it = true;
      break;
    }
    buffer += data;
  }

  if(process_it){                            // 문자열 처리
    process_it = false;
    int angle = buffer.toInt();              // 정수값으로 변환
    Serial.print(String(">> ") + buffer);
    if(angle < 0 || angle > 180){            // 잘못된 각도 입력
      Serial.println(" ... invalid angle.");
    }
    else{
      Serial.println();
      myServo.write(angle);                  // 각도 제어
      delay(3);
    }
    buffer = "";                             // 버퍼 비움
  }
}
```

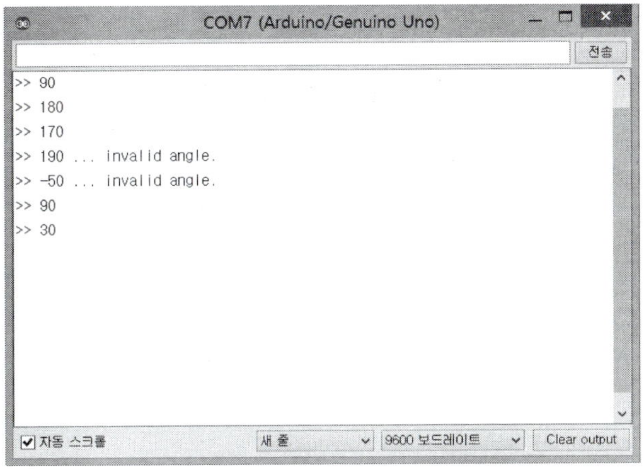

그림 8. 스케치 4 실행 결과

5. 맺는말

모터는 전자기유도 현상을 통해 전기 에너지를 운동 에너지로 변환하는 장치로 움직이는 장치를 만들기 위해 필수적인 부품이다. 마이크로컨트롤러와 흔히 함께 사용되는 모터에는 DC 모터, 서보 모터, 스텝 모터 등이 있으며 모터에 따라 그 특성과 용도가 다르다.

이 장에서 살펴본 서보 모터는 귀환 회로에 의해 정확한 위치 제어가 가능한 모터로 위치 제어를 위해 PWM 신호를 사용한다. 일반적으로 서보 모터는 180도 범위 내에서만 회전이 가능하며 위치 지정을 위한 제어선 하나만을 필요로 한다. 또한 아두이노에서는 서보 모터 제어를 위한 전용 라이브러리로 Servo 라이브러리를 제공하고 있으므로 손쉽게 서보 모터를 제어할 수 있다.

이 장에서 서보 모터는 아두이노와 동일한 전원을 사용하고, 모터의 위치를 디지털 핀을 통해 출력되는 PWM 신호를 사용하여 제어하였다. 하지만 일반적으로 모터는 많은 전력을 필요로 하므로 모터 전용의 별도 전원을 사용하는 것이 바람직하며, 특히 여러 개의 서보 모터를 사용하는 경우에는 전용 전원을 사용하여야 전력 부족에 따른 아두이노의 오동작을 방지할 수 있다.

Chapter 09

초음파 거리 센서

초음파는 직진성이 우수하고 실온에서 일정한 속도로 전파되는 특성을 가진다. 초음파 거리 센서는 이러한 초음파의 특성을 이용하여 물체에서 반사되어 돌아오는 시간을 기초로 물체까지의 거리를 측정하기 위해 사용된다. 이 장에서는 초음파 거리 센서의 원리와 사용 방법에 대해 알아본다.

1. 초음파 거리 센서

초음파 거리 센서는 초음파를 이용하여 거리를 측정하는 센서로 발신부와 수신부로 구성된다. 발신부는 함수 발생기에서 (+)와 (−)전압을 압전소자에 번갈아 가해주면 압전소자의 변형에 의해 진동이 발생하고, 진동에 의해 초음파가 발생하는 역압전현상을 이용한다. 수신부는 발신부에서 발생한 초음파가 물체에 반사되어 돌아오는 파동에 의해 압전소자가 진동하고 진동에 의해 전압이 발생되는 정압전형상을 이용하여 반사되어 돌아오는 초음파를 감지한다. 초음파 센서에서는 발신부에서 초음파를 출력한 시간과 수신부에서 반사파가 감지된 시간을 기초로 거리를 계산한다.

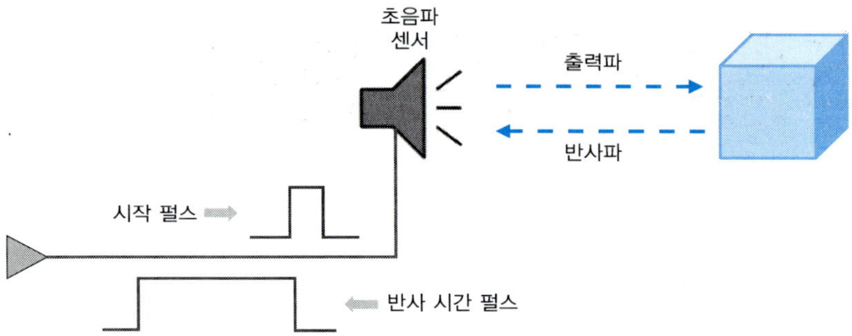

그림 1. 초음파 거리 센서의 원리

초음파는 파장이 짧아 지향성과 직진성이 높으며 공기 중에서는 약 344m/s의 일정한 속도로 진행하는 특징을 가지므로 거리 측정에 흔히 사용된다. 자동차의 후방 경보 시스템이 초음파를 이용한 대표적인 예에 해당하며 이외에도 물체 검출, 물체 크기 측정, 수위 측정 등 다양한 분야에서 초음파 센서가 사용되고 있다. 초음파 센서는 발신부와 수신부의 결합 상태에 따라 일체형과 분리형으로 나눌 수 있다. 일체형의 경우 발신부와 수신부가 하나로 결합된 형태로 작은 공간을 요구하는 반면 센서 구성이 복잡해질 수 있다. 분리형은 발신부와 수신부가 분리된 형태로 이 장에서도 분리형 초음파 센서를 사용한다.

그림 2. HC-SR04 초음파 센서

그림 2의 HC-SR04 초음파 센서는 4개의 연결 핀을 가지고 있다. 이 중 2개는 전원 연결 핀이며 나머지 2개는 거리 측정에 사용되는 Trig와 Echo 핀이다. Trig 핀은 거리 측정을 시작하기 위한 신호를 출력하는 핀이며, Echo 핀은 반사파 감지 여부를 출력하는 핀이다. 초음파 거리 센서로 거리를 측정하는 방법은 다음과 같다.

- Trig 핀으로 10μs의 펄스를 출력하여 거리 측정 시작을 알린다.
- Trig 핀의 펄스에 의해 거리 측정이 시작되면 초음파 센서의 발신부는 초음파 펄스를 출력한다.
- 초음파 펄스 출력이 완료되면 Echo 핀은 HIGH 상태를 출력하고, 초음파 센서의 수신부는 물체에 반사되어 돌아오는 반사파를 기다린다.
- 초음파 센서의 수신부가 반사파를 감지하면 Echo 핀은 LOW 상태로 바뀌면서 거리 측정이 끝난다.
- 아두이노에서는 Echo 핀이 HIGH에서 LOW로 변하기까지의 펄스 길이를 바탕으로 거리를 계산한다.

그림 3은 초음파 거리 센서로 거리를 측정하는 과정을 나타낸 것이다.

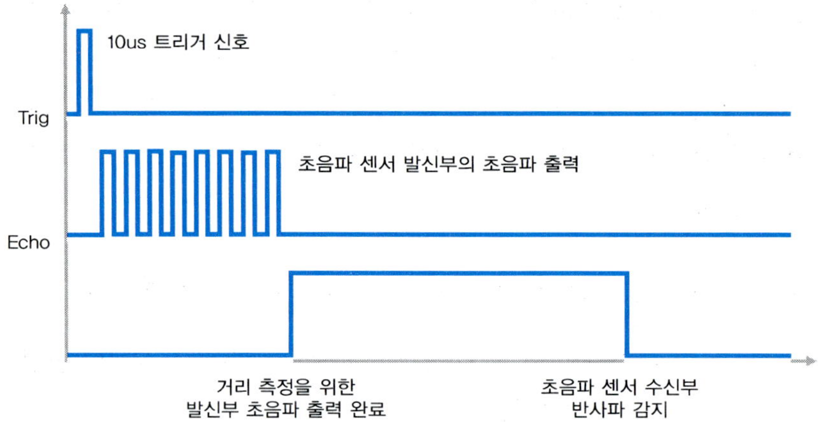

그림 3. 초음파 거리 센서로 거리를 측정하는 과정

Echo 핀으로 거리에 비례하는 펄스가 입력되면 그 길이를 측정해야 하며 펄스의 길이를 측정하기 위해서는 pulseIn 함수를 사용한다. pulseIn 함수는 지정한 핀으로 입력되는 펄스 길이를 마이크로초 단위로 반환한다.

```
unsigned long pulseIn(uint8_t pin, uint8_t state,
                            unsigned long timeout = 1000000L)
  - 매개변수
    pin : 펄스를 읽어 들일 핀 번호
    state : 읽어 들일 펄스의 종류, HIGH 또는 LOW
    timeout : 펄스 길이 측정이 완료되기까지의 마이크로초 단위 시간으로 디폴트값은 1초
  - 반환값 : 마이크로초 단위의 펄스의 길이를 반환하며 타임아웃 이전에 펄스가 시작되지 않으면
            0을 반환
```

반환되는 마이크로초 단위의 시간을 거리로 계산해 보자. 초음파는 실온에서 약 344m/s 속도로 공기 중에서 전파되므로 344m 거리에 있는 물체에 초음파가 반사되어 돌아오기 위해서는 2초의 시간이 필요하다. 즉, 344m 거리에 있는 물체까지의 거리를 측정하면 2×10^6마이크로초 길이의 펄스가 Echo 핀으로 출력된다. 펄스 길이($2 \times 10^6 \mu s$)를 센티미터 단위의 거리(34,400cm)로 나누

면 펄스 길이에서 센티미터 단위의 거리를 얻기 위한 상수($\frac{2\times10^6}{34,400}\approx58.14$)를 얻을 수 있다. 마이크로컨트롤러는 연산 속도가 느리고 메모리가 충분하지 않으므로 실수 연산은 추천하지 않는다. 따라서 펄스 길이를 58로 나누어 물체까지의 거리를 얻는 것이 일반적이다. 초음파 센서를 그림 4와 같이 연결하자.

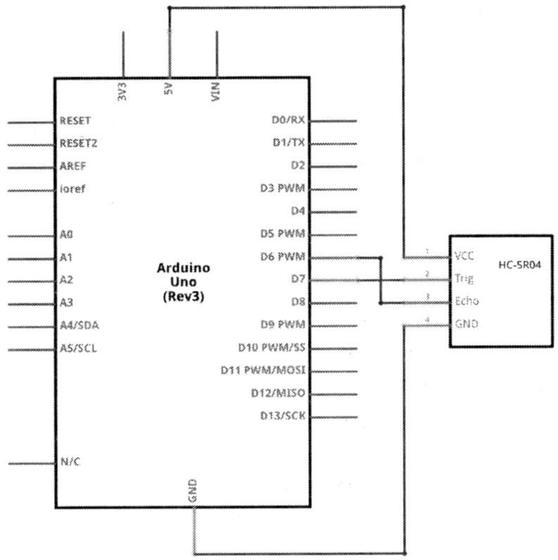

그림 4. 초음파 센서 연결 회로도

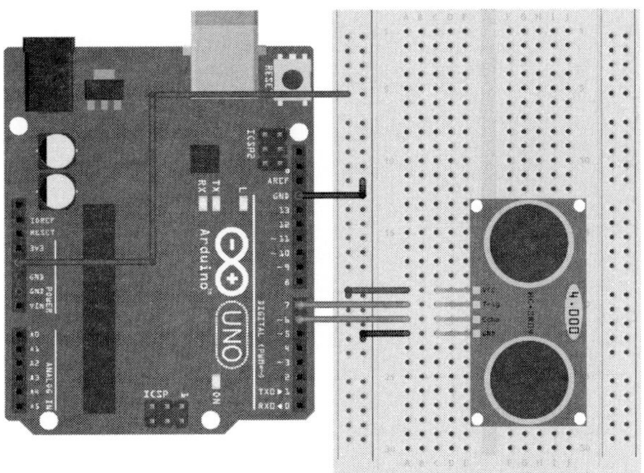

그림 5. 초음파 센서 연결 회로

스케치 1은 초음파 센서 앞에 놓인 물체까지의 거리를 측정하여 1초에 1번 시리얼 모니터로 출력하는 스케치의 예다.

스케치 1. 초음파 센서 거리 측정

```
int triggerPin = 7;
int echoPin = 6;

void setup() {
  Serial.begin(9600);                    // 직렬 통신 초기화
  pinMode(triggerPin, OUTPUT);           // trigger 핀 출력으로 설정
  pinMode(echoPin, INPUT);               // echo 핀 입력으로 설정
}

void loop() {
  // trigger 핀으로 10㎲의 펄스를 발생
  digitalWrite(triggerPin, HIGH);
  delayMicroseconds(10);
  digitalWrite(triggerPin, LOW);

  // echo 핀 입력으로부터 거리를 cm 단위로 계산
  int distance = pulseIn(echoPin, HIGH) / 58;

  Serial.println("Distance(cm) = " + String(distance));

  delay(1000);
}
```

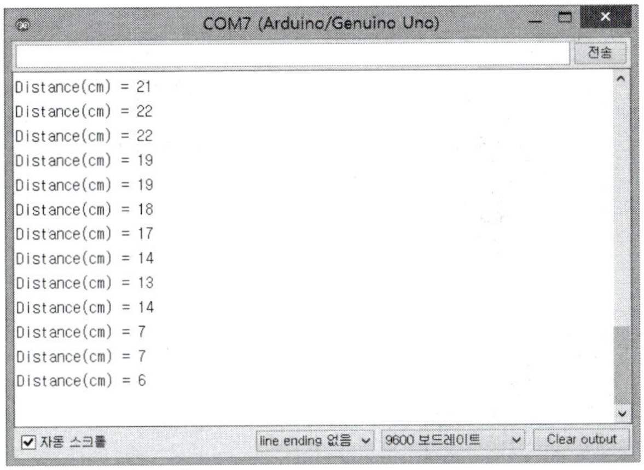

그림 6. 스케치 1 실행 결과

2. 물체 감지 경보기

초음파 거리 센서를 이용하여 물체가 일정 거리 내에 있는 경우 버저(buzzer)를 통해 경보음을 울리도록 해보자. 아두이노와 함께 흔히 사용되는 버저는 피에조(piezo) 버저로 전압 변동에 의해 진동을 발생시키고, 진동에 의해 소리를 낸다. 피에조 버저는 다시 액티브(active) 버저와 패시브(passive) 버저로 나눌 수 있다. 액티브 버저는 발진회로가 포함되어 있어 전압을 가하는 것만으로 버저음을 낼 수 있다. 하지만 액티브 버저 내부의 발진 회로는 고정된 주파수의 단음만을 낼 수 있다. 패시브 버저는 발진회로가 포함되어 있지 않으므로 전원을 가하는 것만으로는 버저음을 낼 수 없으며 펄스 폭 변조(PWM, Pulse Width Modulation) 신호를 사용하여 버저음을 낼 수 있다. 이 장에서는 액티브 버저를 사용하였다.

(a) 액티브 버저

(b) 패시브 버저

그림 7. 액티브 버저와 패비스 버저

액티브 버저를 그림 8과 같이 연결하자.

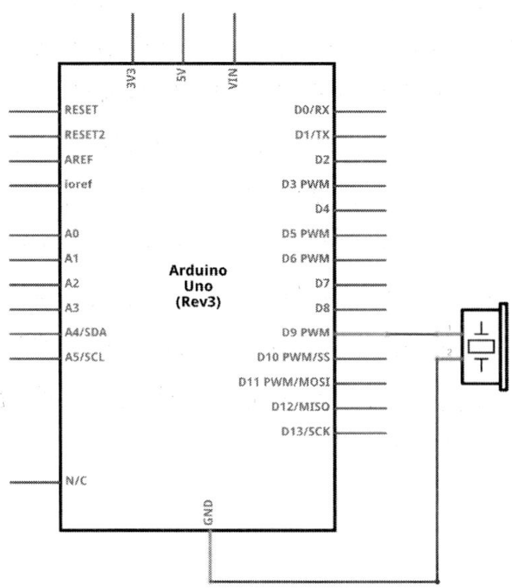

그림 8. 액티브 버저 연결 회로도

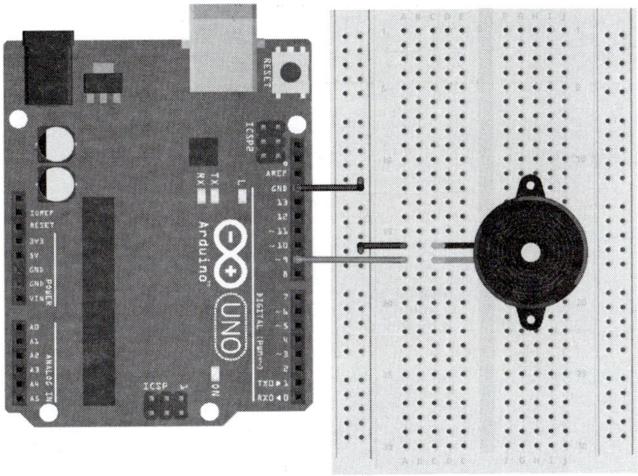

그림 9. 액티브 버저 연결 회로

스케치 2는 버저로 경고음을 내는 코드의 예다.

스케치 2. 액티브 버저

```
int buzzerPin = 9;                        // 버저 연결 핀

void setup () {
  pinMode(buzzerPin, OUTPUT);             // 버저 연결 핀을 출력으로 설정
}

void loop () {
  digitalWrite(buzzerPin, HIGH);          // 버저 소리 내기
  delay (50);
  digitalWrite(buzzerPin, LOW);           // 버저 소리 끄기
  delay (50);
}
```

초음파 센서와 버저를 사용하여 물체와의 거리가 10cm 이내라면 경고음을 출력하도록 해보자. 초음파 센서와 버저는 그림 10과 같이 연결한다.

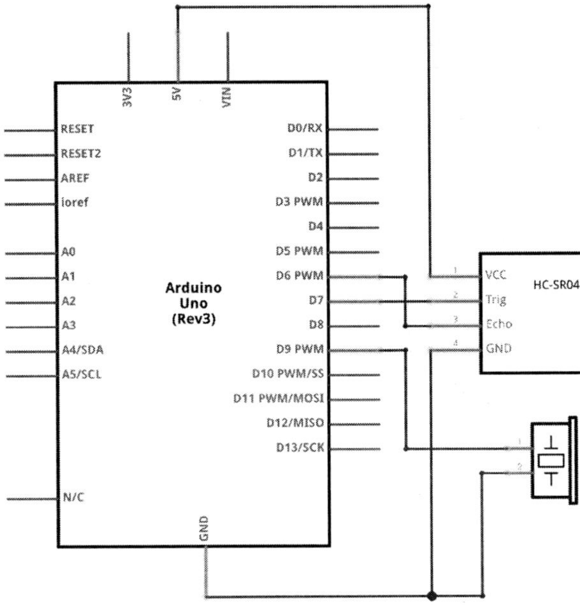

그림 10. 초음파 센서와 버저 연결 회로도

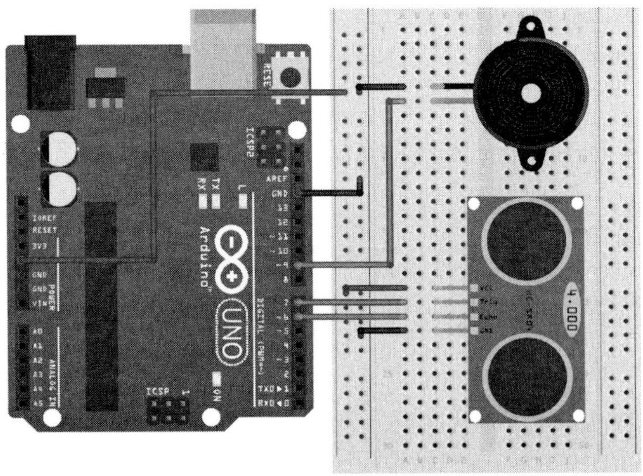

그림 11. 초음파 센서와 버저 연결 회로

스케치 3은 물체와의 거리에 따라 경고음을 내는 스케치의 예다.

스케치 3. 물체 감지 경보기

```
int triggerPin = 7;
int echoPin = 6;
int buzzerPin = 9;                              // 버저 연결 핀

void setup () {
  pinMode(triggerPin, OUTPUT);                  // trigger 핀 출력으로 설정
  pinMode(echoPin, INPUT);                      // echo 핀 입력으로 설정
  pinMode(buzzerPin, OUTPUT);                   // 버저 연결 핀을 출력으로 설정
}

void loop () {
  int distance = measure_distance();

  manage_buzzer(distance);
}

int measure_distance() {
  // trigger 핀으로 10㎲의 펄스를 발생
  digitalWrite(triggerPin, HIGH);
  delayMicroseconds(10);
  digitalWrite(triggerPin, LOW);

  // echo 핀 입력으로부터 거리를 cm 단위로 계산
  int distance = pulseIn(echoPin, HIGH) / 58;

  return distance;                              // 측정된 거리 반환
}

void manage_buzzer(int distance) {
  static unsigned long time_previous = 0;       // 이전 시간
  static boolean buzzer_state = false;          // 버저의 ON/OFF 상태
  const int INTERVAL = 50;                      // 버저 ON/OFF 간격 (밀리초)
  const int MIN_DISTANCE = 10;                  // 최소 근접 거리 (cm)
  unsigned long time_current = millis();        // 현재 시간

  if(distance <= MIN_DISTANCE){                 // 물체가 가까이 있는 경우 버저 켜짐
    // 일정 시간 간격으로 끄고 켜기를 반복
    if(time_current - time_previous >= INTERVAL){
      time_previous = time_current;
      buzzer_state = !buzzer_state;             // 버저 상태 반전
    }
  }
  else{                                         // 물체가 가까이 없는 경우 버저 꺼짐
    buzzer_state = false;
  }

  digitalWrite(buzzerPin, buzzer_state);        // 버저 상태 설정
}
```

스케치 3에서는 물체까지의 거리 측정과 거리에 따른 버저 상태 변경을 번갈아 수행하고 있다. 스케치 3에서는 물체까지의 거리를 측정해야 하므로 스케치 2에서와 같이 버저의 상태를 변경하기 위해 delay 함수를 사용할 수 없다. 따라서 스케치 3에서는 millis 함수를 사용하여 버저의 상태를 일정 시간 간격으로 바꾸도록 하였다. 보다 자세한 내용은 6. 주기적인 데이터 처리 장을 참고하면 된다.

3. 맺는말

초음파 거리 센서는 압전 소자를 이용하여 초음파를 발생시키고 물체에서 반사되어 돌아오는 반사파가 감지되는 시간을 측정함으로써 물체까지의 거리를 측정할 수 있도록 해준다. 초음파는 직진성이 높고 공기 중에서 일정한 속도로 전파되므로 다양한 응용 분야에서 거리 측정을 위해 사용되고 있다. 하지만 초음파는 온도에 따라 전파 속도가 달라지므로 정밀한 거리 측정을 위해서는 온도까지도 고려해야 한다.

초음파 거리 센서 이외에 거리 측정에 흔히 사용되는 센서에는 적외선 거리 센서가 있다. 초음파 거리 센서가 '소리'를 이용하여 거리를 측정한다면 적외선 거리 센서는 '빛'을 이용하여 거리를 측정하는 차이가 있다. 또한 초음파 거리 센서가 대상 물체의 색상에 영향을 받지 않는 반면 적외선 거리 센서는 대상 물체의 색상에 영향을 받는다. 라인트레이서에서 검정색으로 표시된 경로를 찾아내기 위해 사용하는 센서가 일반적으로 적외선을 사용한다.

Chapter 10

적외선 통신

적외선 통신은 가시광선의 인접 대역인 38kHz 적외선을 사용하여 무선 통신을 수행하는 방법 중 하나로 대부분의 리모컨에서 사용하는 방법이다. 이 장에서는 적외선을 사용하여 데이터를 송수신하는 원리를 살펴보고, 리모컨 데이터를 수신하는 방법에 대해 알아본다.

1. 적외선

표 1은 파장에 따라 전자기파를 분류해 놓은 것이다.

표 1. 파장에 따른 빛

전자기파	파장 (m)	비고
우주선	10^{-14}	
감마선	10^{-12}	암 치료
엑스선	10^{-10}	X레이
자외선	10^{-8}	살균, 소독
가시광선	0.5×10^{-6}	붉은색 파장이 가장 김
적외선	10^{-5}	야간 감시, 열 추적
마이크로파	10^{-2}	전자레인지
라디오파	10^{3}	통신

흔히 IR이라 불리는 적외선(Infrared, IR)은 10미터 이내의 근거리에서 전자 기기를 제어하기 위해 사용되는 리모컨에서 흔히 사용된다. 적외선은 가시광선의 붉은색 영역 바로 옆에 위치하여 가시광선과 그 특성이 비슷하지만 파장이 가시광선보다 약간 더 길다. 반면 전자레인지에서 사용하는 마이크로파에 비해서는 파장이 짧다. 적외선은 사람의 눈으로는 확인할 수 없지만 스마트폰의 카메라로는 확인할 수 있다. 옆에 리모컨과 스마트폰이 있다면 리모컨의 버튼을 누르고 리모컨의 적외선 LED를 스마트폰의 카메라를 통해 살펴보면 빛이 깜빡이는 것을 확인할 수 있다. 최근 판매되는 리모컨 중에는 버튼을 눌렀을 때 LED가 깜빡이는 것을 눈으로 확인할 수 있는 리모컨도 있지만 이는 동작 상태를 알려주기 위해 일반 LED를 추가한 것이며 실제 정보 전달은 눈에 보이지 않는 적외선에 의해 이루어진다.

적외선은 자연환경에서도 흔히 볼 수 있지만 38kHz 대역의 적외선은 거의 없으므로 데이터 전달을 위해 사용되고 있다. 대부분의 리모컨은 38kHz 대역을 사용하지만 일부 다른 주파수 대역을 사용하는 경우도 있다. 그림 1은 디지털 제어 신호를 38kHz 반송파(carrier)를 사용하여 변조한 예를 보여주고 있다.

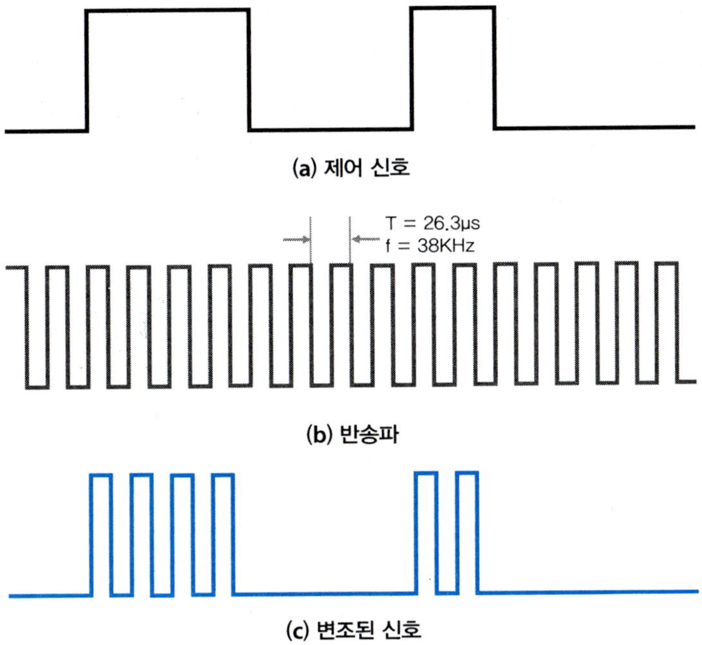

그림 1. 리모컨에서 38kHz로 변조된 신호

변조된 적외선 신호는 송신 장치를 통해 보내지며 적외선 LED가 흔히 사용된다. 리모컨에 사용되는 LED 역시 적외선 LED로 일반 LED와 동일한 형태를 가지므로 외형만으로는 구별하기 어렵다. 적외선 LED 역시 일반 LED와 마찬가지로 다리가 긴 쪽이 (+), 짧은 쪽이 (–)에 해당한다.

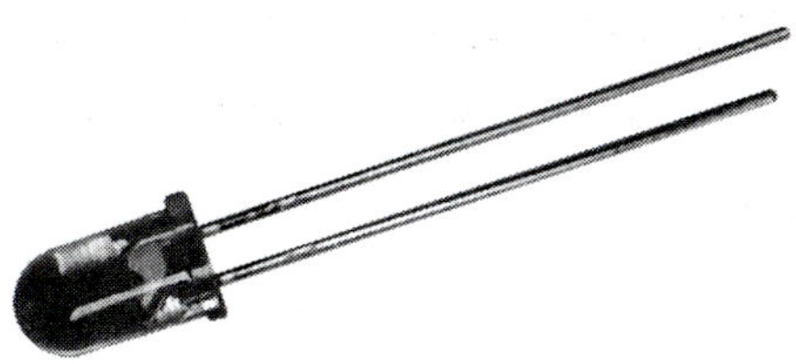

그림 2. 적외선 LED

적외선 수신기는 변조된 적외선 신호에서 반송파를 제거하고 그림 1-(a)와 같은 펄스열로 바꾸는 역할을 하며 PL-IRM0101이 아두이노와 함께 흔히 사용된다. PL-IRM0101은 3개의 핀을 가지며 2번과 3번 핀을 GND와 VCC에 연결하면 1번 핀으로 수신된 펄스열 데이터를 확인할 수 있다.

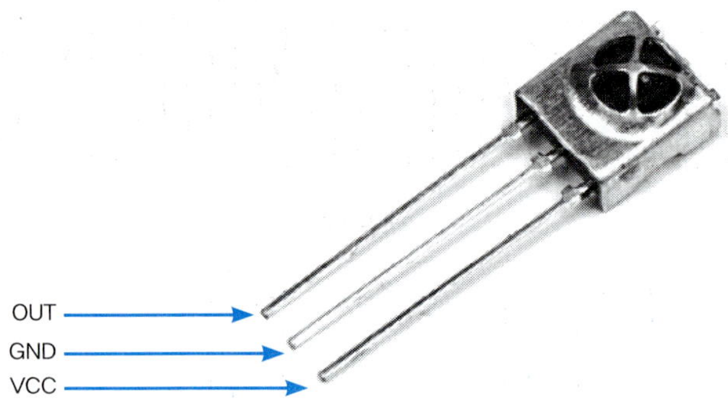

그림 3. PL-IRM0101 적외선 수신기

2. 적외선 데이터 포맷

적외선을 통해 데이터를 전달하기 이전에 데이터를 펄스열로 바꾸는 작업이 필요하다. 데이터를 펄스열로 바꾸는 방법에는 여러 가지가 있지만 흔히 사용되는 방법이 NEC 프로토콜이다. NEC 프로토콜은 펄스 거리 인코딩(Pulse Distance Encoding) 방식을 사용한다. 주변에서 볼 수 있는 리모컨의 대부분은 펄스 거리 인코딩을 사용하며 이 장에서 사용하는 리모컨 역시 펄스 거리 인코딩을 사용하고 있다.

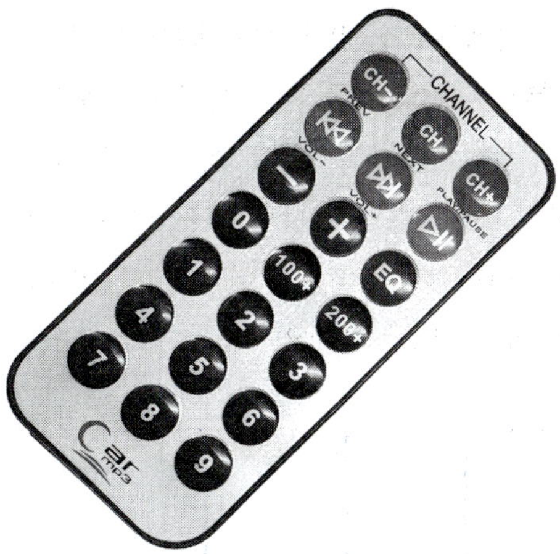

그림 4. 펄스 거리 인코딩 방식을 사용하는 리모컨

펄스 거리 인코딩은 상승 에지 사이의 시간을 통해 논리 0과 논리 1을 구별하는 방법을 말한다. 펄스 거리 인코딩에서는 논리 0을 전달하기 위해 562.5μs의 HIGH 값 이후 동일한 길이의 LOW 값을 전송한다. 반면 논리 1을 전달하기 위해서는 562.5μs의 HIGH 값 이후 3배 길이에 해당하는 1687.5μs의 LOW 값을 전송한다.

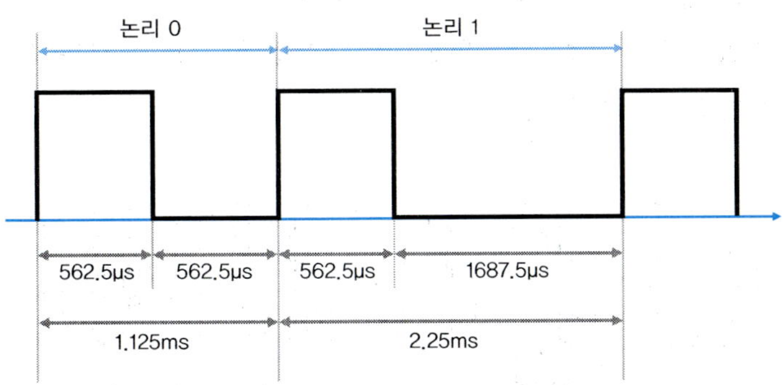

그림 5. 펄스 거리 인코딩에 따른 논리 0과 논리 1의 표현

비트 단위 데이터 이외에도 리모컨에서는 데이터의 시작을 표시하기 위해 특별한 신호를 전송한다. 데이터 시작을 표시하는 신호는 두 가지로 일반 데이터의 시작과 반복 데이터의 시작이 있다. 일반 데이터는 시작 신호 이후 4바이트의 데이터를 펄스 거리 인코딩에 의해 전송한다. 반면 반복 데이터는 리모컨에서 동일한 버튼을 계속 누르고 있는 경우 전송되는 데이터로 시작 신호 이후 하나의 562.5μs 길이 펄스만이 전달된다.

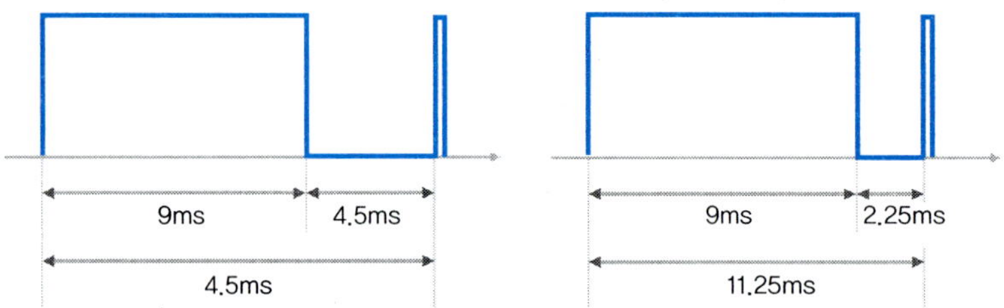

(a) 일반 데이터 **(b) 반복 데이터**

그림 6. 일반 데이터와 반복 데이터의 시작 신호

그림 6에서 알 수 있듯이 일반 데이터와 반복 데이터는 모두 9ms의 HIGH 값을 전송하는 점에서는 동일하지만, 이후 실제 데이터 전송이 시작되는 시점까지 LOW 값이 전송되는 시간에서 차이가 있다.

NEC 프로토콜을 사용한 리모컨에서 처음 버튼을 누르는 경우 전달되는 데이터 신호는 그림 7과 같다.

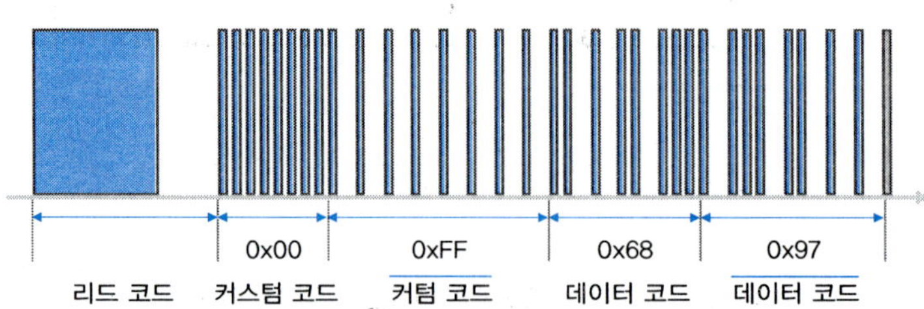

그림 7. NEC 프로토콜에 의한 전송 데이터

데이터의 시작을 표시하는 부분은 리드 코드(lead code)라고 한다. 4바이트의 데이터는 2바이트의 커스텀 코드(custom code)와 2바이트의 데이터 코드(data code)로 이루어진다. 이후 전송의 끝을 표시하기 위해 562.5μs 길이 펄스가 추가된다.

커스텀 코드 2바이트는 서로 반전된 값을 가진다. 즉, 첫 번째 커스텀 코드 값과 두 번째 커스텀 코드 값을 더하면 항상 0xFF의 값을 가진다. 이는 데이터 코드에서도 동일하다. 두 개의 데이터 코드 값을 더하면 0xFF (=0x68+0x97) 값을 가짐을 확인할 수 있다. 펄스 거리 인코딩에서는 논리 1과 논리 0을 전달하기 위해 사용하는 신호의 길이는 서로 다르다. 하지만 반전된 신호를 전달함으로써 전체 신호의 길이가 항상 동일하다. 따라서 커스텀 코드 2바이트는 항상 8개의 0과 8개의 1로 이루어지며 27ms(= 1.125ms×8+2.25ms×8)의 전송 시간을 필요로 한다. 이는 데이터 코드 2바이트 역시 마찬가지다.

리모컨의 숫자 '0'을 계속 누르고 있는 경우를 생각해 보면, 첫 번째에는 그림 7과 같은 펄스열이 전달되지만 이후에는 그림 6-(b)와 같은 반복 데이터가 전달된다. 이 때 신호 간격은 108ms로 동일하다.

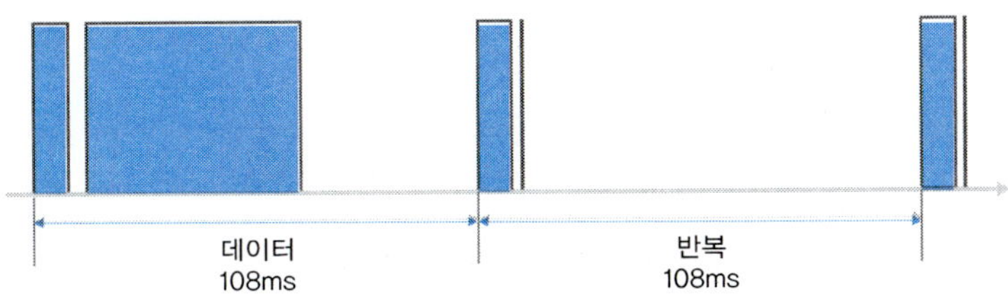

그림 8. NEC 프로토콜에 의한 연속적인 데이터 전송

3. IRremote 적외선 라이브러리

아두이노에서 적외선 송수신[15]을 위해서는 IRremote 라이브러리를 사용할 수 있다. IRremote 라이브러리를 다운 받아[16] 스케치북 디렉터리 아래 'libraries' 디렉터리에 압축을 해제한다. 아두이노 프로그램을 다시 시작했을 때 '스케치 → 라이브러리 포함하기 → IRremote' 메뉴 항목이 추가되어 있다면 라이브러리가 정상적으로 설치된 것이다.

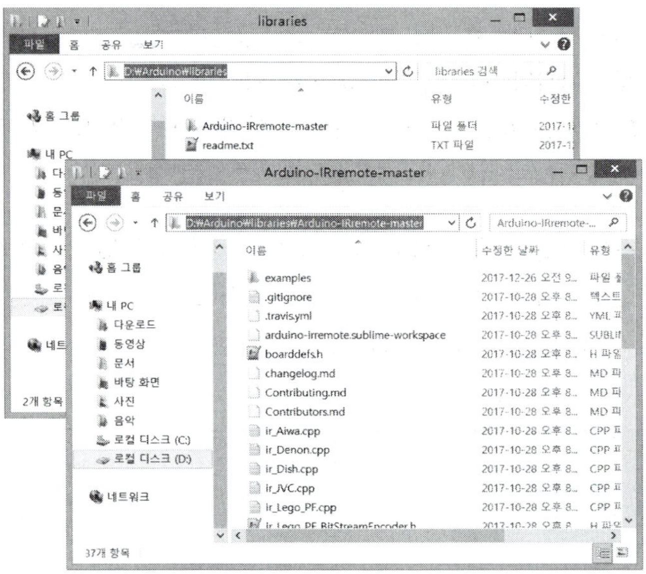

그림 9. IRremote 라이브러리 설치

15 IRremote 라이브러리를 사용하면 적외선 LED를 사용한 데이터 송신 역시 가능하다. 하지만 이 책에서는 적외선 데이터 송신을 위해 리모컨을 사용하므로 적외선 데이터 수신만을 다룬다.

16 'https://github.com/shirriff/Arduino-IRremote'에서 'Arduino-IRremote-master.zip' 파일을 다운로드 한 것으로 가정한다.

라이브러리를 설치하는 다른 방법도 있다. '스케치 → 라이브러리 포함하기 → .ZIP 라이브러리 추가...' 메뉴 항목을 선택하면 라이브러리 파일을 선택할 수 있는 창이 나타난다.

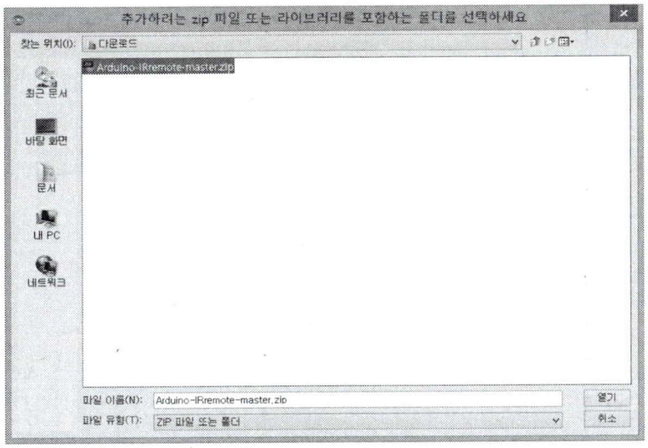

그림 10. ZIP 라이브러리 설치

다운로드 한 라이브러리 파일을 선택하면 라이브러리가 자동으로 설치되며 결과는 그림 9와 동일하다. '.ZIP 라이브러리 추가'를 통해 라이브러리를 설치하면 라이브러리 설치 후에 아두이노 프로그램을 다시 시작할 필요가 없다. 라이브러리 설치가 끝났으면 이제 본격적으로 적외선 통신을 해보자.

아두이노 프로그램의 버전 업에 따라 여러 가지 라이브러리가 추가적으로 제공되고 있으며 그 중 하나가 아두이노 로봇을 위한 RobotIRremote 라이브러리다. RobotIRremo 라이브러리는 IRremote 라이브러리를 바탕으로 하지만 아두이노 로봇 전용으로 만들어져 있다. IRremote 라이브러리를 설치하고 스케치를 컴파일 할 때 오류가 발생하거나, 컴파일은 되지만 정상적으로 동작하지 않는 경우에는 아두이노 설치 디렉터리 아래 'libraries\RobotIRremote' 디렉터리를 제거하거나 다른 곳으로 옮겨 놓은 후 컴파일 해야 정상적으로 동작하는 것을 확인할 수 있다.

적외선 수신기를 그림 11과 같이 아두이노에 연결하자.

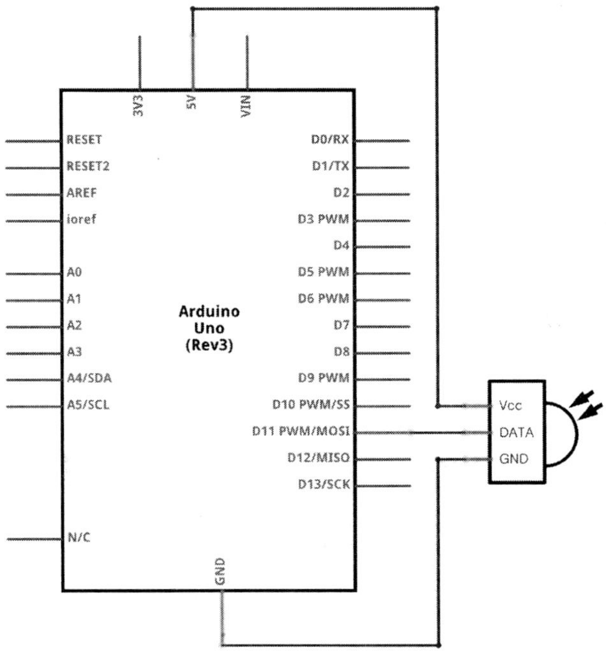

그림 11. 적외선 수신기 연결 회로도

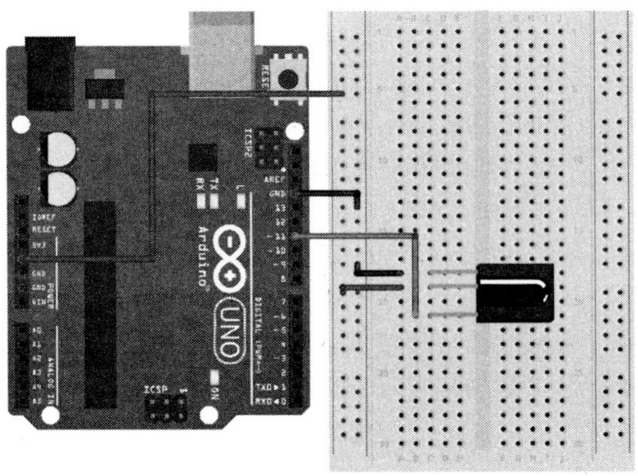

그림 12. 적외선 수신기 연결 회로

스케치 1을 업로드 하고 시리얼 모니터를 실행시킨다. 리모컨 버튼을 수신기 쪽으로 향하고 버튼을 눌러 시리얼 모니터로 출력되는 값을 확인해 보자. 이 장에서는 그림 4의 리모컨을 사용하였지만 주변에서 찾을 수 있는 가전제품의 리모컨을 사용해도 무방하다. 단, 리모컨에 따라 시리얼 모니터로 출력되는 값은 달라질 수 있다.

스케치 1. 리모컨 테스트

```
#include <IRremote.h>

int RECV_PIN = 11;                          // 적외선 수신기의 DATA 핀 연결

IRrecv irrecv(RECV_PIN);                    // 적외선 수신기 초기화
decode_results results;                     // 수신 데이터

void setup() {
  Serial.begin(115200);                     // 시리얼 통신 초기화
  irrecv.enableIRIn();                      // 적외선 수신기 시작
}

void loop() {
  if(irrecv.decode(&results)) {             // 디코딩 결과
    Serial.print("Received data : 0x");
    Serial.println(results.value, HEX);     // 수신 데이터 출력

    irrecv.resume();                        // 다음 데이터 수신
  }

  delay(100);
}
```

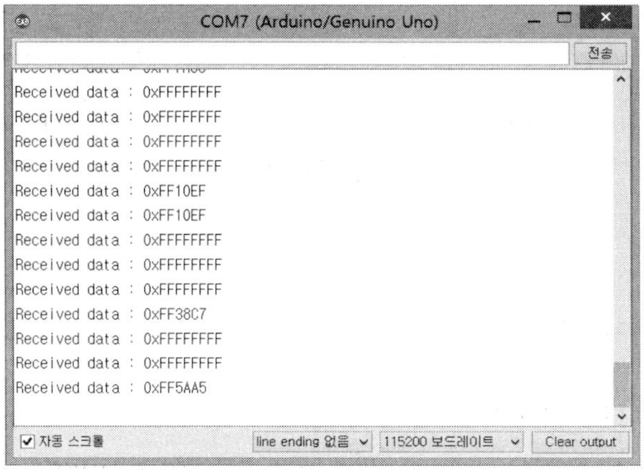

그림 13. 스케치 1 실행 결과

스케치 1에서 볼 수 있듯이 IRremote 라이브러리를 사용하여 리모컨 데이터를 수신하는 과정은 간단하다. 먼저 적외선 수신기의 데이터 핀이 연결된 핀을 지정하여 객체를 생성하고, enableIRIn 멤버함수로 초기화를 수행하면 준비는 끝난다. 실제 데이터 수신은 decode와 resume 멤버함수를 통해 이루어진다. decode 함수를 통해 수신되고 해석된 데이터는 전용 클래스인 decode_results 클래스에 저장된다. decode_results 클래스에는 여러 가지 멤버변수들이 있지만 이 중 수신된 데이터가 저장되는 변수는 value 멤버변수로 unsigned long 형식의 4바이트 크기를 가진다. value 멤버변수에는 그림 7의 커스텀 코드와 데이터 코드가 저장된다.

제조 회사에 따라 리드 코드와 데이터의 길이 및 인코딩 방법에 차이가 있을 수 있으므로 사용하고자 하는 리모컨에서 사용하는 방식을 알고 있어야 한다. IRremote 라이브러리에서는 다양한 방식으로 표현되는 리모컨 데이터에서 리드 코드를 인식하고 4바이트의 데이터를 찾아내어 반환하므로 데이터의 의미에만 신경을 쓰면 된다. 그림 13에서 출력되는 0xFFFFFFFF는 이전에 눌려진 버튼이 계속해서 눌려져 있는 반복 데이터에 해당한다.

4. 리모컨으로 LED 제어

디지털 2번에서 디지털 5번까지 4개의 LED를 연결하고 리모컨으로 0번에서 4번까지 버튼을 눌러 켜지는 LED의 개수를 조절하는 스케치를 작성해 보자. 먼저 그림 14와 같이 LED와 적외선 수신기를 연결하자.

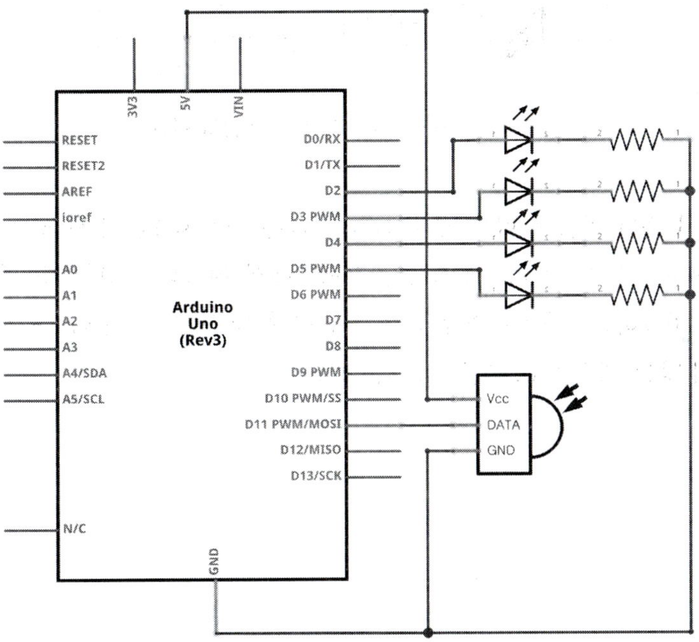

그림 14. 적외선 수신기와 LED 연결 회로도

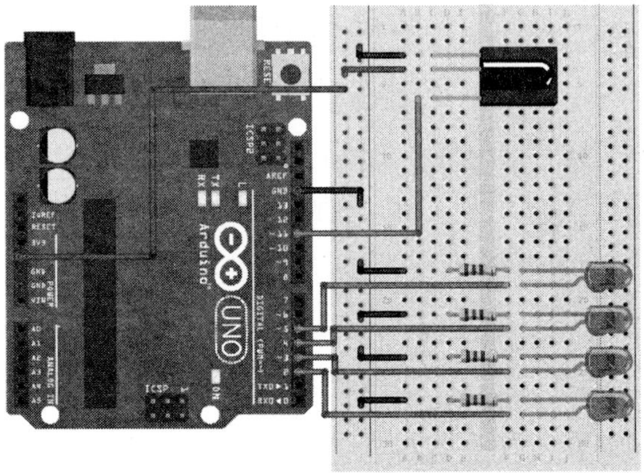

그림 15. 적외선 수신기와 LED 연결 회로

리모컨의 숫자 키를 눌렀을 때 수신되는 값은 스케치 1을 업로드 하고 각 키를 눌러 확인한다. 스케치 2에서는 리모컨에서 전송되는 4바이트 중 데이터 코드에 해당하는 2바이트의 값만을 사용하여 몇 번 키가 눌러졌는지 확인하고 그에 맞는 개수의 LED를 켜도록 하였다.

스케치 2. 리모컨으로 LED 제어

```
#include <IRremote.h>

int LED_pins[] = {2, 3, 4, 5};

// 리모컨 숫자 버튼의 데이터 코드로 스케치 1을 통해 확인
unsigned int key_codes[] = { 0x6897, 0x30CF, 0x18E7, 0x7A85, 0x10EF };

int RECV_PIN = 11;                          // 적외선 수신기의 DATA 핀 연결

IRrecv irrecv(RECV_PIN);                    // 적외선 수신기 초기화
decode_results results;                     // 수신 데이터

void setup() {
  for(int i = 0; i < 4; i++){               // LED 연결 핀을 출력으로 설정
    pinMode(LED_pins[i], OUTPUT);
    digitalWrite(LED_pins[i], LOW);
  }
  Serial.begin(115200);
  irrecv.enableIRIn();                      // 적외선 수신기 시작
}

void loop() {
  if(irrecv.decode(&results)) {             // 디코딩 결과
    int index = -1;
    for(int i = 0; i <= 4; i++){            // 숫자 키 값과 비교
      if((results.value & 0xFFFF) == key_codes[i]){
        index = i;
        break;
      }
    }

    if(index == -1){
      Serial.println("** Unknown value...");
    }
    else{
      Serial.println(index +
        String(" LEDs are going to be turned on..."));
      for(int i = 0; i < index; i++)        // 숫자에 해당하는 개수의 LED 켜기
        digitalWrite(LED_pins[i], HIGH);
      for(int i = index; i <= 4; i++)       // 나머지 LED 끄기
        digitalWrite(LED_pins[i], LOW);
    }

    irrecv.resume();                        // 다음 데이터 수신
  }
}
```

그림 16은 스케치 2의 실행 결과로 "** Unknown value..."로 표시된 경우는 숫자 버튼을 계속해서 누르고 있거나 0에서 4 사이의 버튼이 아닌 다른 버튼을 누른 경우에 해당한다.

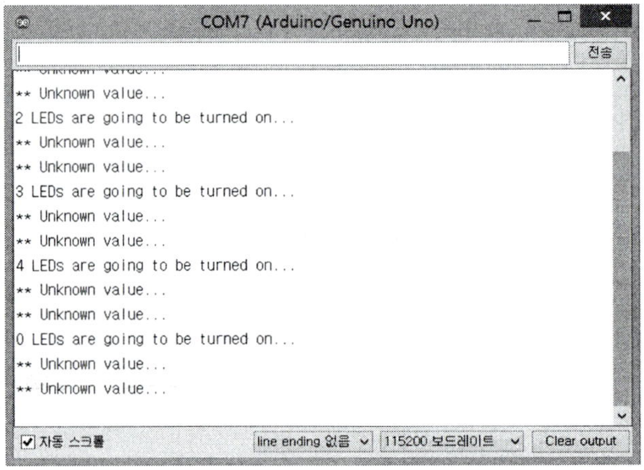

그림 16. 스케치 2 실행 결과

5. 요약

적외선은 가시광선 중 붉은 색 영역의 바로 바깥 영역에 해당하는 전자기파의 일종으로 가시광선보다 파장이 길다. 적외선 영역 중에서도 38kHz 대역은 자연계에서 보기 힘든 주파수이므로 무선 통신을 위해 흔히 사용되고 있다. 적외선 통신은 간단하게 무선 통신을 가능하게 해주지만, 통신 거리가 짧고 송신기와 수신기가 마주보고 있어야 하는 등의 단점도 있다. 적외선이 마이크로컨트롤러와 사용되는 예로는 무선 조정을 위한 리모컨, 라인트레이서 모듈 등이 대표적이다.

최근 스마트 TV가 등장하면서 리모컨은 마우스로 형태로, 더 나아가 데이터 송신뿐만이 아니라 데이터 수신도 가능한 장치로 진화하고 있으며 이를 가능하게 해주는 기술 중 하나에 직비(Zigbee)가 있다. 직비를 사용한 리모컨은 양방향 데이터 송수신이 가능하여 리모컨을 어디에 두었는지 쉽게 찾을 수 있고, 손쉽게 만능 리모컨을 제작할 수 있으며, 송신기와 수신기 사이에 장애물이 있는 경우에도 통신이 가능한 등 기존 적외선 리모컨에 비해 여러 가지 장점이 있다. 하지만 적외선 통신은 낮은 가격에 높은 신뢰성을 보장하는 무선 통신 방법으로 독자적인 영역을 차지할 것으로 예상된다.

Chapter 11

라인트레이서 모듈

라인트레이서 모듈은 정해진 경로를 따라 움직이는 라인트레이서에서 경로를 찾아내기 위해 사용하는 모듈을 말한다. 라인트레이서 모듈은 적외선 발신기와 적외선 검출기 쌍으로 구성되는 반사형 광학 센서로 만들어진다. 적외선 발신기는 적외선이 내보내고 적외선 검출기는 표면에서 반사되어 돌아오는 적외선 양을 측정한다. 이 때 반사되어 돌아오는 적외선의 양은 표면 색상에 영향을 받으므로 다른 색으로 표시된 경로를 찾아낼 수 있다. 이 장에서는 라인트레이서 모듈의 원리와 사용 방법에 대해 알아본다.

적외선은 10. 적외선 통신 장에서 살펴본 것처럼 리모컨에서 흔히 사용된다. 이 장에서 살펴볼 라인트레이서 모듈 역시 적외선을 사용하지만 리모컨에서와 같이 데이터 통신을 위한 것이 아니라 라인트레이서에서 경로를 찾아내기 위해 적외선이 사용된다. 적외선은 색상에 따라 반사되는 정도가 다르다. 이상적인 경우 검정색은 대부분의 적외선을 흡수하지만 흰색은 대부분의 적외선을 반사한다.[17] 따라서 적외선이 반사되는 정도에 따라 색상 구별이 가능하다. 적외선의 반사 원리를 사용하여 만들어진 라인트레이서 모듈은 라인트레이서에서 흰 바탕에 검정색으로 그려진 경로를 찾아내기 위한 용도로 주로 사용된다.

라인트레이서 모듈은 적외선 발신기와 적외선 검출기 쌍으로 이루어진 광학

17 적외선의 반사 정도는 표면의 색상뿐만이 아니라 물체의 재질, 코팅 여부 등 여러 가지 요소에 영향을 받는다.

센서를 바탕으로 하고 있다. 적외선 발신기는 10. 적외선 통신 장에서 살펴본 적외선 LED가 사용되며, 적외선 검출기는 포토트랜지스터를 사용한다. 먼저 포토트랜지스터에 대해 살펴보자.

1. 포토트랜지스터

트랜지스터는 3개의 핀을 가지는 반도체 소자의 일종이다. 7. DC 모터 장에서 트랜지스터가 베이스(base)의 적은 전류로 콜렉터(collector)와 이미터(emitter) 사이에 흐르는 많은 전류를 제어하는 스위치 역할을 수행할 수 있고, 이를 통해 모터에 공급되는 전원을 제어하기 위해 사용될 수 있다고 설명하였다. 스위칭 기능과 함께 트랜지스터의 대표적인 기능 중 하나가 증폭 기능이다. 증폭 기능이란 베이스에 가해지는 전류의 양에 비례하여 콜렉터와 이미터 사이에 흐르는 전류의 양이 결정되는 것을 의미한다. 그림 1은 NPN 트랜지스터의 기본 회로를 나타낸 것이다.

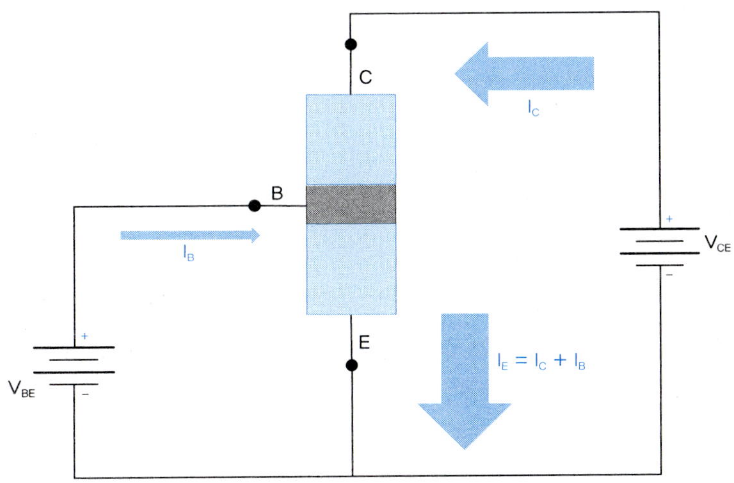

그림 1. NPN 트랜지스터 연결 회로

트랜지스터는 베이스-이미터 사이의 전압에 따라 다음 3가지 동작 상태를 가진다.

- 베이스-이미터 사이의 전압(V_{BE})이 0.7V 미만인 경우에는 베이스-이미터 사이에 전류가 흐르지 않으며 따라서 콜렉터-이미터 사이에도 전류가 흐르지 않는다. 이 상태를 차단(cutoff) 상태라고 하며 차단 상태는 스위치가 열린 상태에 해당한다.
- 베이스-이미터 사이의 전압(V_{BE})이 0.7V 이상인 경우 베이스-이미터 사이에 전류가 흐르기 시작하며 따라서 콜렉터에도 전류가 흐르기 시작한다. 이 때 콜렉터에 흐르는 전류는 베이스에 흐르는 전류에 비례하며 콜렉터 전류와 베이스 전류의 비율을 전류 이득이라고 한다. 이 상태를 활성(active) 상태라고 한다.
- 베이스-이미터 사이의 전압이 높아지면 콜렉터 전류 역시 증가하지만 일정 수준 이상 증가하게 되면 콜렉터에 흐를 수 있는 최대의 전류가 흐르게 되고 이 상태를 포화(saturation) 상태라고 한다. 포화 상태는 스위치가 닫힌 상태에 해당한다.

차단 상태와 포화 상태는 디지털 회로에서 스위치 ON/OFF를 위해 주로 사용되며 모터 전원 공급을 위해 사용되는 상태가 여기에 해당한다. 반면 활성 상태는 아날로그 회로에서 증폭을 위해 주로 사용된다. 증폭은 작은 전류의 변화로 큰 전류의 변화를 만들어서 작은 전류의 변화를 쉽게 알아낼 수 있도록 해주므로 반사된 적외선에 의해 만들어지는 작은 전류의 변화를 쉽게 측정할 수 있도록 해준다. 포토트랜지스터가 그림 2와 같이 연결되어 있다고 가정해 보자.

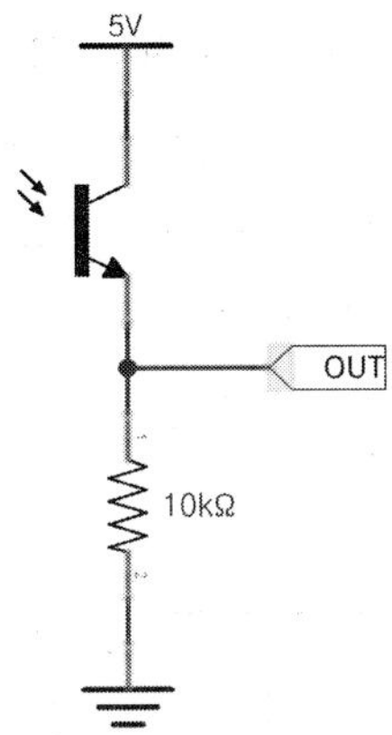

그림 2. 포토트랜지스터 연결 회로도

일반 트랜지스터는 그림 1에서와 같이 베이스에 직접 전류를 가해지지만 포토트랜지스터는 베이스에 적외선이 가해져서 작은 전류가 생성되는 차이가 있다. 베이스에 적외선이 가해지면 가해지는 적외선에 비례하여 베이스와 이미터 사이에 전류가 흐르게 되고, 증폭 기능에 의해 적외선의 양에 비례하는 전류가 콜렉터-이미터 사이에 흐르게 된다. 그림 2의 출력(OUT) 핀을 아두이노의 아날로그 입력 핀에 연결하고 그 값을 읽으면 수신되는 적외선 양에 비례하는 전압을 확인할 수 있다.

라인트레이서 모듈은 적외선 LED와 포토트랜지스터를 하나의 패키지 내에 결합시켜 놓은 반사형 광학 센서를 사용한다. 그림 3은 반사형 광학 센서 중 하나인 TCRT5000을 나타낸 것으로 4개의 핀을 가지고 있다.

그림 3. TCRT5000 반사형 광학 센서

TCRT5000는 그림 4와 같이 적외선을 내보내는 적외선 LED와 반사되어 돌아오는 적외선을 감지하는 포토트랜지스터로 구성된다. 적외선 LED와 포토트랜지스터 사이에는 격벽이 있어 적외선 LED의 출력이 직접 포토트랜지스터의 입력으로 가해지는 것을 막고 반사되어 돌아오는 적외선에 반응하도록 만들어져 있다.

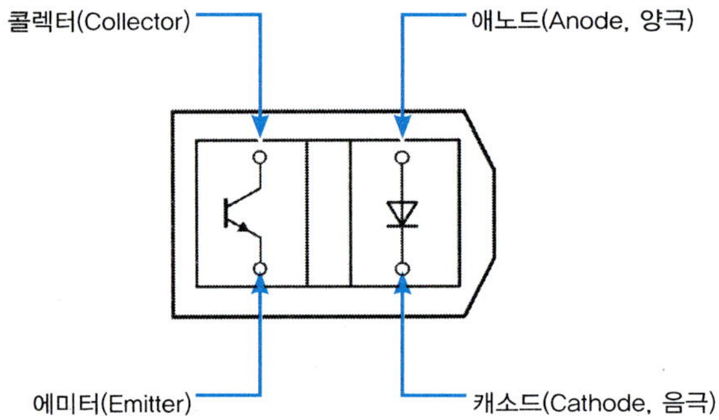

그림 4. TCRT5000 반사형 광학 센서

TCRT5000 센서를 그림 5와 같이 연결해 보자. 포토트랜지스터의 출력을 아날로그 입력 핀으로 연결하면 색상에 따라 포토트랜지스터에서 출력되는 전류의 양을 저항에 걸리는 전압을 통해 간접적으로 알아낼 수 있다.

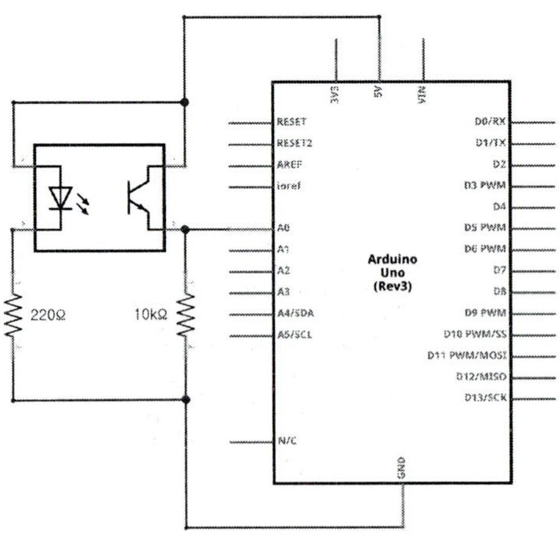

그림 5. TCRT5000 연결 회로도

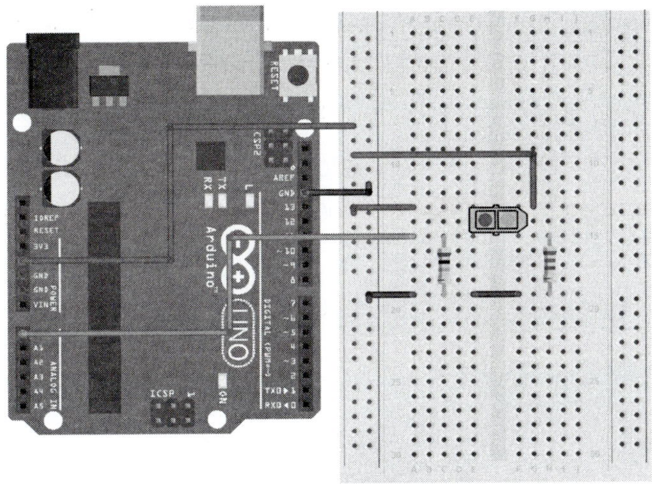

그림 6. TCRT5000 연결 회로

스케치 1은 아날로그 0번 A0 핀에 가해지는 전압을 디지털 값으로 변환하여 출력하는 스케치의 예로, 표면 색상에 따라 반사되는 적외선의 양이 달라지고 따라서 서로 다른 값이 출력되는 것을 확인할 수 있다.

스케치 1. TCRT5000 반사형 광학 센서 테스트

```
void setup() {
  Serial.begin(9600);
}

void loop() {
  Serial.println(analogRead(A0));          // 반사되어 돌아오는 적외선 양
  delay(1000);
}
```

그림 7은 스케치 1을 실행시키고 검정색과 흰색을 반사형 광학 센서 앞에 놓았을 때의 출력 결과를 보인 것이다. 검정색을 센서 앞에 놓았을 때는 대부분

의 적외선이 흡수되고 일부만 반사되어 검출되는 적외선이 적으므로 300 정도의 값이 출력되고 있다. 적외선 센서 앞에 아무런 물체가 없는 경우에는 검정색을 센서 앞에 놓았을 때보다 더 적은 적외선만 검출되어 40 이하의 값이 출력된다. 반면 흰색이 센서 앞에 놓인 경우에는 대부분의 적외선이 반사되어 포토트랜지스터로 입력되므로 1,000에 가까운 큰 값이 출력된다.

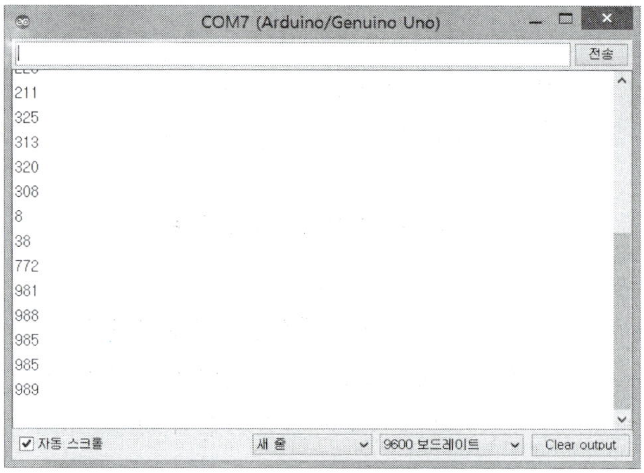

그림 7. 스케치 1 실행 결과[18]

2. 라인트레이서 모듈

라인트레이서 모듈은 TCRT5000 센서와 전압 비교기를 사용하여 경로 인식 여부를 디지털 데이터로 출력하도록 만들어져 있다. 그림 8은 라인트레이서 모듈의 예로 TCRT5000 센서, 전압 비교기 칩, 기준 전압을 조절할 수 있는 가변저항 등으로 구성된다. 경로 인식 여부는 디지털 값으로 출력되므로

18 출력되는 값은 실험 환경에 따라 달라질 수 있으므로 상대적인 값만이 의미가 있다.

digitalRead 함수를 통해 알아낼 수 있다.

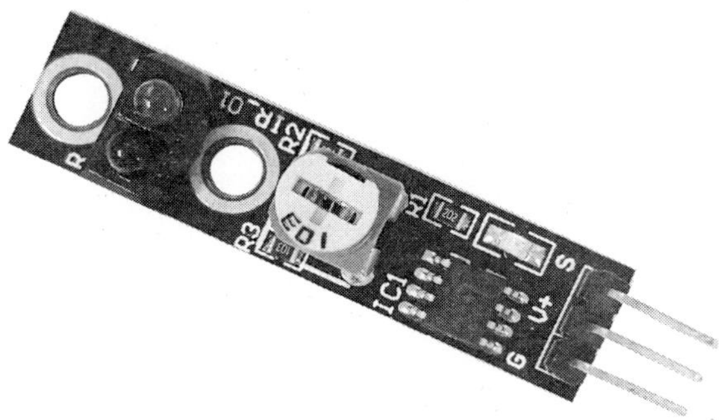

그림 8. 라인트레이서 모듈

라인트레이서 모듈을 그림 9와 같이 연결하자.

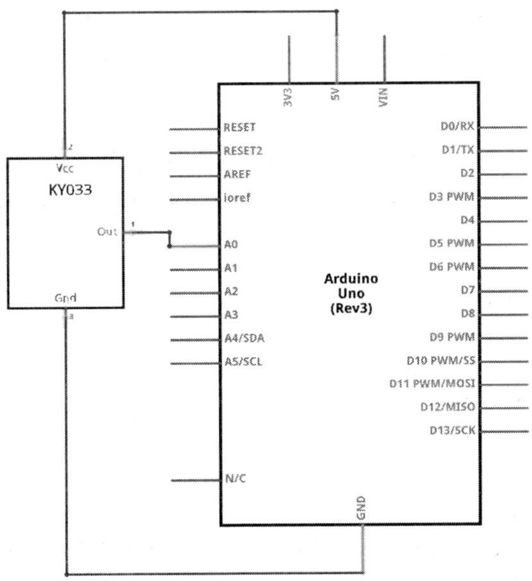

그림 9. 라인트레이서 연결 회로도

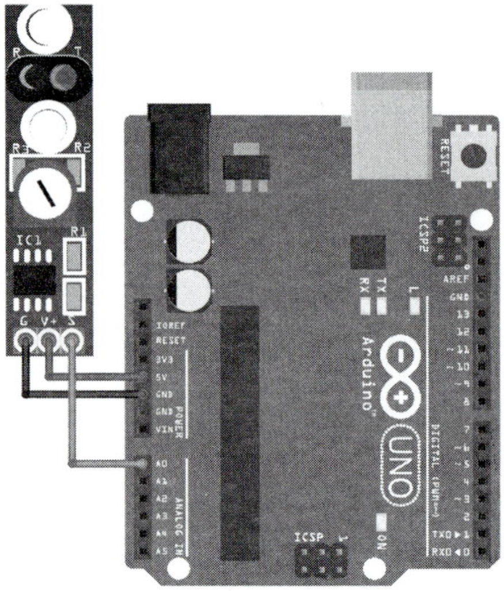

그림 10. 라인트레이서 연결 회로

스케치 2는 라인트레이서 모듈의 출력을 시리얼 모니터로 출력하는 스케치의 예다. 스케치 1은 반사되어 돌아오는 적외선의 양을 측정하므로 흰색을 앞에 놓았을 경우 큰 값이, 검정색이나 물체가 없는 경우 작은 값이 출력된다. 라인트레이서 모듈은 가변저항으로 임계치(threshold)를 조절하여 흰색인 경우 0의 값을, 검정색이나 물체가 없는 경우 1의 값을 출력한다. 흰색 바탕에 검정색으로 그려진 경로에 적용하는 경우 1의 값이 출력되면 경로 위에 놓인 것으로, 0의 값이 출력되면 경로를 벗어난 것으로 생각할 수 있다.

스케치 2. 라인트레이서 모듈 테스트

```
void setup() {
  Serial.begin(9600);
  pinMode(A0, INPUT);
}

void loop() {
  Serial.println(digitalRead(A0));          // 흰색이 검출되면 0의 값 출력
  delay(1000);
}
```

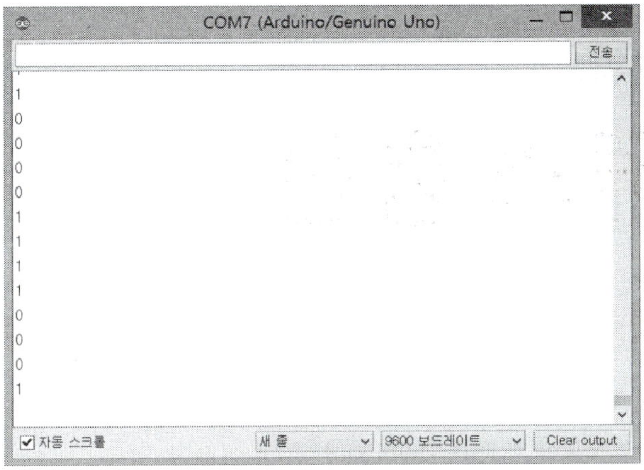

그림 11. 스케치 2 실행 결과

3. 맺는말

라인트레이서 모듈은 라인트레이서에서 적외선을 사용하여 경로를 찾아내기 위해 사용하는 모듈이다. 적외선은 색상에 따라 흡수되는 정도가 다르므로 반사되는 적외선 양을 측정하여 색상을 구별할 수 있다. 라인트레이서 모듈에 흔히 사용되는 센서 중 하나가 적외선 LED와 포토트랜지스터를 사용하여 만들어진 TCRT5000 반사형 광학 센서로 적외선을 내보내고 반사되어 돌아오는 적외선을 측정하기 위해 사용된다. 이외에도 라인트레이서 모듈에는 경로 검출 여부를 디지털 데이터로 출력하기 위한 비교기, 검출 여부의 임계치 설정을 위한 가변저항 등이 추가되어 있다.

라인트레이서 모듈을 사용하여 경로를 찾아내는 경우 라인의 두께에 따라 3개 이상의 라인트레이서 모듈을 사용하는 것이 일반적이다. 3개의 라인트레이서 모듈을 사용하는 경우 중앙에 놓인 라인트레이서 모듈이 1(검정색)을, 가장자리의 라인트레이서 모듈 2개가 0(흰색)을 출력하면 경로를 따라 움직이고 있는 것으로 생각할 수 있다. 이외의 경우라면 경로를 벗어난 것이므로 라인트레이서를 회전시켜 경로를 찾아내면 된다.

Chapter 12

블루투스 통신

블루투스는 RS-232C의 유선 연결 방법을 대체하기 위해 만들어진 개인용 근거리 무선 통신 기술로 최근 스마트폰의 대중화에 힘입어 널리 사용되고 있다. 이 장에서는 블루투스 모듈을 아두이노에 연결하고, 블루투스 모듈을 사용하여 스마트폰과 무선 통신을 수행하는 방법에 대해 알아본다.

1. 블루투스

블루투스(Bluetooth)는 1994년 에릭슨(Ericsson)이 개발한 개인 근거리 무선 통신(Personal Area Network, PAN)을 위한 표준 중 하나로 유선 연결 방법으로 흔히 사용되는 RS-232C를 대체하기 위한 저가격, 저전력의 무선 기술로 개발되었다. 블루투스는 기본적으로 10m 이내 짧은 거리의 통신을 목표로 하지만 통신 범위는 100m까지 확장 가능하다. 블루투스는 2.4GHz 대역인 ISM(Industrial, Scientific, Medical) 대역을 사용한다. ISM 대역은 산업, 과학 및 의료 목적으로 할당된 대역으로 전파 사용에 대한 허가를 받을 필요가 없어 저전력의 전파를 발산하는 개인용 무선기기에 많이 사용되고 있다. 블루투스 이외에도 무선랜(WiFi)과 지그비(ZigBee) 역시 ISM 대역을 사용한다.

블루투스는 기기 간의 통신을 위해 다양한 프로파일(profile)을 사용한다. 프로파일은 블루투스를 이용한 어플리케이션을 구현할 때 특정 어플리케이션에서 사용해야 하는 프로토콜의 종류와 사용 방법을 정의한 것이다. 이처럼 프로파일은 특정 어플리케이션을 개발할 때의 기준을 제시하는 역할을 하므로 특정 프로파일에 따라 제작된 어플리케이션은 제작사와 무관하게 호환될 수 있는 장점이 있다. 블루투스 표준을 관리하는 Bluetooth SIG(Special Interest Group)에서는 다양한 어플리케이션에서 사용할 수 있는 프로파일을 정의하고 있으며 여기에는 파일 전송 프로파일, 전화 접속 네트워크 프로파일, 팩스 프로파일, 시리얼 포트 프로파일 등이 포함된다. 이 중 가장 기본이 되면서 다른 프로파일의 기초가 되는 프로파일은 일반 액세스 프로파일(generic access profile)로 블루투스 장치를 연결하기 위해 연결 대상을 발견하고 연결을 설정하는 방법 및 이와 관련된 보안 관련 내용을 규정하고 있다.

블루투스에 정의된 프로파일 중 이 책에서 사용하는 프로파일은 시리얼 포트 프로파일(Serial Port Profile, SPP)로 시리얼 통신을 에뮬레이션하기 위한 프로파일이다. 아두이노에서 SPP를 지원하는 블루투스 모듈을 사용하는 경우 UART 시리얼 통신 코드를 약간만 수정하고 블루투스 모듈을 연결하는 것만으로 블루투스 통신이 가능하므로 손쉽게 유선 통신을 블루투스를 이용한 무선 통신으로 바꿀 수 있다.

현재 아두이노에서 흔히 사용되고 있는 블루투스는 2.x 버전이다. 블루투스 3.0은 2009년 블루투스 2.1의 후속으로 고속통신 기능이 추가되어 발표되었지만 고속 전송을 위해서는 WiFi를 사용하므로 WiFi Direct와의 차별성 부족으로 널리 사용되지 못했다. 2010년 제정된 블루투스 4.0은 저전력 블루투스(Bluetooth Low Energy, BLE)로 인해 주목을 받고 있다. 하지만 블루투스 4.0에는 블루투스 2.x까지의 기술인 클래식 블루투스(Classic Bluetooth)와 BLE가 합해진 형태를 띠고 있다. 게다가 이들 두 종류의 기술은 서로 호환되지 않는다. 블루투스 4.0을 지원하는 기기 중 BLE만을 지원하는 기기는 'Bluetooth Smart'라고 표시하고, 클래식 블루투스와 BLE를 모두 지원하여 하위 호환성을 가지는 기기를 'Bluetooth Smart Ready'라고 구별하여 표시하고 있다.

(a) Bluetooth Smart

(b) Bluetooth Smart Ready

그림 1. 블루투스 로고[19]

블루투스는 마스터와 슬레이브 구성을 가지며 하나의 마스터 기기에는 최대 7개 까지 슬레이브 기기를 연결할 수 있다. 블루투스 통신을 포함하여 마스터-슬레이브 구조를 가지는 통신에서는 마스터가 모든 통신의 책임을 지므로 마스터와 슬레이브 사이의 통신만 가능하고 슬레이브 사이의 통신은 불가능하다.

이 책에서는 블루투스 2.x 버전을 지원하는 모듈을 사용하여 SPP 프로파일을 통해 통신을 수행한다. SPP는 클래식 블루투스에 속하는 프로파일이므로 BLE와는 호환되지 않는다는 점을 기억해야 한다. 또한 이 책에서 사용하는 블루투스 모듈은 1:1 연결만을 지원하므로 스마트폰을 마스터로 하고 아두이노를 슬레이브로 하는 스마트폰과 아두이노 사이의 통신만을 다룬다.

2. HC-06 블루투스 모듈

이 책에서 사용할 블루투스 모듈은 HC-06 블루투스 모듈로 SPP를 지원하므로 UART 시리얼 통신에서와 동일하게 RX(receive)와 TX(transmit)의 2개 연

19 https://www.bluetooth.org

결선을 사용하여 간단히 연결할 수 있다. 또한 통신을 위해서는 아두이노의 Serial 또는 SoftwareSerial 클래스를 사용하므로 UART 시리얼 통신과 거의 동일한 방법으로 무선 통신을 수행할 수 있다.

그림 2는 HC-06 블루투스 모듈을 나타낸다. HC-06 모듈은 마스터 모듈과 슬레이브 모듈이 별도로 존재하며 마스터 모듈에는 별도의 표시가 있어 구별된다. 이 책에서는 아두이노를 슬레이브로 사용하므로 블루투스 슬레이브 모듈을 연결하여 사용한다.

(a) 마스터 모듈

(b) 슬레이브 모듈

그림 2. HC-06 블루투스 모듈

블루투스 모듈을 그림 3과 같이 연결하자. 그림 2의 블루투스 모듈에는 6개의 핀이 존재하지만 그 중 VCC, GND, RX, TX의 4개 핀만을 사용하여 연결하면 된다. 일부 HC-06 슬레이브 모듈의 경우 핀의 개수가 다를 수 있지만 VCC, GND, RX, TX의 4개 핀은 모든 HC-06 모듈에 포함되어 있다.

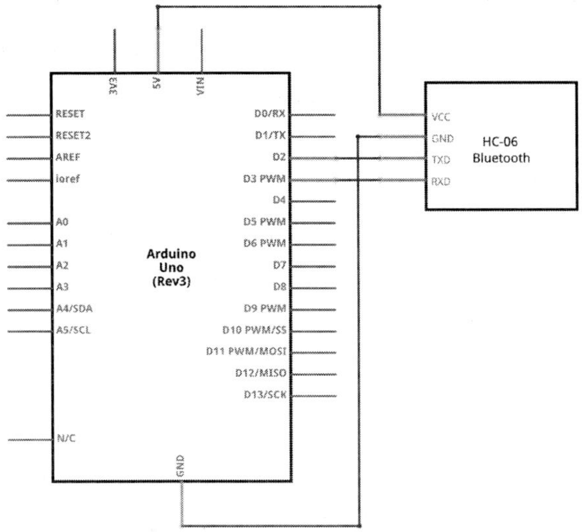

그림 3. 블루투스 모듈 연결 회로도

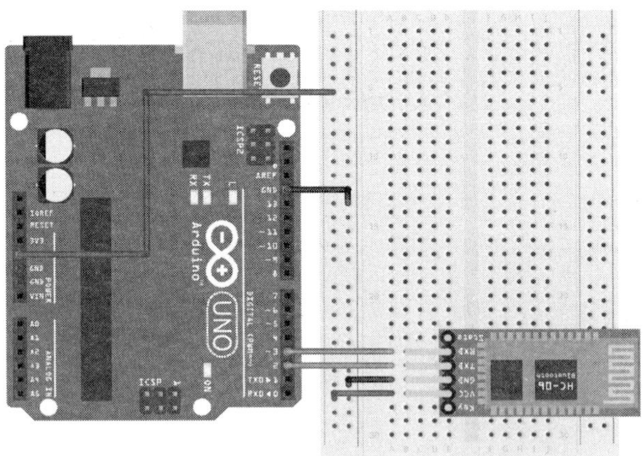

그림 4. 블루투스 모듈 연결 회로

아두이노 우노에 사용된 ATmega328 마이크로컨트롤러의 경우 하드웨어로 지원되는 하나의 UART 시리얼 포트('하드웨어 시리얼 포트'라고 흔히 이야기한다.)만을 제공한다. 하지만 아두이노 우노의 하드웨어 시리얼 포트는 스케치 업로드를 위해 사용되므로 블루투스 모듈을 하드웨어 시리얼 포트에 연결하면 충돌이 발생하여 정상적으로 스케치를 업로드 할 수 없다. 하지만 아두이노에 포함되어 있는 기본 라이브러리 중 하나인 SoftwareSerial을 사용하면 하드웨어 시리얼 포트가 아닌 일반적인 입출력 핀을 통해 시리얼 통신이 가능하다. 스케치 업로드를 위해 사용되는 시리얼 포트를 하드웨어 시리얼 포트라고 한다면, SoftwareSerial 클래스로 범용 입출력 핀을 통해 사용하는 시리얼 포트는 소프트웨어 시리얼 포트라고 구별하여 부른다. SoftwareSerial 라이브러리를 사용하면 여러 개의 시리얼 통신을 사용하는 장치를 연결할 수 있지만 한 번에 하나의 시리얼 통신만을 수행할 수 있으며, 하드웨어 시리얼 포트에 비해 안정성이 떨어진다는 점은 기억해야 한다.

SoftwareSerial 클래스의 사용 방법은 포트 생성 방법을 제외하면 Serial 클래스의 사용 방법과 거의 동일하다. 하드웨어 시리얼 포트는 디지털 0번과 1번 핀을 통해 이루어지고 사용하는 핀을 변경할 수 없으므로 Serial 클래스를 사용할 때에는 별도로 사용하는 핀을 지정할 필요가 없다. 하지만 소프트웨어 시리얼 포트는 임의의 디지털 핀을 사용할 수 있으므로 포트 생성 시에 사용하고자 하는 핀 번호를 지정해 주어야 한다.

```
SoftwareSerial(uint8_t rx, uint8_t tx, bool inverse_logic = false)
    rx : 수신 핀 번호
    tx : 송신 핀 번호
    inverse_logic : 송수신 비트 반전
  반환값 : 없음
```

스케치 1을 아두이노 우노에 업로드 하자. 스케치 1은 시리얼 모니터로 입력되는 데이터를 블루투스 모듈로 전달하고, 블루투스 모듈에서 출력되는 데이터를 시리얼 모니터로 출력하는 스케치의 예로 블루투스 모듈을 설정하고, 연결된 이후 데이터 송수신을 위해 사용한다.

스케치 1. 블루투스 모듈 설정

```
#include <SoftwareSerial.h>

// SoftwareSerial(RX, TX) 형식
// 아두이노의 디지털 2번 핀을 RX 핀으로 설정 → 블루투스 모듈의 TX로 연결
// 아두이노의 디지털 3번 핀을 TX 핀으로 설정 → 블루투스 모듈의 RX로 연결
SoftwareSerial BTSerial(2, 3);

void setup() {
  Serial.begin(9600);              // 컴퓨터와의 시리얼 통신 초기화
  BTSerial.begin(9600);            // 블루투스 모듈 초기화
}

void loop() {
  // 블루투스 모듈 → 아두이노 → 시리얼 모니터
  if (BTSerial.available()) {
    Serial.write(BTSerial.read());
  }

  // 시리얼 모니터 → 아두이노 → 블루투스 모듈
  if (Serial.available()) {
    BTSerial.write(Serial.read());
  }
}
```

블루투스 모듈의 설정을 위해서는 'AT'로 시작되는 텍스트 기반의 명령어를 블루투스 모듈로 전달해야 하며, 이들 명령어를 AT 명령어라고 한다. 스케치 1을 업로드 한 후 시리얼 모니터에서 'AT'를 입력해 보자. 블루투스 모듈이 정상적으로 연결되었다면 AT 명령은 블루투스 모듈로 전달되고, AT 명령을 전달받은 블루투스 모듈은 AT 명령어의 실행 결과를 반환한다. 블루투스 모듈에 이상이 없다면 'AT' 명령은 'OK' 문자열을 반환하며 반환된 문자열은 시리얼 모니터에 표시된다. 'OK' 문자열을 확인할 수 없는 경우에는 블루투스 모듈의 연결 및 통신 상태 설정을 확인해야 한다. 가장 흔한 실수 중 하나는 블루투스 모듈의 RX와 TX 핀을 잘못 연결한 경우다. UART 시리얼 통신에서 RX와 TX는 교차해서 연결해야 하며 이는 SPP를 사용하는 블루투스 통

신에서도 동일하다.

또 다른 흔한 실수는 통신 속도와 개행문자 옵션을 잘못 선택한 경우다. HC-06 블루투스 모듈은 디폴트값으로 9600 보율의 속도로 설정되어 있으므로 스케치 1에서도 9600 보율을 사용하고 있으며 시리얼 모니터에도 '9600 보드레이트'가 선택된 상태여야 한다. 또한 시리얼 모니터에서 'line ending 없음'이 선택되어 있어야 한다. 개행문자가 추가되면 명령이 정상적으로 인식되지 않으므로 블루투스 모듈이 정상적으로 연결되어 있다 해도 OK 문자열을 확인할 수 없다.

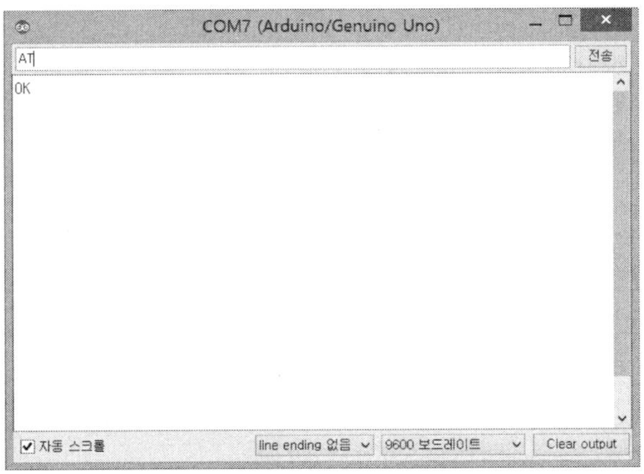

그림 5. 블루투스 연결 확인

HC-06 블루투스 슬레이브 모듈 설정을 위해서는 표 1의 명령어들을 사용할 수 있다.

표 1. HC-06 설정 AT 명령어

명령어	사용 방법	반환값	비고
AT	AT	OK	
AT+NAME	AT+NAME**RCBlue**	OKsetname	이름 설정
AT+PIN	AT+PIN**1234**	OKsetPIN	핀 설정
AT+BAUD	AT+BAUD**4**	OK9600	통신 속도 설정

AT+NAME은 모듈의 이름을 설정하기 위해 사용된다.[20] AT+PIN은 핀 코드, 연결 코드, 패스 코드 등으로도 불리며 페어링 과정에서 사용되는 일종의 비밀번호 설정을 위한 명령이다. 페어링이 이루어진 이후에는 다시 핀 코드를 입력할 필요는 없다. AT+BAUD는 통신 속도를 설정하기 위해 사용되며 숫자에 따른 통신 속도는 표 2와 같다. 모듈의 전송 속도를 변경하면 그에 맞게 스케치 1에서도 전송 속도를 수정하고 다시 스케치를 업로드 해야 추가 설정이 가능하다.

표 2. 전송 속도

숫자	전송 속도(Baud)	숫자	전송 속도(Baud)
1	1,200	5	19,200
2	2,400	6	38,400
3	4,800	7	57,600
4	9,600	8	115,200

표 1의 명령어를 순서대로 실행하여 HC-06 블루투스 모듈을 설정한 결과는

20 실습 환경에서와 같이 여러 개의 블루투스 모듈이 동시에 사용되는 경우라면 블루투스 모듈의 이름이 중복되지 않도록 유일하게 구별 가능한 이름을 지정해야 한다.

그림 5와 같다.

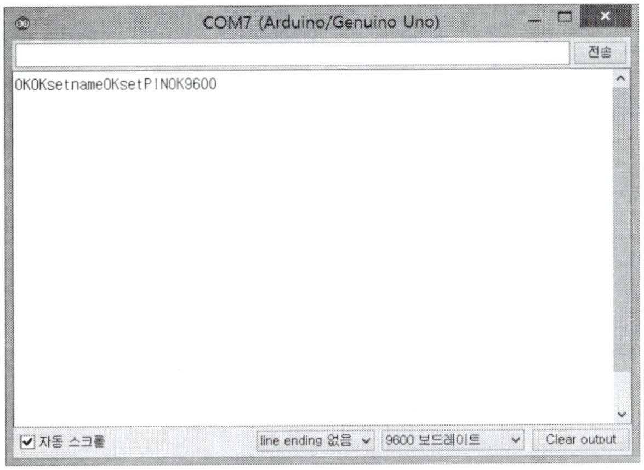

그림 6. **블루투스 모듈 설정 결과**

3. 스마트폰 설정

아두이노 우노에 연결된 블루투스 슬레이브 모듈의 설정은 끝났다. 이제 스마트폰을 아두이노와 연결하는 방법을 살펴보자. 블루투스 연결 과정은 페어링(pairing) 과정과 실제 연결의 두 단계로 이루어진다. 페어링 과정은 실제 연결할 장치를 등록하는 과정으로 연결 대상이 되는 기기들 사이의 인증 과정에 해당한다. 페어링 과정에서는 보안을 위해 핀 코드를 입력해야 하며 페어링이 된 기기는 페어링을 해제하기 전까지 다시 핀 코드를 입력할 필요가 없다.

스마트폰의 블루투스 기능을 활성화시켜 연결 가능한 장치들을 검색해 보자.[21]

21 스마트폰의 블루투스 설정은 OS 종류와 버전에 따라 일부 차이가 있을 수 있다.

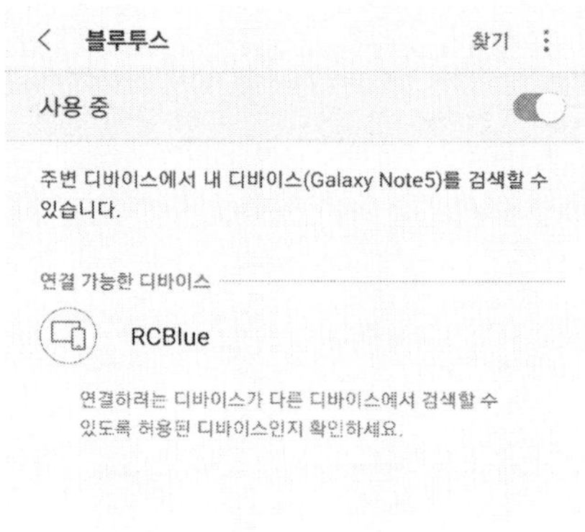

그림 7. 블루투스 장치 검색

검색 목록에서 HC-06 블루투스 슬레이브 모듈의 이름으로 설정한 'RCBlue'를 확인할 수 있을 것이다. 'RCBlue'를 선택하면 핀 코드를 입력하는 창이 나타난다.

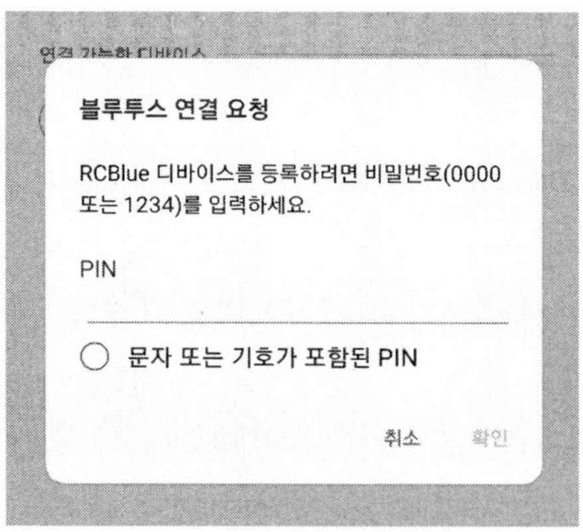

그림 8. 핀 코드 입력 창

핀 코드 입력 창에 위에서 설정한 블루투스 슬레이브 모듈의 핀 코드인 '1234'를 입력하면 페어링이 완료된다. 페어링이 완료되면 'RCBlue'는 '연결 가능한 디바이스'에서 '등록된 디바이스'로 위치가 바뀐다.

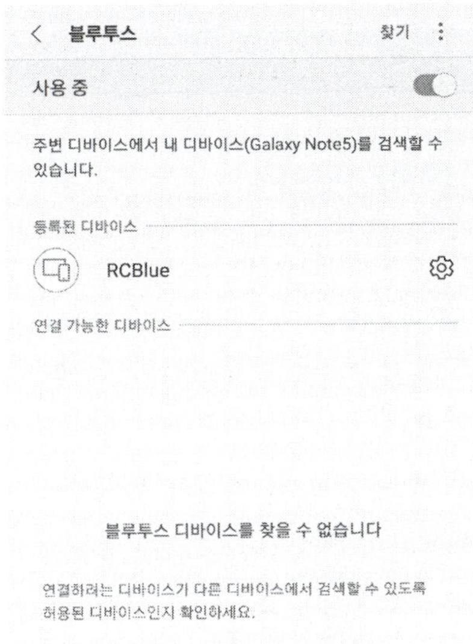

그림 9. 페어링 완료

페어링이 완료되면 스마트폰에 HC-06 블루투스 모듈이 등록되며 실제로 연결하고 데이터를 주고받을 수 있는 상태가 된다.

4. 블루투스 통신

스마트폰에 블루투스 모듈이 등록되었으므로 이제 스마트폰과 아두이노를 연결해서 데이터를 주고받는 방법을 살펴보자. 데이터를 주고받기 위해서는 스마트폰에 블루투스 통신을 위한 어플리케이션을 설치해야 한다. 플레이 스토어에서 '블루투스 터미널'을 검색하면 여러 가지 어플리케이션을 찾을 수 있으며 이 장에서는 'Bluetooth Terminal HC-05'[22]를 사용한다. 어플리케이션을 설치하여 실행시켜 보자.

22 https://play.google.com/store/apps/details?id=project.bluetoothterminal&hl=ko

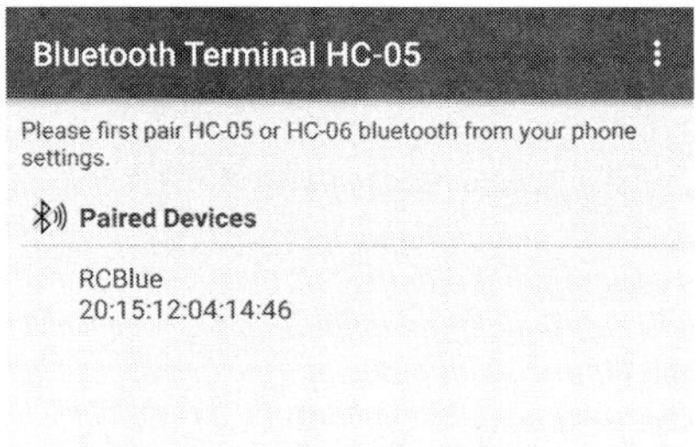

그림 10. Bluetooth Terminal HC-05 초기 화면

어플리케이션이 실행되면 페어링 된 기기의 목록이 나타난다. 목록에 블루투스 모듈이 나타나지 않는다면 스마트폰 설정 부분을 참고하여 페어링을 먼저 해주어야 한다. 목록에서 'RCBlue'를 선택하면 자동으로 연결된다. 연결이 완료되면 어플리케이션에서는 데이터 송수신을 위한 창이 나타난다. HC-06 블루투스 슬레이브 모듈의 경우 연결이 되지 않은 상태에서는 LED가 깜빡거리고 있지만 연결된 후에는 LED가 켜져 있는 상태로 바뀌므로 연결 상태를 확인할 수 있다.

그림 11. Bluetooth Terminal HC-05 연결 완료 화면

Bluetooth Terminal HC-05 어플리케이션의 윗부분은 슬레이브에서 전송된 데이터를 표시하는 부분이며, 'Enter Command'가 표시된 입력 창은 슬레이브로 전송할 데이터를 입력하는 창이다. 아래 5개의 버튼에는 버튼을 눌렀을 때 전송할 메시지를 등록하여 사용하는 일종의 단축키에 해당한다.

아두이노에는 스케치 1을 업로드 한 상태에서 어플리케이션에서 'from Smartphone'을 입력하고 'Send' 버튼을 눌러보자. 어플리케이션에서는 아무런 변화가 없겠지만 시리얼 모니터를 확인해 보면 어플리케이션에서 전송된 데이터가 표시되는 것을 확인할 수 있다.

그림 12. 블루투스 슬레이브 모듈의 데이터 수신

반대로 시리얼 모니터의 입력 창에 'from Arduino UNO'를 입력하고 '전송' 버튼을 누르면 어플리케이션에 표시되는 것을 확인할 수 있다.

그림 13. 어플리케이션의 데이터 수신

5. 맺는말

블루투스는 근거리 저전력 무선 통신 방법의 일종으로 RS-232C 유선 통신을 대체하기 위한 개인용 무선 통신으로 만들어졌다. 블루투스는 선 없는(codeless) 간편한 연결로 다양한 가전제품 및 휴대장치들을 연결하기 위해 사용되고 있으며, 컴퓨터 주변기기 중에서도 헤드폰, 마우스, 키보드 등 블루투스를 사용하는 장치들을 쉽게 발견할 수 있다. 아두이노에서 사용되는 블루투스는 유선 통신을 대체하기 위한 용도가 대부분이므로 주로 SPP(Serial Port Profile)를 사용한다. UART 시리얼 통신을 사용하여 시스템을 구성하였다면 SPP를 지원하는 블루투스 모듈을 연결하고 코드를 조금만 수정한다면 쉽게 무선 시스템으로 변경할 수 있다.

최근 블루투스는 4.0으로 업데이트 되면서 저전력 통신을 강조한 Bluetooth Low Energy(BLE)가 각광을 받고 있다. BLE는 사물인터넷에 대한 관심의 증가와 더불어 그 사용이 늘어나고 있으며 특히 사물인터넷에서의 사물이 간단한 제어장치와 다르지 않다는 점에서 아두이노와도 밀접한 관계가 있다. 아두이노에서 사용 가능한 BLE 지원 블루투스 모듈이 여러 종류 판매되고 있지만 BLE는 이 장에서 사용한 SPP와는 호환되지 않는다는 점도 잊지 말아야 한다.

Chapter 13

텍스트 LCD

텍스트 LCD는 액정을 사용하여 만들어진 표시장치의 일종으로 정해진 위치에 문자 단위의 정보를 표시하기 위해 흔히 사용된다. 하지만 텍스트 LCD는 16개의 핀을 가지고 있어 연결이 복잡하므로 시리얼 통신을 통해 간단히 연결할 수 있도록 해주는 변환 모듈이 함께 사용되기도 한다. 이 장에서는 텍스트 LCD의 제어 방법과 I2C 통신을 통해 2개의 연결선만으로 텍스트 LCD를 제어하는 방법에 대해 알아본다.

1. 텍스트 LCD

액정(liquid crystal)은 액체이면서 고체의 성질을 띠는 물질로 1800년대 처음 발견되었고 1960년대 후반에 이르러 디스플레이로 처음 만들어졌다. LCD(Liquid Crystal Display)의 종류 중 하나인 텍스트 LCD는 고정된 위치에 문자 단위로 영문자와 숫자 등을 표시할 수 있어 간단한 메시지 출력에 흔히 사용된다.

아두이노에는 텍스트 LCD 제어를 위한 LiquidCrystal 라이브러리가 기본 라이브러리 중 하나로 포함되어 있어 간단하게 텍스트 LCD를 제어할 수 있다. 텍스트 LCD는 표시할 수 있는 문자의 수에 따라 여러 종류가 존재하지만 16 글자씩 2줄, 총 32 글자를 표시할 수 있는 텍스트 LCD가 흔히 사용된다. 이 장에서 사용하는 텍스트 LCD 역시 2줄 32 글자를 표시할 수 있는 텍스트

LCD다. 텍스트 LCD는 16개의 연결 핀을 가지고 있으며 이 중 3개는 제어 신호 핀, 8개는 데이터 신호 핀이다. 나머지 5개는 전원 및 백라이트 제어를 위해 사용되는 핀이다. 그림 1은 텍스트 LCD의 핀 설명을 나타낸다.

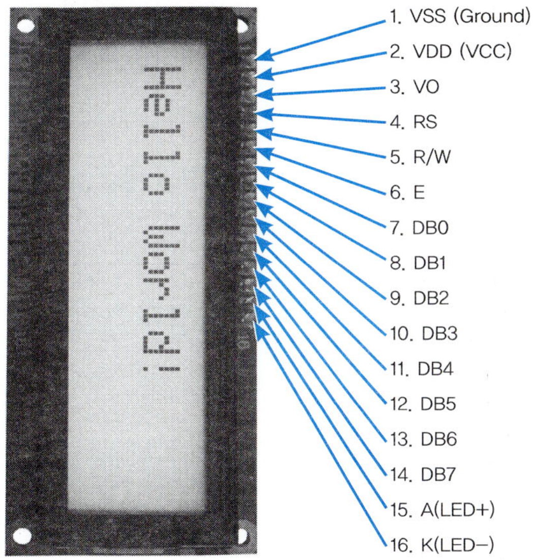

그림 1. 텍스트 LCD 핀 맵

표 1. 텍스트 LCD의 핀

핀 번호	이름	설명
1	VSS	그라운드 (GND)
2	VDD	5V 동작 전원
3	VO	LED 전원으로 가변저항을 통해 0 ~ 5V 사이 입력
4	RS	레지스터 선택 (Register Select)
5	R/W	읽기 쓰기 (Read/Write)
6	E	활성화 (Enable)
7	DB0	데이터 신호 핀
8	DB1	
9	DB2	
10	DB3	
11	DB4	
12	DB5	
13	DB6	
14	DB7	
15	LED+	백라이트 전원
16	LED0	

3개의 제어 핀은 텍스트 LCD와의 데이터 송수신을 제어하기 위해 사용되며 각 제어 핀의 기능은 표 2와 같다.

표 2. 텍스트 LCD 제어 신호

제어 신호	설명
RS (Register Select)	텍스트 LCD를 제어하기 위해서는 제어 레지스터와 데이터 레지스터의 두 개 레지스터가 사용되며, RS 신호는 명령을 담고 있는 레지스터(RS = LOW)와 데이터를 담고 있는 레지스터(RS = HIGH) 중 하나를 선택하기 위해 사용한다.
R/W (Read/Write)	읽기 (R/W = HIGH) 및 쓰기 (R/W = LOW) 모드 선택을 위해 사용한다. LCD는 데이터를 쓰기위한 용도로만 사용하는 것이 일반적이므로 R/W 핀은 GND에 연결하여 사용할 수 있다.
E (Enable)	하강 에지(falling edge)에서 LCD 드라이버가 데이터 처리를 시작하도록 트리거 신호 전송을 위해 사용한다.

DB0에서 DB7까지의 8개 핀은 데이터 핀으로 8비트 모드로 동작하는 경우에는 8개 핀이 모두 사용되지만 4비트 모드로 동작하는 경우에는 4개(DB4~DB7) 핀만 사용된다. 아두이노와 함께 사용하는 경우에는 필요로 하는 핀의 수를 줄이기 위해 4비트 모드를 사용하는 경우가 일반적이다. 따라서 텍스트 LCD를 마이크로컨트롤러에 연결시키기 위해서는 전원 관련 핀 이외에 4개의 데이터 선과 R/W를 제외한 2개의 제어선, 총 6개의 연결이 필요하다. 텍스트 LCD를 그림 2와 같이 연결해 보자. 가변저항은 LCD의 콘트라스트 조절을 위해 사용된다. 연결이나 코드에 오류가 없음에도 불구하고 출력된 글씨가 보이지 않는 것은 콘트라스트 조절이 잘못된 경우가 대부분이므로 가변저항을 돌려서 글씨가 출력되는지 확인해 보자.

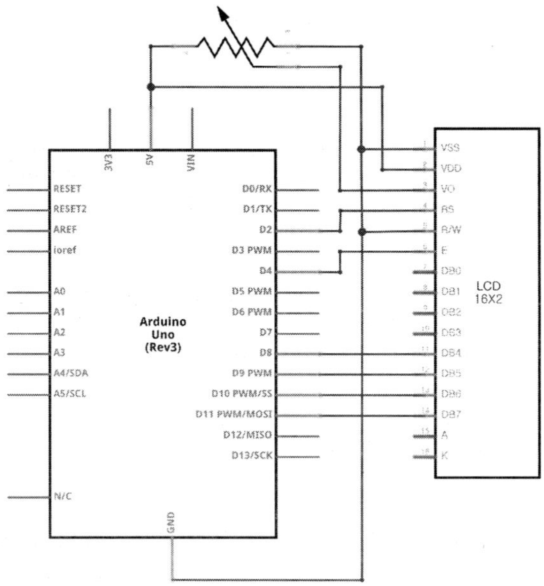

그림 2. 텍스트 LCD 연결 회로도

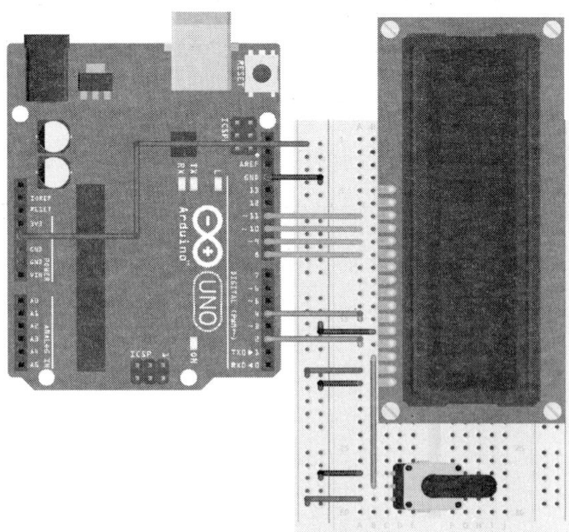

그림 3. 텍스트 LCD 연결 회로

텍스트 LCD를 제어하기 위해서는 명령어와 데이터를 텍스트 LCD로 전송하고 E(Enable) 신호를 통해 텍스트 LCD가 명령어를 실행하도록 해주는 과정이 필요하다. 하지만 이 모든 과정을 LiquidCrystal 라이브러리에서 처리해 주므로 텍스트 LCD를 사용하기 위해서는 텍스트 LCD를 초기화 한 후 출력할 데이터를 전달하는 함수를 호출하는 것으로 충분하다.

아두이노의 LiquidCrystal 라이브러리는 4비트 모드와 8비트 모드 모두를 지원하지만 이 장에서는 4비트 모드를 사용한다. 먼저 '스케치 → 라이브러리 포함하기 → LiquidCrystal' 메뉴를 선택하여 LiquidCrystal.h 파일을 포함시킨다.

```
#include <LiquidCrystal.h>
```

헤더 파일을 포함시킨 후에는 LiquidCrystal 클래스의 객체를 생성한다. 객체를 생성할 때에는 텍스트 LCD와 연결된 아두이노의 핀 번호를 지정해 주어야 한다. 4비트 모드를 사용하기 위한 생성자는 다음과 같이 2개의 제어선과 4개의 데이터 선이 연결된 핀 번호를 지정하면 된다.

```
// 핀 번호 (RS, E, DB4, DB5, DB6, DB7)
LiquidCrystal lcd(2, 4, 8, 9, 10, 11);
```

객체가 생성되면 begin 함수로 텍스트 LCD 객체를 초기화 한다. 초기화 함수에서는 행과 열의 개수를 지정한다. 폰트의 크기도 지정할 수 있지만 2행으로 표시되는 텍스트 LCD의 경우 5x8 크기의 폰트만을 사용할 수 있으며 5x8 폰트는 디폴트값이므로 생략할 수 있다.

```
void begin(uint8_t cols, uint8_t rows, uint8_t charsize =
LCD_5x8DOTS);
  - 매개변수
    cols : 열의 개수
    rows : 행의 개수
    charsize : 글자 크기
  - 반환값 : 없음
```

텍스트 LCD에 문자를 출력하기 위해서는 바이트 단위의 출력함수인 write나 문자열 단위의 출력함수인 print를 사용할 수 있다. 특히 print 함수는 Serial 클래스의 print 함수와 사용법이 동일하므로 간단하게 사용할 수 있다.

```
size_t write(uint8_t ch)
  - 매개변수
    ch : 출력할 문자
  - 반환값 : 출력한 바이트 수
```

```
size_t print(value, format)
  - 매개변수
    value : 출력값 (char, char 배열, String, 정수, 실수 등)
    format : 출력 형식
  - 반환값 : 출력된 바이트 수
```

텍스트 LCD에 출력된 문자를 모두 지우기 위해서는 clear 함수를 사용한다.

```
void clear(void)
  - 매개변수 : 없음
  - 반환값 : 없음
```

write나 print 함수를 통해 문자를 출력하는 경우 출력 위치는 현재 커서가 위치하는 곳이다. 임의의 위치에 문자를 출력하기 위해서는 먼저 커서를 출력하고자 하는 위치로 옮겨야 하며 이를 위해 setCursor 함수를 사용한다. 커서의 위치는 좌상단 점을 (0, 0) 기준점으로 한다.

```
void setCursor(uint8_t col, uint8_t row)
  - 매개변수
    col : 열 위치 (0 ~ 15)
    row : 행 위치 (0 ~ 1)
  - 반환값 : 없음
```

이외에도 LiquidCrystal 클래스에는 유용한 멤버 함수들이 정의되어 있으므로 보다 자세한 내용은 아두이노 홈페이지의 라이브러리 설명 페이지[23]를 참고하면 된다. 스케치 1은 LiquidCrystal 라이브러리를 사용하며 텍스트 LCD에 'Hello World!'를 표시하는 스케치의 예다.

스케치 1. Hello World!

```
#include <LiquidCrystal.h>

// 핀 번호 (RS, E, DB4, DB5, DB6, DB7)
LiquidCrystal lcd(2, 4, 8, 9, 10, 11);     // LCD 연결

void setup() {
  lcd.begin(16, 2);                       // LCD 초기화
  lcd.print("Hello World!");              // 문자열 출력
}

void loop() {
}
```

23 https://www.arduino.cc/en/Reference/LiquidCrystal

텍스트 LCD에 문자열이 표시되지 않는다면 가변저항으로 콘트라스트를 조절해 보자. 텍스트 LCD의 콘트라스트는 USB 연결을 사용하는지 어댑터를 사용하는지 등 사용 전원에 따라 달라지므로 전원 환경에 맞게 조절해 주어야 한다.

그림 5. 스케치 1 실행 결과

스케치 2는 setCursor 함수를 사용하여 2행으로 숫자를 출력하는 스케치의 예다.

스케치 2. 임의의 위치에 문자 나타내기

```
#include <LiquidCrystal.h>

// 핀 번호 (RS, E, DB4, DB5, DB6, DB7)
LiquidCrystal lcd(2, 4, 8, 9, 10, 11);      // LCD 연결

void setup() {
  lcd.begin(16, 2);                         // LCD 초기화

  lcd.setCursor(0, 0);                      // 0행 0열로 이동
  lcd.write('1');                           // 문자 단위 출력
  lcd.setCursor(5, 0);
  lcd.write('2');
  lcd.setCursor(0, 1);
  lcd.write('3');
  lcd.setCursor(5, 1);
  lcd.write('4');
}

void loop() {
}
```

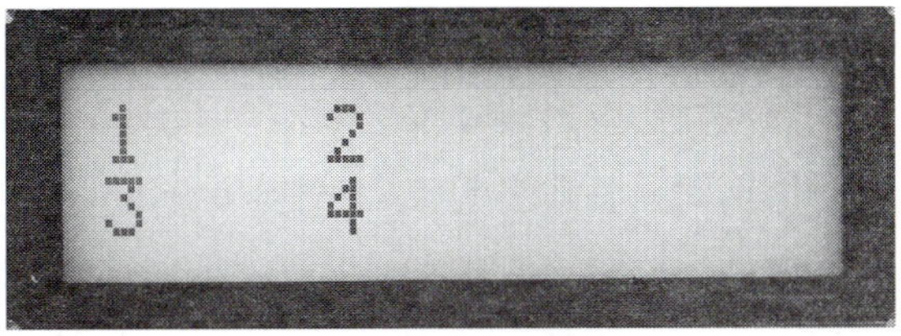

그림 6. 스케치 2 실행 결과

2. I2C (Inter-Integrated Circuit) 통신

I2C 통신은 UART(Universal Asynchronous Receiver/Transmitter), SPI(Serial Peripheral Interface)와 더불어 마이크로컨트롤러에서 흔히 사용되는 시리얼 통신 방법 중 하나다. UART 통신은 1960년대에 만들어진 시리얼 통식 방식으로 다양한 장치들이 지원하는 장점이 있지만 1:1 통신만이 가능하므로 여러 개의 주변장치를 연결하기가 불편하다. 아두이노에서 하드웨어 기반 UART 시리얼 통신은 기본 클래스 중 하나인 Serial 클래스를 통해 지원되고, 소프트웨어 에뮬레이션을 통한 UART 시리얼 통신은 SoftwareSerial 클래스를 통해 지원된다.

1:1 연결만이 가능한 단점을 보완할 수 있는, 1:n 통신이 가능한 통신 방법 중 하나가 SPI 통신이다. SPI 통신에서는 3개의 데이터 선을 모든 장치가 공유하고 n개의 장치 중 하나의 장치를 선택하기 위한 SS (Slave Select) 연결을 장치별로 추가하여 사용한다. SPI 통신은 고속의 데이터 전송이 가능하지만 여러 개의 장치를 연결하는 경우 SS 연결을 위한 연결선이 증가하는 단점이 있다.

I2C 통신 역시 1:n 통신이 가능한 시리얼 통신 방법이지만 SPI 통신과는 다른 목적에서 만들어졌다. I2C 통신이 SPI 통신과 다른 점 중 하나는 n 개의

장치 중 하나를 선택하기 위한 SS 연결이 필요하지 않다는 점이다. 그렇다면 어떻게 n개의 장치 중 하나를 선택할 수 있을까? I2C 통신에서는 소프트웨어적인 주소로 특정 장치를 선택한다. 이는 인터넷의 경우와 비슷하다. 서로 연결되어 있는 수많은 컴퓨터로 구성되는 인터넷에서 내 컴퓨터를 구별하기 위해 IP (Internet Protocol) 주소를 사용한다. SPI 통신에서와 같이 전용의 SS 연결에 의해 연결된 장치 중 하나를 선택하는 방식을 하드웨어 주소라고 한다면, I2C 통신에서와 같이 각 장치에 고유의 ID를 지정하는 방식은 소프트웨어 주소라고 할 수 있다. I2C 통신에서는 SS 연결이 필요하지 않으므로 연결된 장치의 수가 늘어나더라도 필요로 하는 연결선의 수는 증가하지 않는 장점이 있다.

SPI 통신에서 SS 연결을 제외하면 모든 장치들이 공유하고 있는 3개의 연결선이 남는다. 3개의 연결선 중 MOSI(Master Out Slave In)와 MISO(Master In Slave Out)는 데이터 송수신을 위해 사용되고 SCK(Serial Clock)는 동기화 클록 전송을 위해 사용된다. I2C 통신에서는 여기서 하나의 연결선을 더 줄일 수 있다. 연결선을 줄일 수 있는 비밀은 I2C 통신이 다른 시리얼 통신 방법과 달리 반이중(half-duplex) 방식이라는데 있다. UART 통신과 SPI 통신은 전이중(full-duplex) 방식의 통신이다. 전이중 방식이란 송신과 수신이 동시에 진행될 수 있는 방식으로 이를 위해 2개의 연결선을 필요로 한다. 이에 비해 반이중 방식에서는 1개의 연결선만을 사용하므로 송신과 수신은 동시에 진행될 수 없다. 따라서 I2C 통신에서는 데이터 송수신을 위해 1개, 동기화 클록을 위해 1개, 총 2개의 연결선만을 필요로 한다.

이처럼 I2C 통신은 SPI 통신과 달리 최소한의 연결선만을 사용하여 여러 개의 장치를 연결하면서 저속으로 데이터를 전송하기 위해 필립스에서 만든 규격으로 IIC, I2C 등으로도 불린다. I2C 통신에서는 데이터 전송을 위한 SDA (Serial Data), 클록 전송을 위한 SCL(Serial Clock)의 2개 연결선을 사용한다.

I2C 통신에서 필요로 하는 2개의 연결선 중 클록 전송을 위한 SCL을 제거하

면 1개의 연결선만을 사용하는 반이중, 비동기 방식의 통신이 가능하다. 아두이노의 기본 라이브러리로 지원하지는 않지만 이러한 통신 방식을 1-와이어 통신이라고 한다. 1-와이어 통신은 I2C 통신에 비해서도 더 적은 양의 데이터를 전송하는 경우, 주기적으로 적은 데이터 전송만이 필요한 센서 연결에 흔히 사용된다.

표 3은 아두이노에서 흔히 사용되는 시리얼 통신 방식을 비교한 것이다. 표 3의 통신 방식 중 UART 통신을 제외하면 모두 1:n 연결을 지원한다. 1:n 연결에서 통신 과정을 책임지는 장치(1에 해당하는 장치)를 마스터라고 하며, 마스터의 요청에 의해 데이터를 송수신하는 장치(n에 해당하는 장치)를 슬레이브라고 한다. 1:n 연결에서도 여러 개의 슬레이브가 동시에 데이터를 전송할 수는 없고 특정 순간에는 마스터와 특정 슬레이브 사이의 통신만이 가능하다. 또한 슬레이브 사이의 통신은 불가능하다.

표 3. 시리얼 통신 방식 비교

<table>
<tr><th colspan="3"></th><th>UART</th><th>SPI</th><th>I2C</th><th>1-Wire</th></tr>
<tr><td colspan="3">동기/비동기</td><td>비동기</td><td>동기</td><td>동기</td><td>비동기</td></tr>
<tr><td colspan="3">전이중/반이중</td><td>전이중</td><td>전이중</td><td>반이중</td><td>반이중</td></tr>
<tr><td rowspan="5">필요한 연결선 개수</td><td rowspan="4">1개 슬레이브 연결</td><td>데이터</td><td>2 (전이중)</td><td>2 (전이중)</td><td>1 (반이중)</td><td>1(반이중)</td></tr>
<tr><td>클록</td><td>0 (비동기)</td><td>1 (동기)</td><td>1 (동기)</td><td>0 (비동기)</td></tr>
<tr><td>제어</td><td>0</td><td>1</td><td>0</td><td>0</td></tr>
<tr><td>합계</td><td>2</td><td>4</td><td>2</td><td>1</td></tr>
<tr><td colspan="2">n개 슬레이브 연결</td><td>2n</td><td>3+n</td><td>2</td><td>1</td></tr>
<tr><td colspan="3">연결 방식</td><td>1:1</td><td>1:n
(마스터-
슬레이브)</td><td>1:n
(마스터-
슬레이브)</td><td>1:n
(마스터-
슬레이브)</td></tr>
<tr><td colspan="3">슬레이브 선택</td><td>–</td><td>하드웨어
(SS 연결선)</td><td>소프트웨어
(주소 지정)</td><td>소프트웨어
(주소 지정)</td></tr>
<tr><td colspan="3">아두이노 지원</td><td>아두이노
기본 클래스
(Serial)</td><td>아두이노
기본 라이브러리
(SPI)</td><td>아두이노 기본
라이브러리
(Wire)</td><td>써드 파티 확장
라이브러리</td></tr>
</table>

그림 7은 2개의 슬레이브 장치가 I2C 통신을 위해 연결된 예를 보여주는 것으로 SDA와 SCL 연결에 풀업 저항이 연결되어 있다는 점에 주의해야 한다. 또한 아두이노 우노에 사용된 ATmega328 마이크로컨트롤러는 하드웨어로 I2C 통신을 지원하고 있으며 SDA를 위해 아날로그 4번 핀(PC4 핀)을, SCL을 위해 아날로그 5번 핀(PC5 핀)을 사용하고 있다.

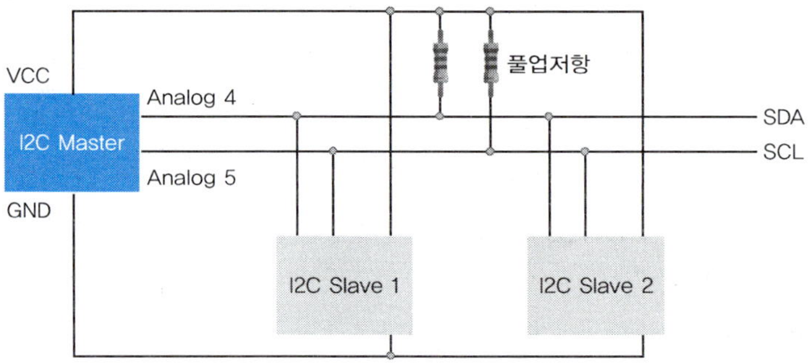

그림 7. I2C 연결 예

아두이노에서는 I2C 통신을 지원하기 위해 Wire 라이브러리를 제공하고 있다. 그림 8은 Wire 라이브러리를 사용하여 아두이노에 연결된 장치로 데이터를 보내거나 받는 순서를 요약한 것으로 사각형 내의 각 함수는 Wire 라이브러리에서 제공하는 함수들이다.

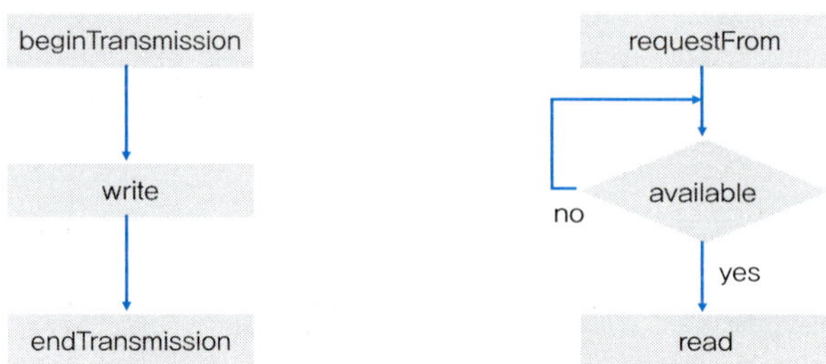

(a) 데이터 송신　　(b) 데이터 수신

그림 8. Wire 라이브러리를 통한 데이터 송수신

그림 8이 간단해 보이지만 실제로 보다 중요한 내용은 송수신된 데이터가 어떤 의미인지 파악하는 것이다. 송수신된 데이터의 해석은 연결된 장치에 따라 달라지므로 일반적으로 Wire 라이브러리를 바탕으로 연결된 장치에 맞게 데이터 해석 부분이 추가된 전용 라이브러리가 사용된다.

3. I2C 방식 텍스트 LCD

텍스트 LCD를 사용하기 위해서는 그림 2에서 볼 수 있듯이 많은 연결선이 필요하다. 텍스트 LCD의 경우 아스키코드 기반의 텍스트 데이터만을 전송하면 되므로 많은 데이터 전송이 필요하지 않다. 따라서 I2C 통신을 사용한다면 전원을 포함하여 4개의 연결선만을 사용하여 텍스트 LCD를 제어할 수 있다. 그림 9는 I2C 통신을 통해 텍스트 LCD를 제어할 수 있도록 해주는 모듈이다. 아래쪽 16개 핀은 텍스트 LCD와 연결하고 왼쪽의 4개 핀은 I2C 통신에 사용되는 핀이다.

그림 9. I2C 통신 지원 모듈

I2C 방식의 텍스트 LCD를 그림 10과 같이 연결하자. I2C 통신을 사용하므로 2개의 데이터 연결선만이 필요하며 아날로그 4번과 아날로그 5번에 연결하여 사용하면 된다.

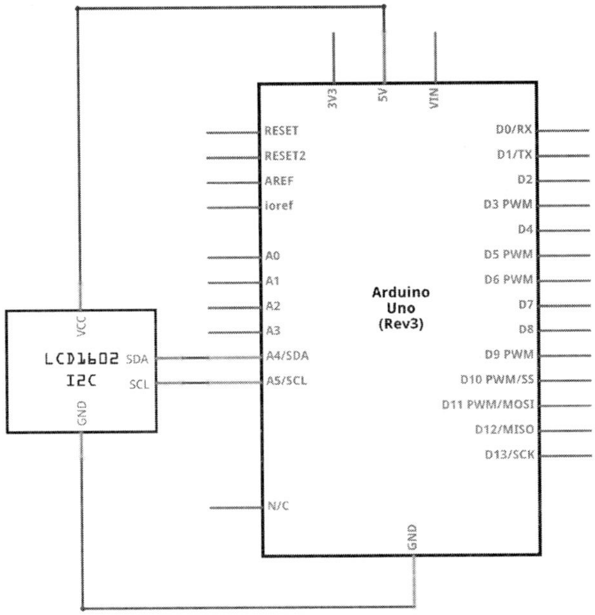

그림 10. I2C 방식 텍스트 LCD 연결 회로도

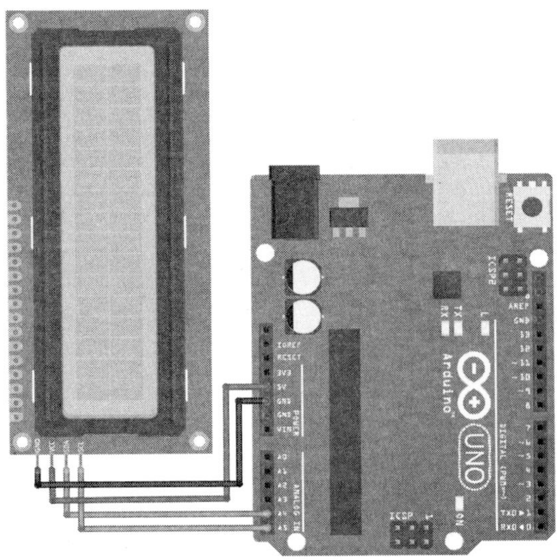

그림 11. I2C 방식 텍스트 LCD 연결 회로

I2C 방식의 텍스트 LCD를 제어하기 위해서는 Wire 라이브러리를 사용할 수도 있지만 데이터 송수신 절차가 복잡하므로 이 장에서는 전용의 라이브러리를 사용한다. 먼저 라이브러리를 다운받아[24] 스케치북 디렉터리에 설치한다.

I2C 방식의 텍스트 LCD 사용 방법은 간단하다. 먼저 I2C 방식 텍스트 LCD 라이브러리의 헤더 파일 'LiquidCrystal_I2C.h'를 포함시킨다. I2C 방식 텍스트 LCD 라이브러리는 아두이노의 Wire 라이브러리를 바탕으로 하고 있으므로 'Wire.h' 파일 역시 포함시켜야 하지만 LiquidCrystal_I2C.cpp 파일에서 이미 포함시키고 있으므로 생략할 수 있다.

```
#include <LiquidCrystal_I2C.h>
```

헤더 파일이 포함된 후에는 객체를 생성한다. 객체를 생성할 때에는 장치의 I2C 주소와 화면의 크기를 지정한다. 이 책에서 사용한 그림 9의 I2C 통신 모듈에는 I2C 주소로 0x27이 지정되어 있으며[25] 텍스트 LCD는 16×2 크기를 가지고 있다.

```
// (I2C 주소, 칸 수(X), 줄 수(Y))
LiquidCrystal_I2C lcd(0x27, 16, 2);
```

객체의 초기화는 begin 함수를 통해 이루어지며, 초기화 이후에는 출력 위치 지정을 위한 setCursor 함수와 문자열 출력을 위한 print 함수를 통해 원하는

24 https://github.com/fdebrabander/Arduino-LiquidCrystal-I2C-library

25 I2C 통신을 위한 변환 모듈의 종류에 따라 다른 I2C 주소를 사용하는 경우도 있으며 0x3F 역시 흔히 사용되는 주소 중 하나다. 이들 주소로 텍스트 LCD가 정상적으로 동작하지 않는 경우에는 해당 제품의 I2C 주소를 제품 구입처에 문의하여야 한다.

위치에 문자를 출력할 수 있다. 함수의 이름에서 눈치 챘겠지만 I2C 방식의 제어에서 사용하는 함수의 이름은 LiquidCrystal 라이브러리에서 사용하는 함수 이름과 비슷하다. 스케치 2는 I2C 방식의 텍스트 LCD에 문자를 출력하는 스케치의 예다.

스케치 3. I2C 방식 텍스트 LCD 테스트

```
#include <LiquidCrystal_I2C.h>

// (I2C 주소, 칸 수(X), 줄 수(Y))
LiquidCrystal_I2C lcd(0x27, 16, 2);

vooid setup() {
  lcd.begin();                                          // LCD 초기화

  lcd.backlight();                                      // 백라이트 켜기[26]

  lcd.print("1st line");
  lcd.setCursor(1, 1);
  lcd.print("2nd line");
}

void loop() {
}
```

그림 12. 스케치 2 실행 결과

26 일부 I2C 방식 텍스트 LCD는 backlight 함수가 아닌 점퍼로 백라이트를 켜고 끄도록 만들어진 경우도 있으므로 사용하는 텍스트 LCD에 따라서는 backlight 함수가 필요하지 않을 수 있다.

텍스트 LCD의 경우 ASCII 문자만을 표시할 수 있지만 ASCII 코드에 포함되어 있지 않은 사용자 정의 문자를 8개까지 정의하고 표시할 수 있다. 사용자 정의 문자는 0~7번까지의 번호로 관리된다. 하나의 사용자 정의 문자를 정의하기 위해서는 행 단위로 8바이트의 데이터가 사용된다. 하지만 텍스트 LCD에서 사용하는 폰트의 크기는 5×8이므로 한 행을 나타내는 바이트 데이터에서 하위 5비트만 사용된다.

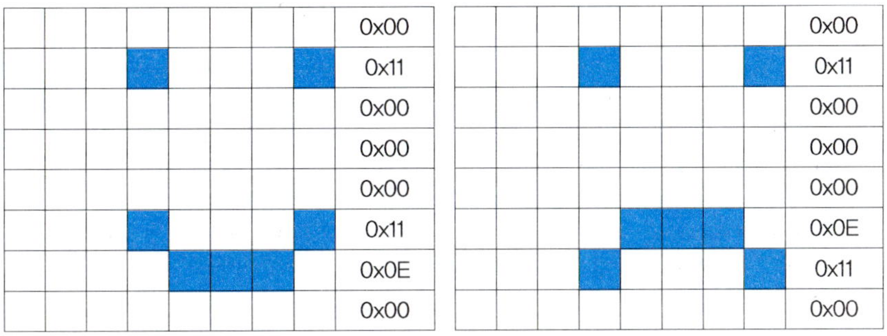

그림 13. 사용자 정의 문자 데이터

사용자 문자 정의를 위해서는 createChar 함수를 사용하며, 사용자 정의 문자 번호와 문자 데이터를 매개변수로 가진다. 사용자 정의 문자를 출력하기 위해서는 write 함수에서 사용자 정의 문자 번호를 지정하면 된다.

```
void createChar(uint8_t location, uint8_t charmap[])
  - 매개변수
    location : 사용자 정의 문자 번호 (0 ≤ location ≤ 7)
    charmap : 사용자 정의 문자 데이터
  - 반환값 : 없음
```

스케치 3은 그림 13의 스마일 문자를 정의하고 이를 출력하는 코드의 예다.

스케치 4. 사용자 정의 문자 정의 및 출력

```
#include <LiquidCrystal_I2C.h>

LiquidCrystal_I2C lcd(0x27, 16, 2);           // (I2C 주소, 칸 수(X), 줄 수(Y))

uint8_t smile1[8] = { 0x00, 0x11, 0x00, 0x00, 0x00, 0x11, 0x0E, 0x00 };
uint8_t smile2[8] = { 0x00, 0x11, 0x00, 0x00, 0x00, 0x0E, 0x11, 0x00 };

void setup() {
  lcd.begin();                                // LCD 초기화 (SDA, SCL)

  lcd.backlight();                            // 백라이트 켜기

  lcd.createChar(0, smile1);                  // 사용자 정의 문자 정의
  lcd.createChar(1, smile2);

  lcd.home();                                 // 커서를 (0, 0)으로 옮김
  lcd.write(0);                               // 사용자 정의 문자 출력
  lcd.write(1);
}

void loop() {
}
```

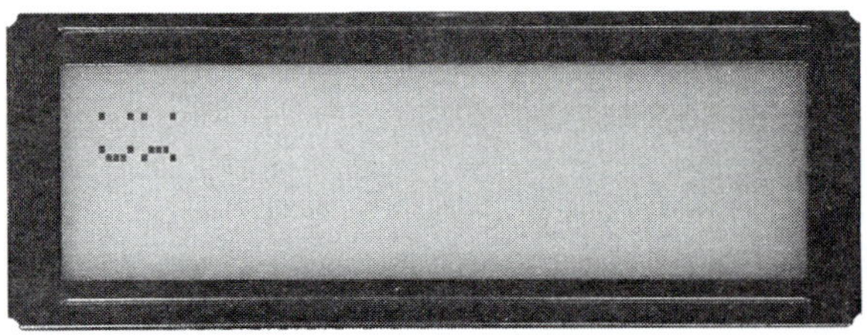

그림 14. 스케치 3 실행 결과

4. 맺는말

LCD는 정보 표시장치로 널리 사용되고 있으며 텍스트 LCD, 그래픽 LCD, TFT LCD 등 그 종류도 다양하다. 다양한 LCD 중 제어가 간단하여 흔히 사용되는 LCD 중 하나가 텍스트 LCD다. 텍스트 LCD는 고정된 위치에 문자 단위의 정보를 출력하는 장치로 16글자 2줄, 총 32글자를 표시할 수 있는 텍스트 LCD를 흔히 볼 수 있다. 특히 텍스트 LCD의 경우 제어를 위한 라이브러리인 LiquidCrystal 라이브러리가 아두이노의 기본 라이브러리 중 하나로 포함되어 있어 간단하게 사용할 수 있다.

텍스트 LCD가 간편하게 문자 데이터를 출력할 수 있기는 하지만 텍스트 LCD 연결을 위해서는 많은 연결선이 필요한 단점이 있다. 이를 해결하기 위한 방법 중 하나가 시리얼 통신을 사용하는 방법으로 I2C 통신의 경우 전원을 제외하면 2개의 연결선만이 필요하므로 간단히 연결할 수 있다. I2C 방식의 텍스트 LCD 제어를 위한 라이브러리 역시 공개되어 있으며 LiquidCrystal 라이브러리와 사용 방법이 유사하므로 쉽게 사용할 수 있다. 이외에도 UART 통신을 사용하는 텍스트 LCD, I2C 통신을 사용하는 TFT LCD 등 다양한 LCD가 판매되고 있으므로 필요에 따라 선택하여 사용하면 된다.

PART

III

아듀카 –
아두이노로
제어하는 자동차

Chapter 14

아듀카 만들기

이 장에서는 지금까지 살펴본 무선 자동차 부품들을 이용하여 아듀카를 만들어 본다. 특히 이 장에서는 이후 모든 장에서 공통으로 사용되는 모터의 구성 방법과 텍스트 LCD를 이용한 메시지 출력 방법에 대해 알아본다.

1. 아듀카 (ArduCar : Arduino Controlled Car)

RC카는 Radio Controled Car의 약자로 무선 조종이 가능한 자동차를 말한다. 시중에는 완제품뿐만 아니라 조립이 가능한 키트도 여러 종류 판매되고 있으며 차체 역시 3D 프린터로 출력할 수 있는 등 다양한 형태와 다양한 기능을 구현해 볼 수 있다. 아두이노를 사용하여 만들 수 있는 무선 자동차에도 형태와 기능에 따라 다양한 종류가 있다.

(a) 4바퀴 자동차 (b) 2바퀴 자동차 (c) 탱크

그림 1. 아두이노를 이용한 무선 자동차 형태

이 책에서는 아두이노를 사용하여 만들 수 있는 자동차 중에서 4개의 DC 모터를 사용하는 4바퀴 아듀카(ArduCar)를 만들어본다. 4개의 DC 모터를 사용한 이유는 다양한 주변 장치를 추가할 수 있는 충분한 공간을 확보하기 위해서다. 온라인 또는 오프라인에서 저렴한 가격에 쉽게 구할 수 있는 부품을 사용하여 아듀카를 만들 수 있도록 하기 위한 것도 4바퀴 무선 자동차를 선택한 이유 중 하나다. 아듀카는 그림 2와 같은 형태를 가지고 있으며 필요에 따라 다양한 주변장치를 추가할 수 있다.

그림 2. 장애물 회피 아듀카

이 장에서는 먼저 아듀카의 뼈대를 만들어 테스트할 것이며 여기에는 모터와 텍스트 LCD가 포함된다. 이 장에서 만들어진 아듀카에는 무선 조정을 위해 블루투스나 적외선 수신기를 추가할 수 있고, 라인트레이서를 만들기 위해 라인트레이서 모듈을 추가할 수 있으며, 장애물을 피해 움직이는 자동차를 만들기 위해서 초음파 거리 센서를 추가할 수 있는 등 다양한 방법으로 응용이 가능하다. 아듀카를 사용하여 만들 수 있는 다양한 자동차에 대해서는 이후 장에서 하나씩 알아본다.

2. 모터 연결

아듀카는 그림 2에서 볼 수 있듯이 2단으로 구성된다. 먼저 자동차 샤시에 모터를 연결해 보자. 모터를 연결하기 위해서는 모터 고정을 위한 지지대를 먼저 연결해야 한다. 샤시의 밑판에 모터 지지대를 연결하자.

그림 3. 모터 지지대 연결

지지대를 연결한 후 4개의 모터를 지지대에 연결한다.

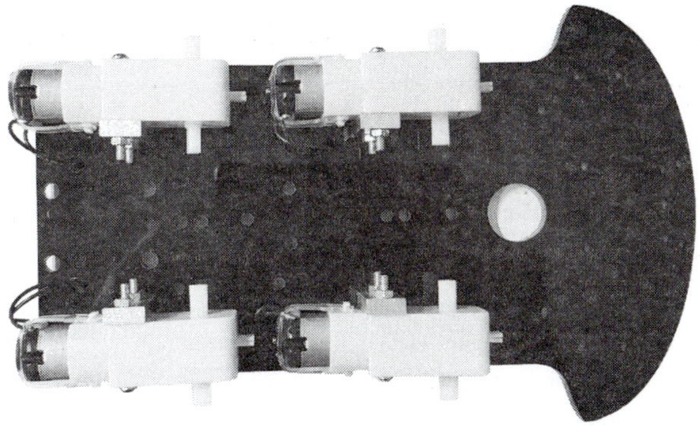

그림 4. 모터 연결

아듀카는 4개의 모터를 사용하지만 이 책에서 사용하는 모터 쉴드는 2개의 모터만을 제어할 수 있으므로 4개의 모터를 2개씩 묶어서 제어해야 한다. 4개의 모터는 왼쪽 2개와 오른쪽 2개로 묶는다. 그 이유는 왼쪽 2개의 모터와 오른쪽 2개의 모터는 항상 동일한 방향으로 회전하기 때문이다. 아듀카의 동작은 전진, 후진, 우회전, 좌회전의 4가지로 나눌 수 있으며 각 동작에서 모터의 회전은 표 1과 같다.

표 1. 아듀카의 동작[27]

동작	왼쪽 모터	오른쪽 모터
전진	정회전	정회전
후진	역회전	역회전
우회전	정회전	역회전
좌회전	역회전	정회전

27 '정회전'은 아듀카가 전진하는 방향으로 모터가 회전하는 것을 말한다. 다만 '정회전'과 '역회전'은 모터 단위의 회전을, '전진'과 '후진'은 아듀카의 동작을 나타내는 것으로 구별하여 표시하였다.

각각의 모터에 배터리를 연결하여 동일한 방향으로 회전하도록 하는 모터 연결선을 확인한 후 왼쪽 모터와 오른쪽 모터를 2개씩 묶어 모터 제어 모듈에 연결한다. 표 2는 모터 연결선을 모터 제어 모듈에 연결하는 방법을 나타낸 것으로 아듀카가 전진하도록 배터리를 연결하였을 때 배터리의 (+)와 연결되는 모터 연결선을 (+)로 표시하였다.

표 2. 모터 연결선과 모터 제어 모듈 연결

모터	모터 제어 모듈
왼쪽 모터 (+)	OUT1
왼쪽 모터 (–)	OUT2
오른쪽 모터 (+)	OUT3
오른쪽 모터 (–)	OUT4

표 2에서 OUT1과 OUT2를 바꾸어 연결하거나 OUT3과 OUT4를 바꾸어 연결한 경우라면 스케치에서 조정이 가능하다. 하지만 왼쪽이나 오른쪽 모터 2개가 동일한 방향으로 회전하도록 연결되어 있지 않다면 분해하고 다시 조립해야 하므로 모터의 회전 방향을 반드시 확인한 후 모터 제어 모듈에 연결해야 한다.

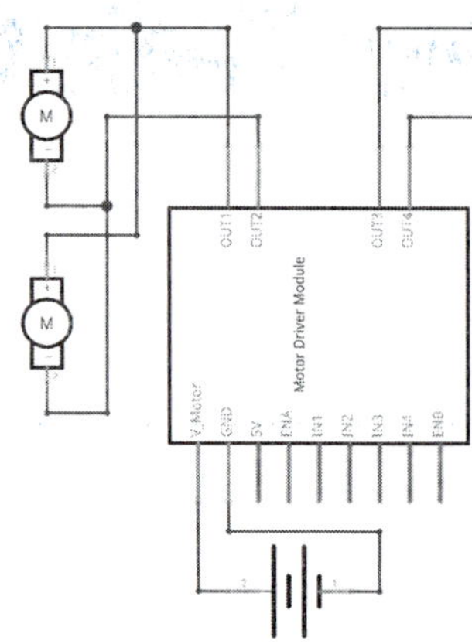

그림 5. 모터 제어 모듈과 모터 연결 회로도

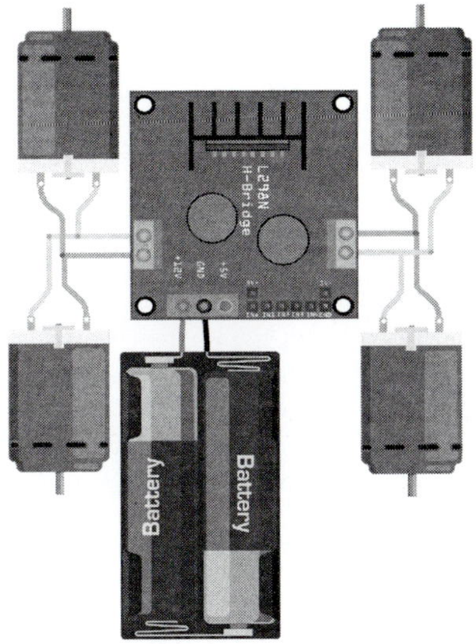

그림 6. 모터 제어 모듈과 모터 연결 회로

아듀카는 18650 충전지 2개를 사용한다. AA 건전지를 사용할 수도 있지만 모터가 2개인 경우에는 AA 건전지 4개, 모터가 4개인 경우에는 AA 건전지 8개를 사용해야 안정적인 동작이 가능하였으므로 많은 전력을 공급할 수 있는 18650 충전지를 사용하였다.[28]

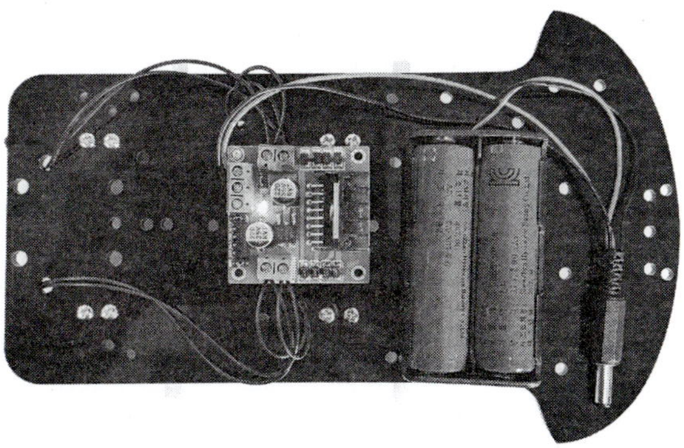

그림 7. 모터 제어 모듈과 모터 연결

28 모터 개수에 따라 필요로 하는 AA 건전지의 개수는 사용하는 모터 제어 모듈에 따라 달라질 수 있으며 위의 설명은 이 책에서 사용한 모터 제어 모듈을 기준으로 한 것이다.

밑판과 위판을 연결하고 아두이노 우노를 위판에 고정시킨다.

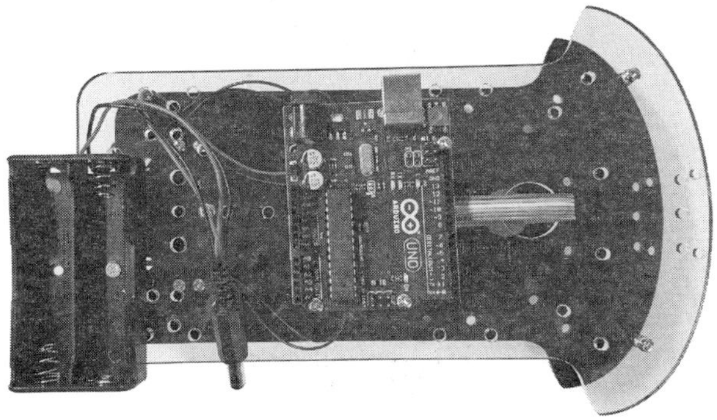

그림 8. 위판과 밑판 연결

아두이노 우노와 모터 제어 모듈을 연결한다. 모터의 회전 속도 조절이 가능하도록 모터 제어 모듈의 ENA와 ENB는 PWM 출력이 가능한 디지털 5번과 6번 핀에 연결하였다. 회전 방향 조절을 위한 INn(n = 1, ... , 4)핀은 PWM 출력이 필요하지 않으므로 디지털 10~13번 핀에 연결하였다.

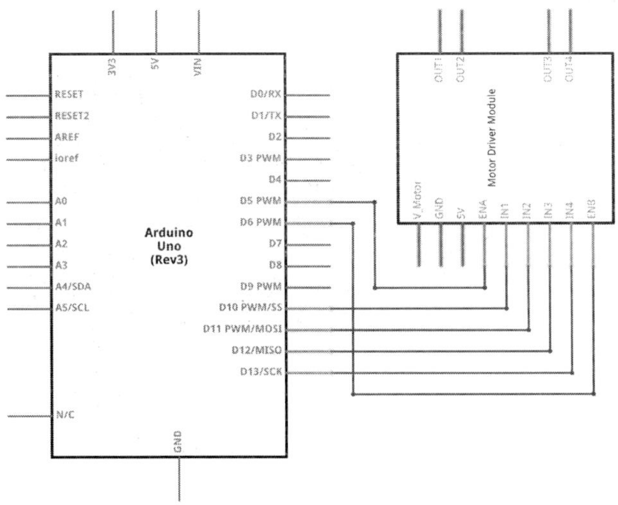

그림 9. 아두이노 우노와 모터 제어 모듈 연결 회로도

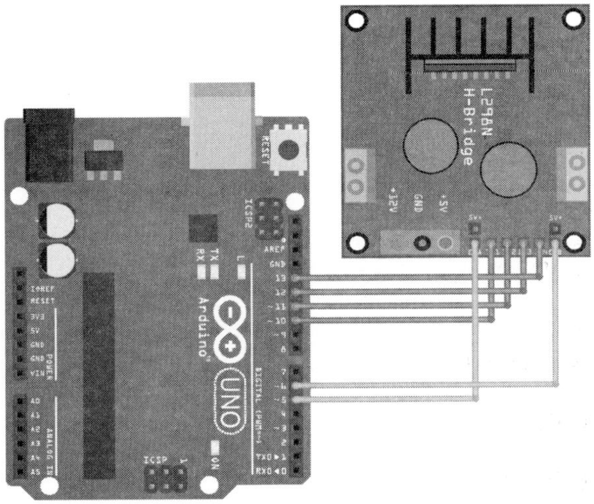

그림 10. 아두이노 우노와 모터 제어 모듈 연결 회로

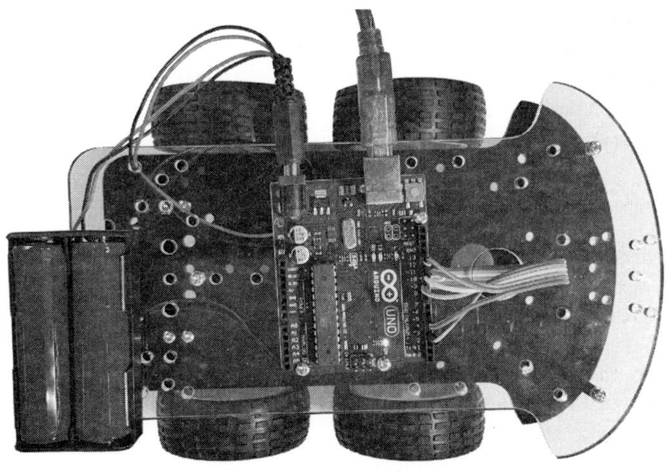

그림 11. 아두이노 우노와 모터 제어 모듈 연결

스케치 1은 시리얼 모니터로 전진(F), 후진(B), 우회전(R), 좌회전(L), 정지(S)에 해당하는 명령을 입력 받고 이에 따라 모터를 구동시키는 스케치의 예다.

스케치 1. 모터 테스트

```
const int SPEED = 100;                          // 모터 회전 속도

int IN1 = 10, IN2 = 11;                         // 왼쪽 모터 회전 방향
int IN3 = 12, IN4 = 13;                         // 오른쪽 모터 회전 방향
int ENA = 5, ENB = 6;                           // 모터 활성화

void setup() {
  Serial.begin(9600);

  pinMode(IN1, OUTPUT);
  pinMode(IN2, OUTPUT);
  pinMode(IN3, OUTPUT);
  pinMode(IN4, OUTPUT);
  pinMode(ENA, OUTPUT);
  pinMode(ENB, OUTPUT);
}

void loop() {
  byte command;
  if(Serial.available()){                       // 명령 수신
    command = Serial.read();
    motorControl(command);
  }
}

void motorControl(byte command) {
  if(command == 'F') {                          // Forward
    analogWrite(ENA, SPEED);
    analogWrite(ENB, SPEED);
    digitalWrite(IN1, LOW);
    digitalWrite(IN2, HIGH);
    digitalWrite(IN3, LOW);
    digitalWrite(IN4, HIGH);
    Serial.println("Forward...");
  }
  if(command == 'B') {                          // Backward
    analogWrite(ENA, SPEED);
    analogWrite(ENB, SPEED);
    digitalWrite(IN1, HIGH);
    digitalWrite(IN2, LOW);
    digitalWrite(IN3, HIGH);
```

```
    digitalWrite(IN4, LOW);
    Serial.println("Backward...");
  }
  if(command == 'L') {                          // Left turn
    analogWrite(ENA, SPEED);
    analogWrite(ENB, SPEED);
    digitalWrite(IN1, HIGH);
    digitalWrite(IN2, LOW);
    digitalWrite(IN3, LOW);
    digitalWrite(IN4, HIGH);
    Serial.println("Left turn...");
  }
  if(command == 'R') {                          // Right turn
    analogWrite(ENA, SPEED);
    analogWrite(ENB, SPEED);
    digitalWrite(IN1, LOW);
    digitalWrite(IN2, HIGH);
    digitalWrite(IN3, HIGH);
    digitalWrite(IN4, LOW);
    Serial.println("Right turn...");
  }
  if(command == 'S') {                          // Stop
    analogWrite(ENA, 0);
    analogWrite(ENB, 0);
    digitalWrite(IN1, LOW);
    digitalWrite(IN2, LOW);
    digitalWrite(IN3, LOW);
    digitalWrite(IN4, LOW);
    Serial.println("Stop...");
  }
}
```

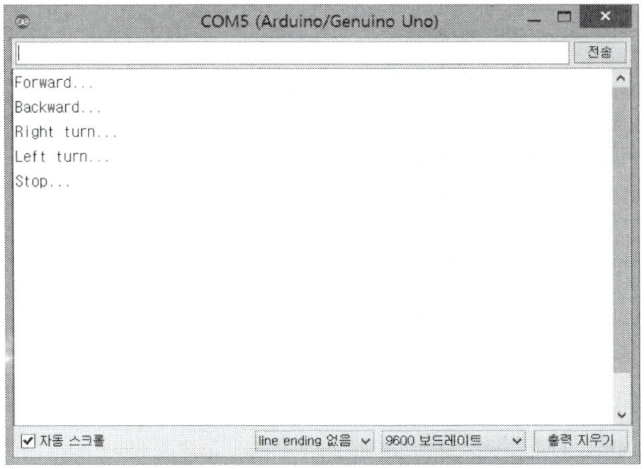

그림 12. 스케치 1 실행 결과

스케치 1에서는 모터의 속도 조절을 위해 SPEED 상수를 정의하여 사용하였으며 최대 속도로 동작시키기 위해서는 SPPED 변수의 값을 255로 설정하면 된다. 그림 11은 스케치 1을 테스트할 수 있는 아듀카의 상태를 나타낸다. 한 가지 주의할 점은 모터를 위한 배터리 전원이 아두이노에도 연결되어 있다는 점이다. 배터리는 모터 구동을 위해서도 사용되지만 아두이노의 전원 공급을 위해서도 사용된다. 스케치를 업로드 하기 위해 아두이노를 USB로 컴퓨터와 연결한 경우 아두이노는 USB를 통해 공급받는 전원으로 동작시킬 수 있다. 하지만 배터리 전원과 USB 전원의 GND는 연결시켜 주어야 하므로 배터리 전원을 반드시 아두이노에 연결시켜야 한다. 이처럼 배터리 전원이 아두이노에 연결되어 있으면 USB 연결을 제거하여도 아두이노는 동작한다.

3. 텍스트 LCD 연결

스케치 1에서는 아듀카의 동작 상태를 시리얼 모니터를 통해 출력하였다.

하지만 스케치가 업로드 된 후에 아듀카는 컴퓨터에 연결하지 않은 상태에서 사용하므로 메시지를 확인할 수 있는 방법이 필요하다. 간단한 메시지 출력이 필요하다면 텍스트 LCD를 사용할 수 있으며 I2C 방식의 텍스트 LCD는 연결선 수가 적으므로 쉽게 연결하여 사용할 수 있다. I2C 방식의 텍스트 LCD를 아두이노에 연결해 보자. 텍스트 LCD는 아날로그 4번(SDA)과 5번(SCL) 핀으로 연결한다.

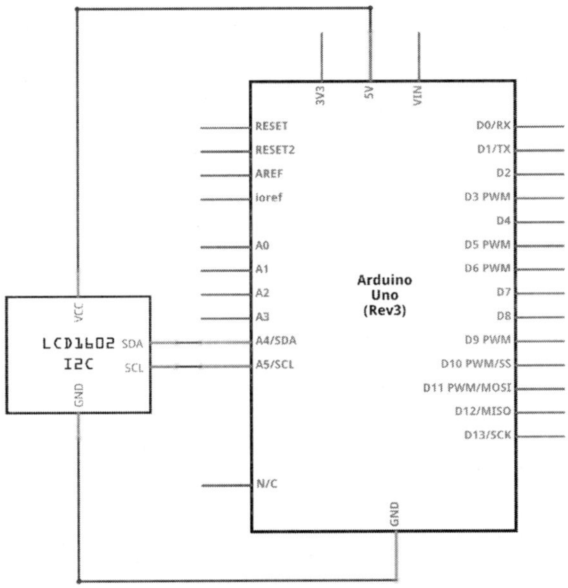

그림 13. I2C 방식 텍스트 LCD 연결 회로도

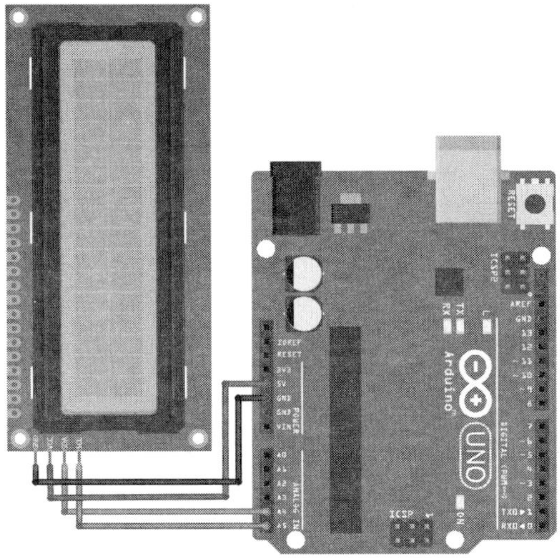

그림 14. I2C 방식 텍스트 LCD 연결 회로

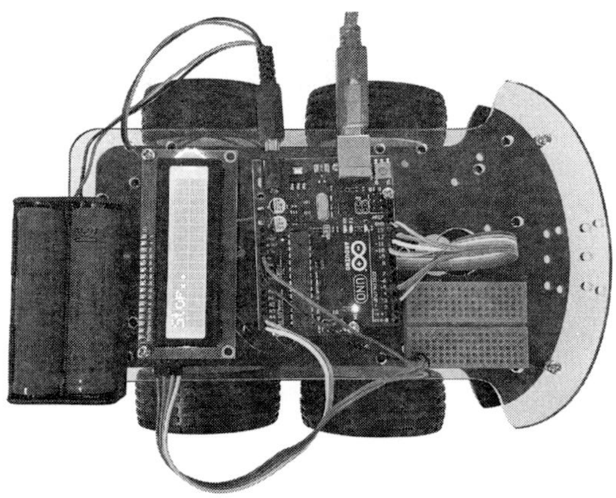

그림 15. I2C 방식 텍스트 LCD 연결

아듀카의 동작 상태를 텍스트 LCD로 출력하도록 스케치 1을 수정한 것이 스케치 2다. 또한 스케치 2에서는 스케치 1의 motorControl 함수를 보다 쉽게 이해할 수 있도록 여러 개의 함수로 나누어서 작성하였다.

스케치 2. 텍스트 LCD 테스트

```
#include <LiquidCrystal_I2C.h>

const int SPEED = 100;                          // 모터 회전 속도

int IN1 = 10, IN2 = 11;                         // 왼쪽 모터 회전 방향
int IN3 = 12, IN4 = 13;                         // 오른쪽 모터 회전 방향
int ENA = 5, ENB = 6;                           // 모터 활성화

LiquidCrystal_I2C lcd(0x27, 16, 2);             // I2C 방식 텍스트 LCD 객체 생성

void setup() {
  Serial.begin(9600);

  pinMode(IN1, OUTPUT);
  pinMode(IN2, OUTPUT);
  pinMode(IN3, OUTPUT);
  pinMode(IN4, OUTPUT);
  pinMode(ENA, OUTPUT);
  pinMode(ENB, OUTPUT);

  lcd.begin();                                  // LCD 초기화
  lcd.print("Ready to start...");
  Stop();                                       // 모터 정지 상태
}

void loop() {
  byte command;
  if(Serial.available()){                       // 명령 수신
    command = Serial.read();
    motorControl(command);
  }
}

void motorControl(byte command) {
  if(command == 'F')                  Forward();
  else if(command == 'B')             Backward();
  else if(command == 'L')             LeftTurn();
  else if(command == 'R')             RightTurn();
  else if(command == 'S')             Stop();
}
```

```
void Forward() {
  analogWrite(ENA, SPEED);
  analogWrite(ENB, SPEED);
  digitalWrite(IN1, LOW);
  digitalWrite(IN2, HIGH);
  digitalWrite(IN3, LOW);
  digitalWrite(IN4, HIGH);

  lcd.clear();
  lcd.print("Forward...");
}

void Backward() {
  analogWrite(ENA, SPEED);
  analogWrite(ENB, SPEED);
  digitalWrite(IN1, HIGH);
  digitalWrite(IN2, LOW);
  digitalWrite(IN3, HIGH);
  digitalWrite(IN4, LOW);

  lcd.clear();
  lcd.print("Backward...");
}

void LeftTurn() {
  analogWrite(ENA, SPEED);
  analogWrite(ENB, SPEED);
  digitalWrite(IN1, HIGH);
  digitalWrite(IN2, LOW);
  digitalWrite(IN3, LOW);
  digitalWrite(IN4, HIGH);

  lcd.clear();
  lcd.print("Left turn...");
}

void RightTurn() {
  analogWrite(ENA, SPEED);
  analogWrite(ENB, SPEED);
  digitalWrite(IN1, LOW);
  digitalWrite(IN2, HIGH);
  digitalWrite(IN3, HIGH);
```

```
    digitalWrite(IN4, LOW);

    lcd.clear();
    lcd.print("Right turn...");
  }

  void Stop() {
    analogWrite(ENA, 0);
    analogWrite(ENB, 0);
    digitalWrite(IN1, LOW);
    digitalWrite(IN2, LOW);
    digitalWrite(IN3, LOW);
    digitalWrite(IN4, LOW);

    lcd.clear();
    lcd.print("Stop...");
  }
```

스케치 2를 업로드 하고 시리얼 모니터로 입력하는 명령에 따라 모터가 회전하고 텍스트 LCD에 상태가 출력되는지 확인해 보자.

4. 아듀카 라이브러리

스케치 2를 통해 아듀카를 시리얼 모니터로 제어할 수 있다. 스케치 2에서 명령에 따라 아듀카를 제어하는 방법을 결정하는 부분은 loop와 motorControl 함수이며 이후 장에서 데이터 입력 방식이 바뀌면 다시 작성해야 하는 함수들이다. 반면 Froward, Backward, LeftTurn, RightTurn, Stop 등의 모터 제어 함수와 텍스트 LCD를 제어하는 부분은 데이터 입력 방식이 바뀌더라도 바뀌지 않는 부분이다. 즉, 모터와 텍스트 LCD를 제어하는 부분은 동일한 코드를 매번 다시 입력해야 한다. 복사해서 붙여넣기를 한다면 다시 입력하는 수

고는 덜 수 있겠지만 스케치의 길이가 길어지는 것은 피할 수 없다. 매번 동일한 코드를 입력하지 않으면서 스케치의 길이가 짧아지도록 하는 방법은 없을까? 라이브러리를 사용한다면 가능하다. 앞에서 적외선 통신이나 I2C 방식의 텍스트 LCD를 제어하기 위해 라이브러리를 설치하고 사용하는 방법을 살펴보았다. 이처럼 아듀카를 위한 라이브러리를 만들어서 사용한다면 보다 직관적이고 쉽게 아듀카를 제어할 수 있다. 라이브러리는 C++의 클래스 형태로 만들어지는 것이 일반적이므로 아듀카 제어를 위한 'ArduCar' 클래스를 구현해 보자. 먼저 스케치북 디렉터리 아래 libraries 디렉터리에 'ArduCar-library' 디렉터리를 만들고 그 아래에 'ArduCar.h' 파일과 'ArduCar.cpp' 파일을 만든다. ArduCar.h 파일에는 ArduCar 클래스 정의가 포함되며 ArduCar.cpp 파일에는 멤버 함수의 정의가 포함된다.

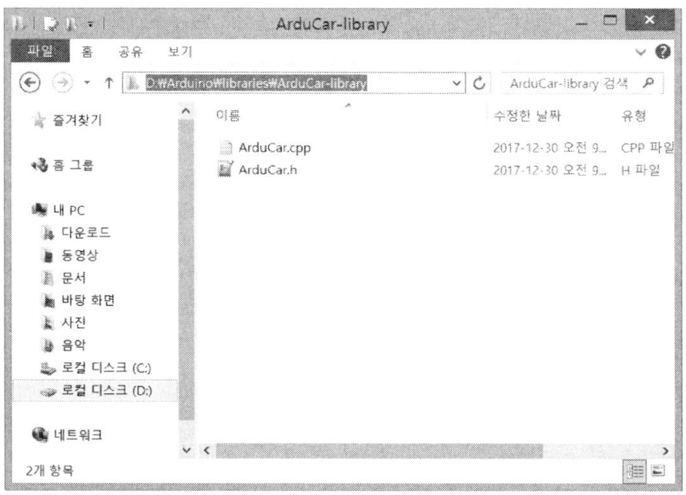

그림 16. ArduCar 라이브러리 디렉터리

ArduCar.h

```
#ifndef _ARDU_CAR_
#define _ARDU_CAR_                                 // 헤더 중복 포함 방지

#include <Arduino.h>
#include <LiquidCrystal_I2C.h>

// 텍스트 LCD로 출력할 메시지
#define MESSAGE_FORWARD    "Forward..."
#define MESSAGE_BACKWARD   "Backward..."
#define MESSAGE_LEFT_TURN  "Left turn..."
#define MESSAGE_RIGHT_TURN "Right turn..."
#define MESSAGE_STOP       "Stop..."
#define MESSAGE_INITIAL    "Ready to start..."

class ArduCar {                                    // 아듀카 클래스
  private:
    int IN1, IN2, IN3, IN4, ENA, ENB;              // 모터 제어 모듈 연결 핀
    int SPEED;                                     // 모터 속도
    LiquidCrystal_I2C *pLCD;                       // 텍스트 LCD

  public:
    ArduCar(){ };                                  // 디폴트 생성자
    ArduCar(int _IN1, int _IN2, int _IN3, int _IN4, int _ENA, int _ENB,
        int _SPEED = 100);
    ~ArduCar();                                    // 파괴자

    void begin(void);                              // 아듀카 라이브러리 초기화
    // 처리 대상 명령 여부 반환
    boolean validCommand(byte command);
    // 텍스트 LCD로 메시지 출력
    void displayMessage(char *message, int row = 0, int col = 0,
        boolean clearBeforeDisplay = true);
    void setSpeed(int _SPEED);                     // 모터 속도 설정

    // 모터 제어 함수
    // 메시지 내용, 메시지 출력 여부, 메시지 출력 위치, 출력 전 화면 지우기 등 제어
    void Forward(char *message = NULL, boolean showMessage = true,
        int row = 0, int col = 0, boolean clearBeforeDisplay = true);
    void Backward(char *message = NULL, boolean showMessage = true,
        int row = 0, int col = 0, boolean clearBeforeDisplay = true);
```

```
    void LeftTurn(char *message = NULL, boolean showMessage = true,
        int row = 0, int col = 0, boolean clearBeforeDisplay = true);
    void RightTurn(char *message = NULL, boolean showMessage = true,
        int row = 0, int col = 0, boolean clearBeforeDisplay = true);
    void Stop(char *message = NULL, boolean showMessage = true,
        int row = 0, int col = 0, boolean clearBeforeDisplay = true);
};

#endif
```

ArduCar.cpp

```
#include "ArduCar.h"

ArduCar::ArduCar(int _IN1, int _IN2, int _IN3, int _IN4,
                 int _ENA, int _ENB, int _SPEED){
  IN1 = _IN1;
  IN2 = _IN2;
  IN3 = _IN3;
  IN4 = _IN4;
  ENA = _ENA;
  ENB = _ENB;

  SPEED = _SPEED;

  // 텍스트 LCD 객체 생성
  pLCD = new LiquidCrystal_I2C(0x27, 16, 2);
}

ArduCar::~ArduCar(){
  if(pLCD){
    delete pLCD;                          // 텍스트 LCD 객체 제거
  }
}

void ArduCar::begin(void){
  pinMode(IN1, OUTPUT);
  pinMode(IN2, OUTPUT);
  pinMode(IN3, OUTPUT);
```

```
  pinMode(IN4, OUTPUT);
  pinMode(ENA, OUTPUT);
  pinMode(ENB, OUTPUT);

  pLCD->begin();                                    // 텍스트 LCD 초기화

  Stop(MESSAGE_INITIAL);                            // 모터 정지
}

boolean ArduCar::validCommand(byte command){
  byte definedCommand[] = { 'S', 'F', 'B', 'R', 'L' };

  // 처리 대상 명령인 경우 true를 반환
  for(int i = 0; i < sizeof(definedCommand) / sizeof(byte); i++){
    if(definedCommand[i] == command){
      return true;
    }
  }

  return false;
}

void ArduCar::displayMessage(char *message, int row, int col,
               boolean clearBeforeDisplay){
  if(clearBeforeDisplay){
    pLCD->clear();                                  // 메시지 출력 전 화면 지움
  }
  pLCD->setCursor(col, row);                        // 메시지 출력 위치로 이동
  pLCD->print(message);                             // 메시지 출력
}

void ArduCar::setSpeed(int _SPEED){
  SPEED = _SPEED;                                   // 모터 속도 설정
}

void ArduCar::Forward(char *message, boolean showMessage,
               int row, int col, boolean clearBeforeDisplay){
  analogWrite(ENA, SPEED);
  analogWrite(ENB, SPEED);
  digitalWrite(IN1, LOW);
  digitalWrite(IN2, HIGH);
  digitalWrite(IN3, LOW);
```

```
  digitalWrite(IN4, HIGH);

  if(showMessage){
    if(message){                          // 사용자 정의 메시지
      displayMessage(message, row, col, clearBeforeDisplay);
    }
    else{                                 // 디폴트 메시지
      displayMessage(MESSAGE_FORWARD, row, col, clearBeforeDisplay);
    }
  }
}

void ArduCar::Backward(char *message, boolean showMessage,
              int row, int col, boolean clearBeforeDisplay){
  analogWrite(ENA, SPEED);
  analogWrite(ENB, SPEED);
  digitalWrite(IN1, HIGH);
  digitalWrite(IN2, LOW);
  digitalWrite(IN3, HIGH);
  digitalWrite(IN4, LOW);

  if(showMessage){
    if(message){                          // 사용자 정의 메시지
      displayMessage(message, row, col, clearBeforeDisplay);
    }
    else{                                 // 디폴트 메시지
      displayMessage(MESSAGE_BACKWARD, row, col, clearBeforeDisplay);
    }
  }
}

void ArduCar::LeftTurn(char *message, boolean showMessage,
              int row, int col, boolean clearBeforeDisplay){
  analogWrite(ENA, SPEED);
  analogWrite(ENB, SPEED);
  digitalWrite(IN1, HIGH);
  digitalWrite(IN2, LOW);
  digitalWrite(IN3, LOW);
  digitalWrite(IN4, HIGH);
```

```
  if(showMessage){
    if(message){                                  // 사용자 정의 메시지
      displayMessage(message, row, col, clearBeforeDisplay);
    }
    else{                                         // 디폴트 메시지
      displayMessage(MESSAGE_LEFT_TURN, row, col,
                     clearBeforeDisplay);
    }
  }
}

void ArduCar::RightTurn(char *message, boolean showMessage,
                  int row, int col, boolean clearBeforeDisplay){
  analogWrite(ENA, SPEED);
  analogWrite(ENB, SPEED);
  digitalWrite(IN1, LOW);
  digitalWrite(IN2, HIGH);
  digitalWrite(IN3, HIGH);
  digitalWrite(IN4, LOW);

  if(showMessage){
    if(message){                                  // 사용자 정의 메시지
      displayMessage(message, row, col, clearBeforeDisplay);
    }
    else{                                         // 디폴트 메시지
      displayMessage(MESSAGE_RIGHT_TURN, row, col,
                     clearBeforeDisplay);
    }
  }
}

void ArduCar::Stop(char *message, boolean showMessage,
                  int row, int col, boolean clearBeforeDisplay){
  analogWrite(ENA, 0);
  analogWrite(ENB, 0);
  digitalWrite(IN1, LOW);
  digitalWrite(IN2, LOW);
  digitalWrite(IN3, LOW);
  digitalWrite(IN4, LOW);
```

```
    if(showMessage){
      if(message){                                // 사용자 정의 메시지
        displayMessage(message, row, col, clearBeforeDisplay);
      }
      else{                                       // 디폴트 메시지
        displayMessage(MESSAGE_STOP, row, col, clearBeforeDisplay);
      }
    }
  }
```

라이브러리 파일의 내용이 스케치 2보다 훨씬 긴 것은 ArduCar 클래스를 정의하는 부분이 추가되고 텍스트 LCD의 제어를 ArduCar 클래스에서 담당하기 때문이다. ArduCar 라이브러리를 사용하여 스케치 2와 동일한 기능을 하도록 작성한 스케치가 스케치 3이다. 스케치 2에 비해 훨씬 간단하지 않은가?

스케치 3. ArduCar 라이브러리 사용

```
#include <ArduCar.h>

// ArduCar 객체 생성 (IN1, IN2, IN3, IN4, ENA, ENB)
ArduCar myCar(10, 11, 12, 13, 5, 6);

void setup() {
  Serial.begin(9600);
  myCar.begin();                                  // ArduCar 라이브러리 초기화
}

void loop() {
  byte command;
  if(Serial.available()){                         // 명령 수신
    command = Serial.read();
    motorControl(command);                        // 모터 제어
  }
}
```

```
void motorControl(byte command) {
  if(command == 'F')              myCar.Forward();
  else if(command == 'B')         myCar.Backward();
  else if(command == 'L')         myCar.LeftTurn();
  else if(command == 'R')         myCar.RightTurn();
  else if(command == 'S')         myCar.Stop();
}
```

스케치 3의 컴파일 과정에서 오류가 발생한다면 ArduCar 라이브러리가 정상적으로 설치되지 않은 경우가 대부분이므로 아두이노 프로그램을 다시 시작한 후 컴파일 해 보자. 이후 장에서는 ArduCar 라이브러리를 사용하여 스케치를 작성하며 다양한 입력 데이터에 의해 아듀카를 제어하는 방법을 보일 것이다.

5. 맺는말

이 장에서는 아듀카의 뼈대가 되는 모터를 구성하고 메시지 출력을 위한 텍스트 LCD를 연결하여 시리얼 모니터로 아듀카를 제어하는 방법을 살펴보았다. 또한 아듀카의 모터를 제어하고 텍스트 LCD로 메시지를 출력하는 부분을 ArduCar 라이브러리로 구현함으로써 이후 장에서 다시 작성해야 하는 코드를 줄이고 아듀카 제어 알고리즘에 집중할 수 있도록 하였다.

아듀카 역시 하나의 시스템으로 입력과 출력이 필요하다. 이 장에서 입력이 컴퓨터의 시리얼 모니터를 통해 이루어진다면 출력은 모터와 텍스트 LCD를 통해 이루어진다. 하지만 아듀카는 컴퓨터와 연결해서 사용하지는 않는다. 따라서 시리얼 모니터를 대신할 입력 장치가 필요하며 블루투스나 적외선 통신을 통해 전달되는 데이터가 흔히 볼 수 있는 예가 될 것이다. 이후 장에서는 다양한 입력 방식을 통해 전달되는 데이터로 동작하는 아듀카를 만들어 볼 것이며 다음 장에서 살펴볼 블루투스로 제어하는 아듀카가 그 첫 번째다.

Chapter 15

블루투스로 제어하는 아듀카

블루투스는 리모컨과 함께 무선으로 다양한 장치를 제어하기 위해 사용되는 대표적인 방법 중 하나로 스마트폰의 보급에 힘입어 그 사용이 증가하고 있다. 이 장에서는 아듀카를 블루투스를 통해 제어하는 방법을 살펴본다.

1. 블루투스 설정

이 장에서는 스마트폰으로 아듀카를 제어하는 방법을 살펴본다. 스마트폰과 아듀카는 블루투스로 연결되며 스마트폰이 마스터, 아듀카가 슬레이브로 동작한다. 아두이노에는 HC-06 블루투스 슬레이브 모듈을 연결한다. 아두이노 우노에서는 디지털 0번과 1번 핀을 통해 UART 시리얼 통신을 수행하며 이를 위한 전용 클래스인 Serial 클래스를 제공하고 있다. 하지만 디지털 0번과 1번 핀은 스케치 업로드에도 사용되므로 충돌을 방지하기 위해 아날로그 0번 핀(A0 핀)과 아날로그 1번 핀(A1 핀)을 SoftwareSerial 클래스를 통해 UART 시리얼 통신을 수행하도록 하였다. SoftwareSerial 클래스는 에뮬레이션을 통해 UART 시리얼 통신을 수행하도록 해주는 클래스로 Serial 클래스에 비해 고속 통신에서 안정성이 떨어지는 것으로 알려져 있지만 이 책에서 사용하는 9,600 보율과 같은 저속에서는 안정적으로 동작한다.

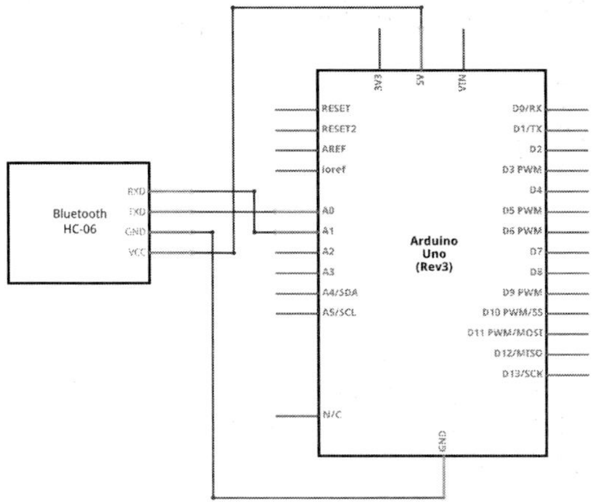

그림 1. 블루투스 모듈 연결 회로도

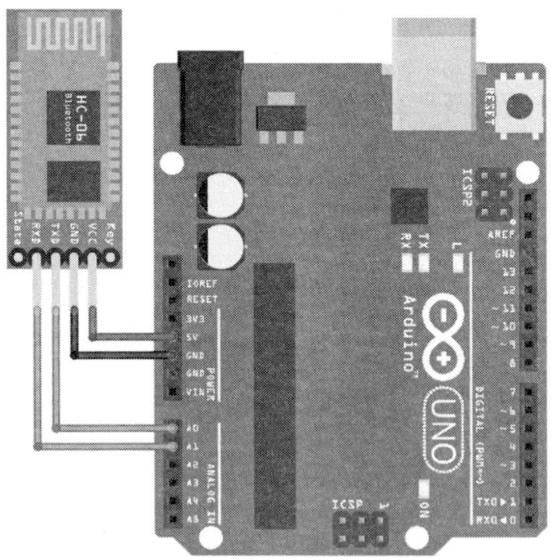

그림 2. 블루투스 모듈 연결 회로

아두이노에 스케치 1을 업로드 하고 표 1의 AT 명령어를 사용하여 HC-06 블루투스 모듈을 설정한다.

표 1. HC-06 블루투스 모듈 설정을 위한 AT 명령어

AT 명령어	반환값	비고
AT	OK	
AT+NAME**RCBlue**	OKsetname	이름 설정
AT+PIN**1234**	OKsetPIN	핀 설정
AT+BAUD**4**	OK9600	통신 속도 설정

스케치 1. 블루투스 테스트

```
#include <SoftwareSerial.h>

// SoftwareSerial(RX, TX) 형식
// 아두이노의 A0 핀을 RX 핀으로 설정 → 블루투스 모듈의 TX로 연결
// 아두이노의 A1 핀을 TX 핀으로 설정 → 블루투스 모듈의 RX로 연결
SoftwareSerial BTSerial(A0, A1);

void setup() {
  Serial.begin(9600);                    // 컴퓨터와의 시리얼 통신 초기화
  BTSerial.begin(9600);                  // 블루투스 모듈 초기화
}

void loop() {
  // 블루투스 모듈 → 아두이노 → 시리얼 모니터
  if (BTSerial.available()) {
    Serial.write(BTSerial.read());
  }

  // 시리얼 모니터 → 아두이노 → 블루투스 모듈
  if (Serial.available()) {
    BTSerial.write(Serial.read());
  }
}
```

아두이노에 연결된 블루투스 모듈의 설정이 끝났으면 스마트폰에 아듀카 제어를 위한 어플리케이션을 설치해 보자. 12. 블루투스 통신 장에서는

'Bluetooth Terminal HC−05'을 사용하였지만 이 장에서는 RC카 제어 전용 어플리케이션인 'Arduino Bluetooth RC Car'[29]를 사용한다. 플레이 스토어에서 어플리케이션을 다운받아 설치한 후 어플리케이션을 실행시켜 보자. 단, 스마트폰에 HC−06 블루투스 모듈이 페어링 된 상태에 있어야 한다.

그림 3. Arduino Bluetooth RC Car 어플리케이션

어플리케이션이 실행되면 현재 연결된 장치가 없으므로 왼쪽 위에 붉은색 원이 깜빡거리는 상태에 있다. 위쪽 중앙에 있는 옵션 버튼( )을 누르고 옵션 메뉴 중 'Connect to car'를 선택한다.

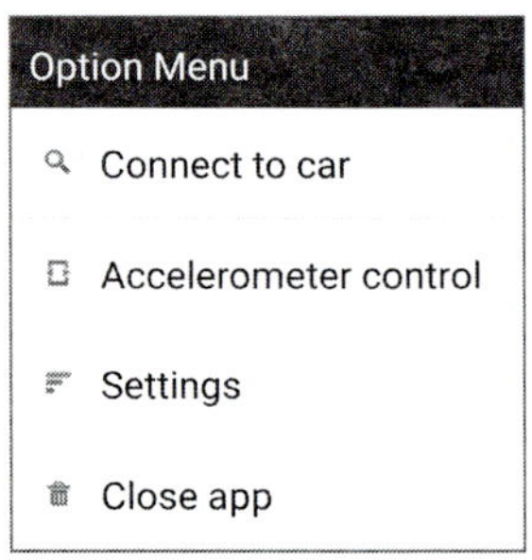

그림 4. 옵션 메뉴

29 https://play.google.com/store/apps/details?id=braulio.calle.bluetoothRCcontroller&hl=ko

스마트폰에 HC-06 모듈이 페어링 된 상태라면 페어링 된 기기 목록에서 'RCBlue'를 확인할 수 있다.

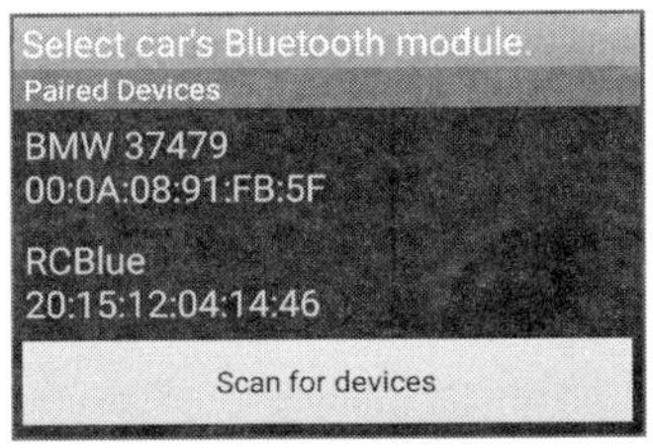

그림 5. 페어링 된 기기 목록

RCBlue를 선택하고 연결이 완료되면 그림 3의 붉은색 원이 녹색으로 바뀐다.

그림 6. 블루투스 연결 완료

연결이 완료되면 어플리케이션은 계속해서 제어 명령을 아듀카로 보낸다. 스케치 1이 업로드 된 상태에서 시리얼 모니터를 열어 보면 'S'가 계속해서 출력되는 것을 확인할 수 있다. 즉, 정지(Stop) 명령을 계속 보내고 있다. 위 아래 화살표나 좌우 화살표를 누르면 시리얼 모니터로 전진(Forward), 후진(Backward), 좌회전(Left turn), 우회전(Right turn)에 해당하는 문자가 출력된다.

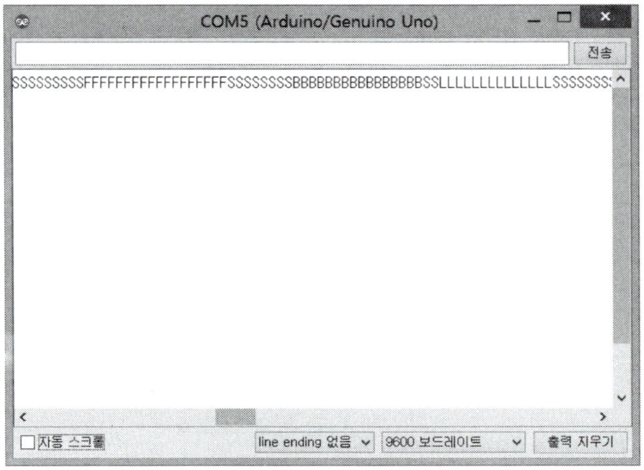

그림 7. 스마트폰에서 전송되는 데이터

이외에도 Arduino Bluetooth RC Car 어플리케이션은 다양한 RC카 제어 명령을 보낼 수 있다. 예를 들어 전조등을 켜거나 끄는 버튼은 'W'를, 후미등을 켜거나 끄는 버튼은 'U'를 전송한다. 하지만 이 책에서는 위의 F, B, L, R, S의 5가지 명령만 사용한다.

2. 블루투스로 제어하는 아듀카

스케치 2는 블루투스를 통해 아듀카를 제어하는 스케치의 예다. 스케치 2는 이전 장에서 UART 시리얼 통신을 통해 아듀카를 제어하는 스케치를 블루투스 통신을 사용하는 스케치로 수정한 것이다. 블루투스 통신을 사용하기 위해 UART 시리얼 통신을 위한 Serial 클래스 대신 SoftwareSerial 클래스를 사용했다는 점을 제외하면 이전 장의 코드와 동일하다. 블루투스의 SPP를 사용하면 간단하게 유선 통신을 무선 통신으로 바꿀 수 있다는 점을 기억하자.

스케치 2. 블루투스 제어 아듀카 I

```
#include <SoftwareSerial.h>
#include <ArduCar.h>

// ArduCar 객체 생성 (IN1, IN2, IN3, IN4, ENA, ENB)
ArduCar myCar(10, 11, 12, 13, 5, 6);

// SoftwareSerial(RX, TX) 형식
// 아두이노의 A0 핀을 RX 핀으로 설정 → 블루투스 모듈의 TX로 연결
// 아두이노의 A1 핀을 TX 핀으로 설정 → 블루투스 모듈의 RX로 연결
SoftwareSerial BTSerial(A0, A1);

void setup( ) {
  BTSerial.begin(9600);                    // 블루투스 모듈 초기화
  myCar.begin( );                          // ArduCar 라이브러리 초기화
}

void loop( ) {
  byte command;
  if(BTSerial.available( )) {              // 명령 수신
    command = BTSerial.read( );
    motorControl(command);                 // 모터 제어
  }
}

void motorControl(byte command) {
  if(command == 'F')          myCar.Forward( );
  else if(command == 'B')     myCar.Backward( );
  else if(command == 'L')     myCar.LeftTurn( );
  else if(command == 'R')     myCar.RightTurn( );
  else if(command == 'S')     myCar.Stop( );
}
```

스마트폰 어플리케이션에서 버튼을 누르면서 아듀카의 움직임을 확인해 보자.

그림 8. 블루투스 제어 아듀카

스케치 2를 업로드 하고 아듀카를 조정하면서 문제점을 발견하지 못했는가? 전진 버튼을 누르고 있어도 아듀카가 정확하게 앞으로 나가지 않고 한 쪽으로 비스듬히 나갈지도 모른다. 이는 왼쪽과 오른쪽 모터의 회전 속도가 정확하게 동일하지 않기 때문에 발생하는 문제로 이 책에서 사용한 모터 대부분에서 발견되는 문제다. 이 문제는 좀 더 정밀한 DC 모터나 다른 종류의 모터로 교체하지 않고는 해결할 수 없다.

텍스트 LCD의 글씨가 깜빡거리는 점을 눈치 챘는가? 이는 그림 7에서 볼 수 있듯이 화살표 버튼을 누르고 있거나 아무런 버튼을 누르지 않는 경우에도 일정한 시간 간격으로 동일한 명령이 계속해서 전송되기 때문에 발생한다. 명령이 수신되면 명령 처리 루틴에서는 계속해서 텍스트 LCD의 내용을 지우고 쓰기를 반복하므로 텍스트 LCD의 글씨가 깜빡거린다. 이를 해결하기 위해서는 이전에 아듀카에서 수신한 명령을 저장하고, 현재 수신된 명령을 이전 명령과 비교한 후, 새로운 명령이 수신된 경우에만 모터의 동작과 텍스트 LCD의 출력 내용을 변경하는 방법을 사용할 수 있다. 스케치 3은 이전과 동일한 명령이 수신된 경우 모터 동작과 텍스트 LCD의 내용을 변경하지 않도록 스케치 2를 수정한 예다.

스케치 3. 블루투스 제어 아듀카 II

```
#include <SoftwareSerial.h>
#include <ArduCar.h>

// ArduCar 객체 생성 (IN1, IN2, IN3, IN4, ENA, ENB)
ArduCar myCar(10, 11, 12, 13, 5, 6);

// SoftwareSerial(RX, TX) 형식
// 아두이노의 A0 핀을 RX 핀으로 설정 → 블루투스 모듈의 TX로 연결
// 아두이노의 A1 핀을 TX 핀으로 설정 → 블루투스 모듈의 RX로 연결
SoftwareSerial BTSerial(A0, A1);

byte command_previous;                          // 이전에 수신된 명령

void setup() {
  BTSerial.begin(9600);                         // 블루투스 모듈 초기화
  myCar.begin();                                // ArduCar 라이브러리 초기화

  command_previous = 'S';                       // 정지 상태에서 시작
}

void loop() {
  byte command;
  if (BTSerial.available()) {                   // 명령 수신
    command = BTSerial.read();
    motorControl(command);                      // 모터 제어
  }
}

void motorControl(byte command) {
  if (myCar.validCommand(command)){            // 아듀카에서 처리 가능한 명령인 경우
    if(command != command_previous){           // 이전 명령과 다른 명령이 수신된 경우
      command_previous = command;

      if (command == 'F')          myCar.Forward();
      else if (command == 'B')     myCar.Backward();
      else if (command == 'L')     myCar.LeftTurn();
      else if (command == 'R')     myCar.RightTurn();
      else                         myCar.Stop();
    }
  }
  else {     // 처리할 수 없는 명령을 수신한 경우 정지 상태로 변경
    command_previous = 'S';
    myCar.Stop();
  }
}
```

스케치 3을 업로드 하고 텍스트 LCD의 내용이 깜빡거리지 않는지 확인해 보자.

3. 맺는말

이 장에서는 아듀카를 블루투스를 통해 제어하는 방법을 살펴보았다. 스마트폰의 보급에 힘입어 블루투스는 다양한 기기와의 무선 통신 방식으로 각광을 받고 있으며 무선 자동차, 드론 등을 블루투스로 제어하는 경우를 쉽게 찾아볼 수 있다. 이 장에서는 아듀카를 제어하기 위해 공개된 스마트폰 어플리케이션을 사용하였으며 이전 장에서 UART 시리얼 통신을 사용하는 코드를 일부 수정하여 사용하였다. 특히 ArduCar 라이브러리를 사용함으로써 그리 길지 않은 스케치로 아듀카를 제어할 수 있었다. UART 시리얼 통신을 사용하는 스케치를 블루투스 통신을 사용하는 스케치로 간단하게 수정할 수 있는 것처럼, 리모컨을 사용하는 스케치로의 수정 역시 어렵지 않다. 다음 장에서는 리모컨을 사용하여 아듀카를 제어하는 방법을 살펴본다.

Chapter 16

리모컨으로 제어하는 아듀카

적외선 통신을 사용하는 리모컨은 가전제품 제어를 위해 흔히 사용된다. 리모컨은 송신기와 수신기가 마주보고 있어야 하는 단점은 있지만 저렴한 가격으로 간단하게 무선 제어가 가능한 장점으로 널리 사용되고 있다. 이 장에서는 리모컨을 사용하여 아듀카를 제어하는 방법을 살펴본다.

1. 적외선 수신 모듈

이 장에서는 리모컨으로 아듀카를 제어하는 방법을 살펴본다. 리모컨은 주변에서 흔히 볼 수 있는 리모컨을 사용하여도 상관없다. 하지만 이 책에서 사용하는 리모컨은 NEC 프로토콜을 사용하는 것으로 가정하였으며 일부 리모컨의 경우 다른 프로토콜을 사용하기도 하므로 테스트 과정에서 리모컨 버튼을 눌렀을 때 데이터가 정확하게 수신되지 않는다면 다른 리모컨을 사용해야 한다. 그림 1은 아듀카 제어를 위해 사용하는 리모컨 버튼을 나타낸다.

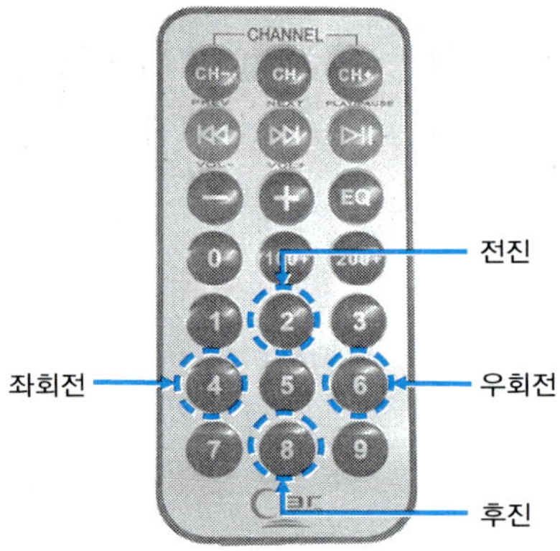

그림 1. 아두카 제어를 위한 리모컨 버튼

아두이노에는 적외선 수신 모듈을 연결한다. 그림 2는 PL-IRM0101 적외선 수신기를 사용하여 만들어진 적외선 수신 모듈로 3개의 핀은 VCC(R), GND(G), OUT(Y)에 해당한다. 적외선 수신 모듈에는 데이터가 수신되는 것을 알려주는 LED가 포함되어 있으므로 리모컨으로부터 데이터 수신 과정을 확인할 수 있다.

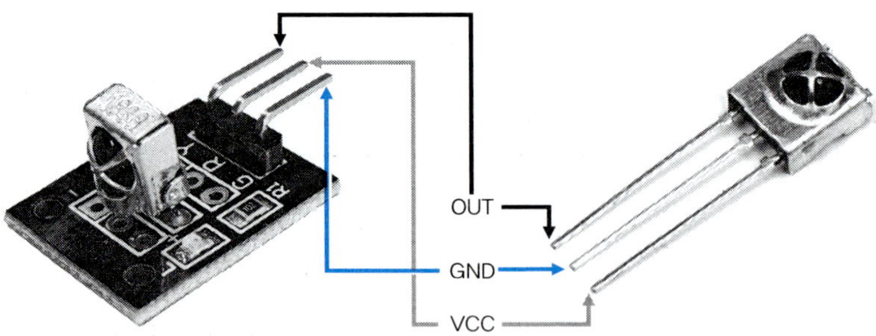

그림 2. 적외선 수신 모듈

적외선 수신 모듈을 그림 3과 같이 아두이노에 연결하자.

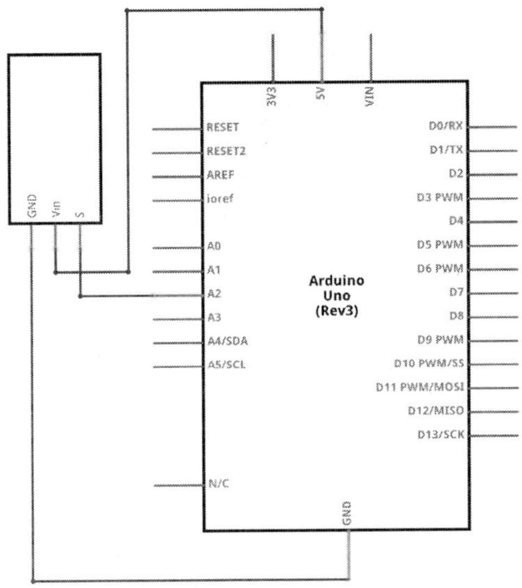

그림 3. 적외선 수신기 연결 회로도

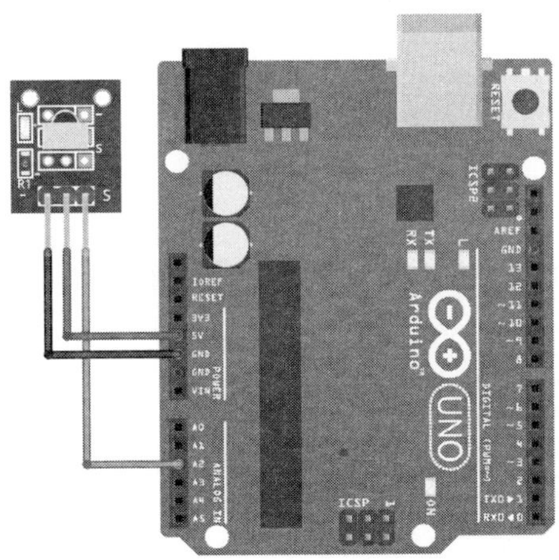

그림 4. 적외선 수신기 연결 회로

스케치 1은 적외선 수신 모듈에 수신되는 4바이트 데이터를 시리얼 모니터로 출력하는 스케치의 예다. 스케치 1을 아두이노에 업로드 하고 아듀카 제어에 사용할 리모컨 버튼의 데이터를 확인해 보자.

스케치 1. 리모컨 테스트

```
#include <IRremote.h>

int RECV_PIN = A2;                          // 적외선 수신기의 DATA 핀 연결

IRrecv irrecv(RECV_PIN);                    // 적외선 수신기 초기화
decode_results results;                     // 수신 데이터

void setup() {
  Serial.begin(9600);                       // 시리얼 통신 초기화
  irrecv.enableIRIn();                      // 적외선 수신기 시작
}

void loop() {
  if(irrecv.decode(&results)) {             // 디코딩 결과
    Serial.print("Received data : 0x");
    Serial.println(results.value, HEX);     // 수신 데이터 출력

    irrecv.resume();                        // 다음 데이터 수신
  }

  delay(100);
}
```

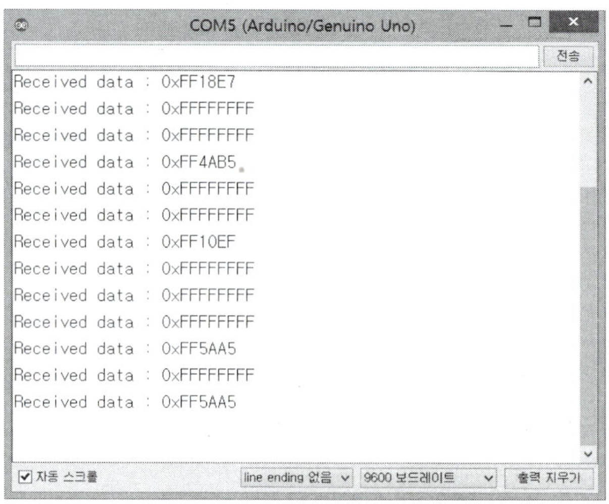

그림 5. 스케치 1 실행 결과

표 1은 각 리모컨 버튼을 눌렀을 때 전달되는 데이터를 나타낸 것이다. 모든 데이터가 '0x00FF'로 시작하므로 눌려진 버튼을 확인하기 위해서는 하위 2바이트의 데이터만 사용해도 무방하다.

표 1. 리모컨 데이터[30]

버튼	동작	값
2	전진	0x00FF18E7
8	후진	0x00FF4AB5
4	좌회전	0x00FF10EF
6	우회전	0x00FF5AA5
5	(정지)	0x00FF38C7

2. 리모컨으로 제어하는 아듀카

리모컨으로 아듀카를 제어할 때에는 한 가지 주의할 점이 있다. 블루투스로 아듀카를 제어할 때 화살표 키를 누르고 있으면 동일한 명령이 계속 전달된다. 예를 들어 전진 방향 화살표를 누르고 있으면 'F'가 계속 전달된다. 하지만 리모컨의 경우에는 동일한 버튼을 계속 누르고 있으면 첫 번째 값만 표 1의 값이 전달되고 이후에는 0xFFFFFFFF 값이 전달된다. 따라서 0xFFFFFFFF 값이 수신된 경우에는 저장되어 있는 이전 수신 명령으로 바꾸어 주어야 한다. 스케치 2는 블루투스로 아듀카를 제어하는 스케치에서 4바이트의 리모컨 데이터를 수신하고 1바이트의 명령으로 변환하는 부분을 추가하여 리모컨으로 아듀카를 제어하는 스케치의 예다.

30 리모컨의 숫자 버튼이 눌러진 경우 전달되는 데이터는 리모컨에 따라 다를 수 있다.

스케치 2. 리모컨 제어 아듀카 I

```
#include <IRremote.h>
#include <ArduCar.h>

// ArduCar 객체 생성 (IN1, IN2, IN3, IN4, ENA, ENB)
ArduCar myCar(10, 11, 12, 13, 5, 6);

int RECV_PIN = A2;                        // 적외선 수신기의 DATA 핀 연결

IRrecv irrecv(RECV_PIN);                  // 적외선 수신기 초기화
decode_results results;                   // 수신 데이터

byte command_previous;                    // 이전에 수신된 명령

void setup() {
   myCar.begin();                         // ArduCar 라이브러리 초기화
   irrecv.enableIRIn();                   // 적외선 수신기 시작

   command_previous = 'S';                // 정지 상태에서 시작
}

void loop() {
   int received_data;
   byte command;

   if(irrecv.decode(&results)) {          // 디코딩 결과
     received_data = results.value & 0xFFFF;

     // 4바이트 수신 데이터를 1바이트 명령어로 변환
     command = findIRKey(received_data);

     irrecv.resume();                     // 다음 데이터 수신
   }
   else{
     command = 'S';                       // 데이터가 수신되지 않은 경우 정지
   }
   motorControl(command);                 // 모터 제어

   delay(100);
}

byte findIRKey(int received_data){
```

```
    if(received_data == 0x18E7)      return 'F';        // Forward
    else if(received_data == 0x4AB5)return 'B';        // Backward
    else if(received_data == 0x10EF)return 'L';        // Left turn
    else if(received_data == 0x5AA5)return 'R';        // Right turn
    // 반복 데이터가 수신된 경우 이전 명령 반환
    else if(received_data == 0xFFFF)return command_previous;
    // 기타 데이터가수신된 경우 정지
    else                                return 'S';
}

void motorControl(byte command) {
    if(command != command_previous){  // 이전 명령과 다른 명령이 수신된 경우
        command_previous = command;

        if (command == 'F')           myCar.Forward();
        else if (command == 'B')      myCar.Backward();
        else if (command == 'L')      myCar.LeftTurn();
        else if (command == 'R')      myCar.RightTurn();
        else                          myCar.Stop();
    }
}
```

리모컨 버튼을 누르면서 아듀카의 움직임을 확인해 보자.

그림 6. 리모컨 제어 아듀카

스케치 2를 업로드 하고 아듀카를 제어할 때 리모컨 전진 버튼을 계속 누르고 있는데도 아듀카가 정지하는 경우가 발생하지 않는가? 이러한 현상은 잘못된 리모컨 데이터가 수신되어 발생한다.

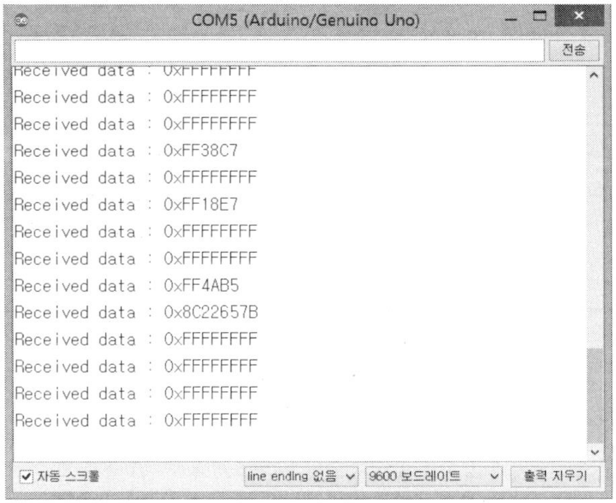

그림 7. 잘못된 리모컨 데이터 수신

잘못된 리모컨 데이터가 수신되는 이유는 두 가지가 있다. 하나는 리모컨의 적외선 송신 장치가 적외선 수신 장치와 마주보고 있지 않아 데이터가 정상적으로 수신되지 않는 경우다. 데이터가 수신되지 않으면 아듀카는 정지하고 버튼을 뗐다 다시 눌러야 한다. 다른 하나는 IRremote 라이브러리가 데이터의 시작을 정확하게 찾아내지 못해 발생한다. 스케치 2의 loop 함수에서 delay 함수는 안정적인 데이터 수신을 위해 사용되었으며 지연 시간을 더 길게 하면 잘못된 데이터를 수신할 확률은 줄어든다. 하지만 지연 시간이 길어지면 버튼을 뗐을 때 아듀카가 즉시 정지하지 않고 지연 시간 만큼 더 움직이는 문제가 있다.

이처럼 아듀카를 제어하는 경우 적외선 통신은 블루투스 통신에 비해 안정성이 떨어진다. 그 이유 중 하나는 블루투스 통신에 사용된 HC-06 블루투스 모듈에 블루투스 통신을 전담하는 하드웨어가 포함되어 있기 때문이다. 블루투스 모듈에 포함되어 있는 전용 하드웨어는 변조된 데이터를 수신하고 처리하는 작업을 담당하므로 아두이노는 처리가 끝난 데이터로 명령을 실행하기만 하면 된다. 반면 적외선 통신을 위해서는 아두이노가 변조된 데이터를 처리하는 일까지 담당해야 하며 IRremote 라이브러리가 이를 위해 사용된다. 전용 하드웨어를 사용하는 블루투스 통신과 다른 작업까지도 함께 수행하는 범용 하드웨어를 사용하는 적외선 통신 중 어느 것이 안정성이 높은 지는 더 설명할 필요가 없다. 하지만 이는 아듀카를 제어하는 경우에만 해당하는 것이지 일반적으로 그렇지는 않다는 점도 기억해야 한다. 가정에서 여러 종류의 리모컨을 사용하고 있지만 오동작하거나 반응이 느린 경우를 찾기란 쉽지 않다.

스케치 2를 업로드 하고 아듀카를 앞으로 나가도록 하기 위해서는 버튼을 계속 누르고 있어야 한다. 스케치 2를 바탕으로 버튼을 한 번 누르면 아듀카가 계속해서 움직이도록 수정한 예가 스케치 3이다. 스케치 2의 경우 누르고 있는 버튼을 떼면 아듀카가 정지하지만 스케치 3은 리모컨의 숫자 버튼 '5'를 눌러야 아듀카가 정지하도록 하였다. 스케치 2에서 loop 함수 내의 delay 함수는 스케치 2보다 긴 지연 시간을 주어 안정적인 데이터 수신이 가능하도록 하였다. 하지만 버튼 '5'를 눌러 아듀카를 정지시켜야 하므로 미세한 좌우 회전이 어렵고, 송신기와 수신기가 마주보지 않아 데이터가 수신되지 않는다면 필요할 때 정지시키지 못해 충돌할 수 있는 등 제어가 쉽지 않으므로 주의해야 한다.

스케치 3. 리모컨 제어 아듀카 II

```
#include <IRremote.h>
#include <ArduCar.h>

// ArduCar 객체 생성 (IN1, IN2, IN3, IN4, ENA, ENB)
ArduCar myCar(10, 11, 12, 13, 5, 6);

int RECV_PIN = A2;                              // 적외선 수신기의 DATA 핀 연결

IRrecv irrecv(RECV_PIN);                        // 적외선 수신기 초기화
decode_results results;                         // 수신 데이터

void setup( ) {
  myCar.begin( );                               // ArduCar 라이브러리 초기화
  irrecv.enableIRIn( );                         // 적외선 수신기 시작
}

void loop( ) {
  int received_data;
  byte command;

  if(irrecv.decode(&results)) {                 // 디코딩 결과
    received_data = results.value & 0xFFFF;

    // 4바이트 수신 데이터를 1바이트 명령어로 변환
    command = findIRKey(received_data);

    irrecv.resume( );                           // 다음 데이터 수신
  }
  else{
    command = 0;                                // 이전 움직임 계속
  }
  motorControl(command);                        // 모터 제어

  delay(200);                                   // 적외선 데이터 수신 안정화
}

byte findIRKey(int received_data){
  if(received_data == 0x18E7)      return 'F';      // Forward
  else if(received_data == 0x4AB5)return 'B';       // Backward
  else if(received_data == 0x10EF)return 'L';       // Left turn
  else if(received_data == 0x5AA5)return 'R';       // Right turn
```

```
    else if(received_data == 0x38C7)return 'S';         // Stop
    else                          return 0;               // 이전 움직임 계속
}

void motorControl(byte command) {
    if (command == 'F')               myCar.Forward( );
    else if (command == 'B')          myCar.Backward( );
    else if (command == 'L')          myCar.LeftTurn( );
    else if (command == 'R')          myCar.RightTurn( );
    else if (command == 'S')          myCar.Stop( );
}
```

스케치 3을 업로드 하고 아듀카를 제어해 보자.

3. 맺는말

이 장에서는 아듀카를 리모컨을 사용하여 제어하는 방법을 살펴보았다. 리모컨은 저렴한 가격에 간단하게 무선 제어 장치를 만들 수 있도록 해주지만 안정성 측면에서는 블루투스에 비해 떨어지는 것이 사실이다. 버튼을 누르고 있는 동안만 움직이도록 하는 경우(스케치 2)에는 잘못된 데이터 수신으로 아듀카가 정지하는 경우가 발생하며, 버튼을 움직임을 바꾸는 용도로만 사용하는 경우(스케치 3)에는 제어가 쉽지 않다. 리모컨으로 제어하는 경우 가장 안정적인 동작은 스케치 2에서 지연 시간을 더 길게 설정함으로써 가능하였지만, 이보다 더 안정적인 제어를 원한다면 블루투스 통신을 사용하기를 추천한다. 다음 장에서는 스스로 움직이는 아듀카의 하나인 라인트레이서를 만드는 방법을 살펴본다.

Chapter 17

라인 트레이싱 아듀카

라인트레이서는 경로를 따라 스스로 움직이는 로봇을 말한다. 라인트레이서를 만들기 위해서는 경로를 따라 움직이고 있는지의 여부를 알려줄 수 있는 장치가 필요하며 라인트레이서 모듈이 이를 위해 사용된다. 이 장에서는 흰색 바탕에 검정색으로 표시된 경로를 따라 움직이는 라인트레이서를 만드는 방법을 살펴본다.

1. 라인트레이서 모듈

라인트레이서는 특별한 표시를 인식하고 인식한 표시를 따라 움직이는 로봇의 일종으로 바닥에 그려진 경로를 따라 움직이는 자동차가 대표적인 예다. 바닥에 그려진 경로를 인식하기 위해서는 적외선을 사용하여 색을 구별할 수 있는 라인트레이서 모듈이 흔히 사용된다. 라인트레이서 모듈은 반사형 광학 센서를 사용하여 만들어지며 여기에 경로 검출 여부를 디지털 데이터로 출력할 수 있도록 몇 가지 부품이 추가되어 있다. 아두이노의 digitalRead 함수를 사용하면 라인트레이서 모듈이 검정색을 감지한 경우 1을, 흰색을 감지한 경우 0을 얻을 수 있으므로 흰색 바탕에 검정색으로 그려진 경로 또는 검정색 바탕에 흰색으로 그려진 경로를 찾아낼 수 있다. 이 책에서는 흰색 바탕에 검정색으로 그려진 경로를 따라 움직이는 것으로 가정한다. 하지만 라인트레이서 모듈을 한 개만 사용하는 경우에는 자동차가 경로의 왼쪽이나 오른쪽으로 벗어난 경우를 구별할 수 없는 문제점이 있다.

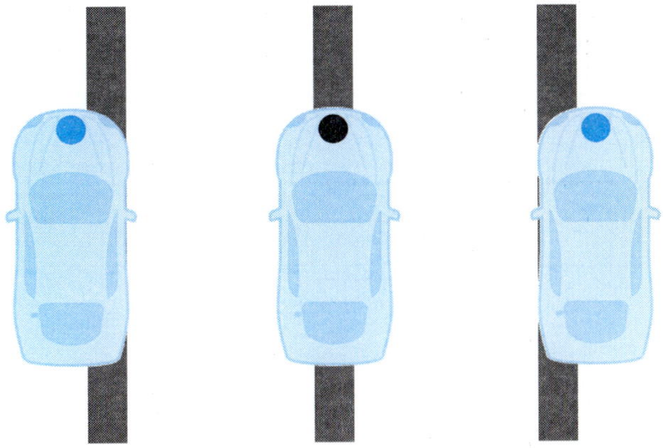

(a) '0' (b) '1' (c) '0'

그림 1. 라인트레이서 모듈을 1개 사용한 경우

따라서 이 책에서는 3개의 라인트레이서 모듈을 사용하고 경로의 폭을 넓게 하여 자동차가 경로의 왼쪽이나 오른쪽으로 벗어난 경우를 구별할 수 있도록 하였다.

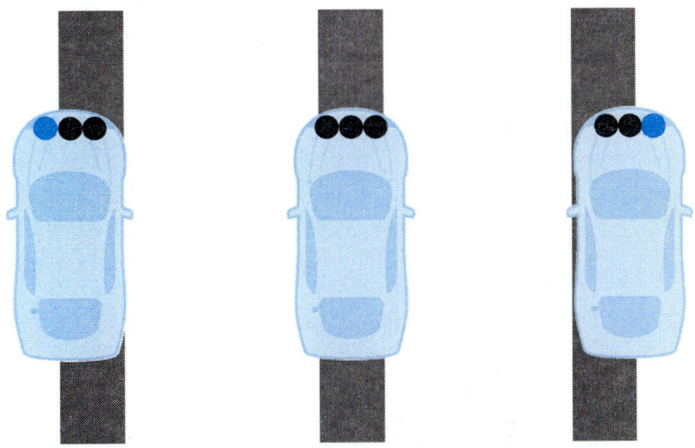

(a) '011' (b) '111' (c) '110'

그림 2. 라인트레이서 모듈을 3개 사용한 경우

아두이노 우노의 디지털 2, 3, 4번 핀에 라인트레이서 모듈을 연결하자.

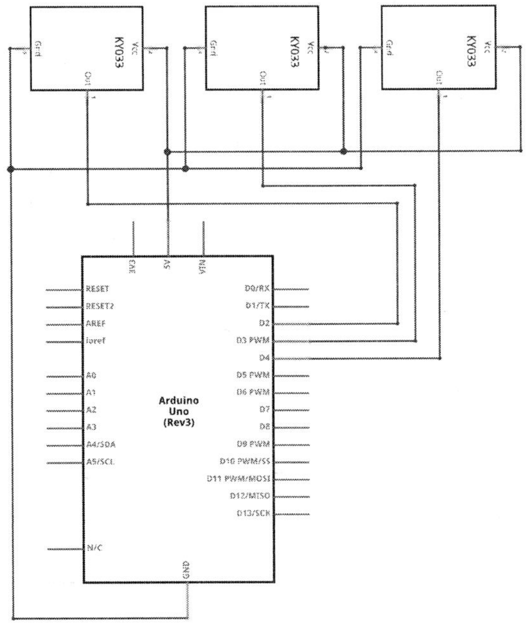

그림 3. 라인트레이서 모듈 연결 회로도

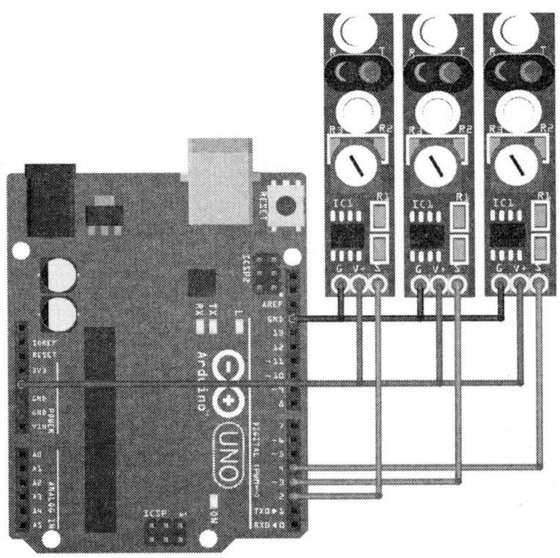

그림 4. 라인트레이서 모듈 연결 회로

그림 5. 라인트레이서 모듈 연결

스케치 1은 라인트레이서 모듈의 상태를 읽어서 시리얼 모니터로 출력하는 스케치의 예다. 라인트레이서 모듈이 흰색과 검정색을 구별하지 못한다면 라인트레이서 모듈의 가변저항을 조정하여 흰색과 검정색의 임계치를 조절하면 된다.

스케치 1. 라인트레이서 모듈 테스트

```
int lineModulePin[] = { 2, 3, 4 };          // (왼쪽, 가운데, 오른쪽)

void setup() {
  Serial.begin(9600);

  for(int i = 0; i < 3; i++){               // 라인트레이서 모듈 연결 핀 설정
    pinMode(lineModulePin[i], INPUT);
  }
}

void loop() {
  for(int i = 0; i < 3; i++){
    // 검정색은 1, 흰색은 0을 출력. 거리가 너무 먼 경우에도 0 출력
    Serial.print(digitalRead(lineModulePin[i]));
  }
  Serial.println();

  delay(1000);
}
```

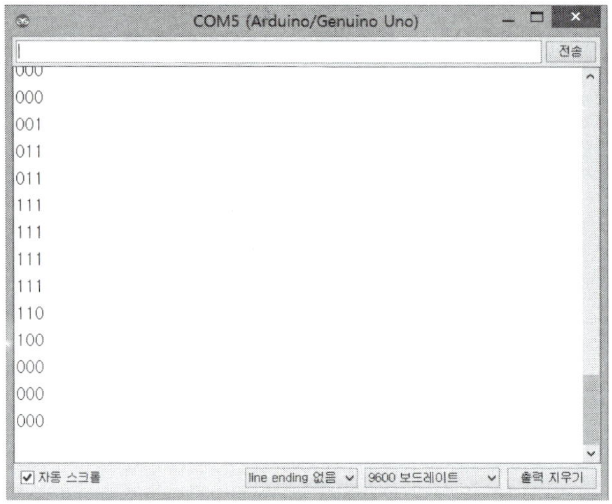

그림 6. 스케치 1 실행 결과

2. 라인트레이서

라인트레이서 제어는 간단하다. 라인트레이서가 경로를 벗어나는 경우 경로 상으로 이동하도록 라인트레이서를 회전시키면 된다. 그림 2에서는 라인트레이서가 경로 상에 놓이는 3가지 경우만을 제시하였지만 이 책에서는 라인트레이서가 경로를 더 많이 벗어나는 경우까지 고려하여 표 1과 같이 5가지 경우에 대해 라인트레이서의 동작을 설정하였다.

라인 트레이서 위치	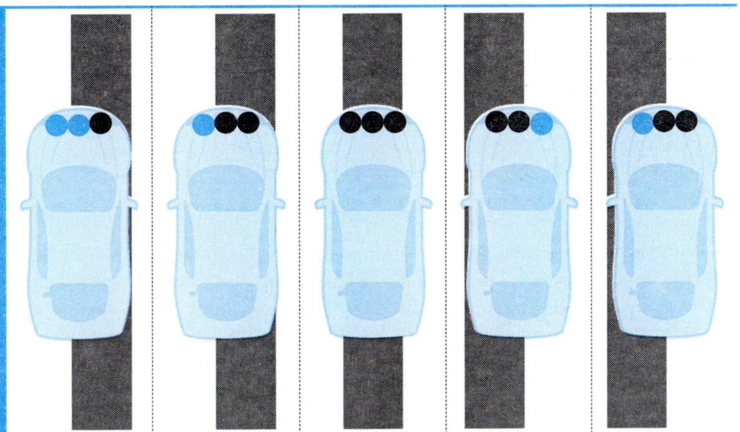				
센서 입력	001	011	111	110	100
라인트레이서 제어	우회전	우회전	직진	좌회전	좌회전

표 1. 라인트레이서 제어

스케치 2는 라인트레이서를 제어하는 스케치의 예다.

스케치 2. 라인트레이서 제어 I

```
#include <ArduCar.h>

#define DELAY_TURN 100                          // 회전 시간
#define DELAY_FORWARD 100                       // 직진 시간

// ArduCar 객체 생성 (IN1, IN2, IN3, IN4, ENA, ENB)
ArduCar myCar(10, 11, 12, 13, 5, 6);

int lineModulePin[] = { 2, 3, 4 };              // (왼쪽, 가운데, 오른쪽)

void setup() {
  myCar.begin();                                // 아두카 객체 초기화
  for(int i = 0; i < 3; i++){                   // 라인트레이서 모듈 연결 핀 설정
    pinMode(lineModulePin[i], INPUT);
  }
}
```

```
void loop() {
  // 라인트레이서 모듈 데이터 읽기
  int data = readSensor();

  // 센서 데이터에 따른 라인트레이서 제어
  lineTracerControl(data);

  // 회전 할 때의 지연 시간
  if(data == 001 || data == 011 || data == 110 || data == 100){
    delay(DELAY_TURN);
  }
  // 직진할 때의 지연 시간
  else{
    delay(DELAY_FORWARD);
  }
}

void lineTracerControl(int data){
  switch(data){
  case 001:
  case 011:
    myCar.RightTurn();                    // 왼쪽으로 벗어난 경우 우회전
    break;
  case 111:
    myCar.Forward();                      // 경로 상에 있는 경우 직진
    break;
  case 110:
  case 100:
    myCar.LeftTurn();                     // 오른쪽으로 벗어난 경우 좌회전
    break;
  default:
    myCar.Forward();                      // 디폴트 동작인 직진
    break;
  }
}

// 3개의 라인트레이서 모듈 데이터를 1개 정수값으로 반환
int readSensor() {
  int data = 0;

  for(int i = 0; i < 3; i++){
    data = data * 10 + digitalRead(lineModulePin[i]);
  }

  return data;
}
```

그림 7. 라인트레이서

스케치 2에서 주의할 점은 상수로 정의된 DELAY_TURN과 DELAY_FORWARD로 회전할 때와 직진할 때 다음 번 센서를 검사할 때까지의 지연 시간이다. 경로의 폭이 좁을 때 DELAY_TURN이 너무 길면 라인트레이서의 회전 각도가 너무 커서 경로를 벗어나 계속해서 왼쪽과 오른쪽으로 회전하면서 앞으로 나가지 못하는 경우가 발생할 수 있다. DELAY_FORWARD가 너무 길면 라인트레이서가 한 번에 너무 많이 앞으로 나가 경로에서 벗어날 수 있다. 이들 두 상수는 모터와 배터리의 상태 등은 물론 경로의 형태에도 영향을 받으므로 실험을 통해 최적의 값을 찾아내야 한다.

스케치 2에서 라인트레이서가 왼쪽이나 오른쪽으로 회전할 때는 정해진 시간(DELAY_TURN)만큼 움직인다. 하지만 경로는 항상 동일한 정도로 휘어져 있지 않으므로 스케치 2는 복잡한 경로에서는 사용하기 어렵다. 좌우로 회전할 때 '경로로 복귀할 때까지' 회전하도록 한다면 경로를 벗어나는 문제는 줄어든다. 경로로 복귀했는지를 판단하는 것 또한 센서 데이터를 읽어 알아낼 수 있으며 스케치 3은 경로로 복귀했는지의 여부를 판단하는 방법을 사용하고 있다. 스케치 2에서는 항상 10만큼 회전한다면, 스케치 3에서는 2만큼 회전하고 경로를 검사하기를 반복하므로 굴곡이 일정하지 않은 복잡한 경로에서도 경로를 벗어나는 경우를 줄일 수 있다.

스케치 3. 라인트레이서 제어 II

```
#include <ArduCar.h>

#define DELAY_TURN 20                                    // 회전 시간
#define DELAY_FORWARD 100                                // 직진 시간

// ArduCar 객체 생성 (IN1, IN2, IN3, IN4, ENA, ENB)
ArduCar myCar(10, 11, 12, 13, 5, 6);

int lineModulePin[] = { 2, 3, 4 };                       // (왼쪽, 가운데, 오른쪽)

void setup() {
  myCar.begin();                                         // 아듀카 객체 초기화
  for(int i = 0; i < 3; i++){                            // 라인트레이서 모듈 연결 핀 설정
    pinMode(lineModulePin[i], INPUT);
  }
}

void loop() {
  // 라인트레이서 모듈 데이터 읽기
  int data = readSensor();

  // 센서 데이터에 따른 라인트레이서 제어
  lineTracerControl(data);

  // 항상 시간은 경로의 굴곡에 따라 변하므로 회전 지연 시간은 사용하지 않으므로
  // 직진할 때의 지연 시간만 설정한다.
  if(data != 001 && data != 011 && data != 110 && data != 100){
    delay(DELAY_FORWARD);
  }
}

// 경로에 따라 서로 다른 우회전 지연 시간을 가짐
void RightTurn(){
  while(readSensor() != 111){                            // 경로 중앙에 올 때까지
    myCar.RightTurn();
    delay(DELAY_TURN);
  }
}

// 경로에 따라 서로 다른 좌회전 지연 시간을 가짐
void LeftTurn(){
```

```
    while(readSensor() != 111){                       // 경로 중앙에 올 때까지
      myCar.LeftTurn();
      delay(DELAY_TURN);
    }
  }

  void lineTracerControl(int data){
    switch(data){
    case 001:
    case 011:
      RightTurn();                                    // 왼쪽으로 벗어난 경우 우회전
      break;
    case 111:
      myCar.Forward();                                // 경로 상에 있는 경우 직진
      break;
    case 110:
    case 100:
      LeftTurn();                                     // 오른쪽으로 벗어난 경우 좌회전
      break;
    default:
      myCar.Forward();                                // 디폴트 동작인 직진
      break;
    }
  }

  // 3개의 라인트레이서 모듈 데이터를 1개 정수값으로 반환
  int readSensor() {
    int data = 0;

    for(int i = 0; i < 3; i++){
      data = data * 10 + digitalRead(lineModulePin[i]);
    }

    return data;
  }
```

스케치 3이 스케치 2에 비해 안정적으로 동작하기는 하지만 여전히 2개의 지연 시간을 설정해야 한다. 하지만 스케치 2를 사용하면 아두카가 DELAY_TURN에 민감하게 반응하는 반면 스케치 3을 사용하고 DELAY_TURN을

작은 값으로 설정하면 스케치 2에 비해 DELAY_TURN 값에 따른 영향을 줄일 수 있다. 또 한 가지 주의할 점은 LeftTurn과 RightTurn 함수가 스케치 3에 포함되어 있으며 각각 ArduCar 클래스의 LeftTurn과 RightTurn 멤버 함수를 사용하고 있다는 점이다. 굳이 동일한 이름의 함수를 사용한 것은 일반 함수와 클래스의 멤버 함수를 사용하는 방법이 다르다는 점을 보이기 위한 것이므로 스케치 2와 스케치 3을 잘 비교해 보도록 하자.

3. 맺는말

이 장에서는 라인트레이서 모듈을 사용하여 바닥에 그려진 경로를 따라 움직이는 라인트레이서를 만드는 방법을 살펴보았다. 라인트레이서 모듈은 적외선을 사용하여 색상을 구별할 수 있으므로 바닥에 다른 색으로 표시되어 있는 경로를 찾아내고 이를 따라 움직이는 라인트레이서를 만들기 위해 사용할 수 있다.

라인트레이서를 만들 때 가장 신경 써야 할 부분은 얼마나 자주 경로를 정상적으로 따라가고 있는지 검사할 것인가 하는 점이다. 너무 빨리 검사하게 되면 아듀카는 천천히 움직이게 되고, 너무 늦게 검사하게 되면 아듀카가 경로를 벗어날 수 있다. 라인트레이서의 동작은 회전과 직진으로 나누어 볼 수 있으며 각각의 경우 지연 시간을 설정하여 사용하였다. 회전 동작의 경우 지연 시간을 짧게 하고 경로의 중앙으로 복귀하였는지 계속해서 검사함으로써 경로에서 벗어나는 경우를 줄일 수 있다. 하지만 직진 동작의 경우 여전히 경로의 모양에 따라 경험적으로 지연 시간을 설정해야 한다. 다음 장에서는 이 책의 마지막 예이면서 스스로 움직이는 또 다른 아듀카인 장애물 회피 자동차에 대해 살펴본다.

Chapter 18

장애물 회피 아듀카

장애물을 회피해 자동으로 움직이기 위해서는 앞에 놓인 물체를 감지해야 하며 이를 위해 거리 센서를 사용할 수 있다. 거리 센서 중 하나인 초음파 거리 센서는 초음파를 이용하여 물체까지의 거리를 간단하게 측정할 수 있도록 해주므로 장애물 회피 아듀카를 만들기 위해 사용할 수 있다. 이 장에서는 초음파 거리 센서와 서보 모터를 사용하여 물체를 피해 움직이는 아듀카를 만드는 방법을 살펴본다.

1. 서보 모터와 초음파 거리 센서

장애물 회피 아듀카를 만들기 위해 이 장에서는 서보 모터와 초음파 거리 센서를 사용한다. 초음파 거리 센서는 앞에 놓인 물체까지의 거리를 감지하기 위해 사용한다. 그렇다면 서보 모터는 어디에 사용될까? 서보 모터는 앞에 놓인 물체를 감지했을 때 물체를 피해 회전할 방향을 결정하기 위해 사용한다. 장애물 회피 아듀카의 동작은 그림 1과 같이 나타낼 수 있다.

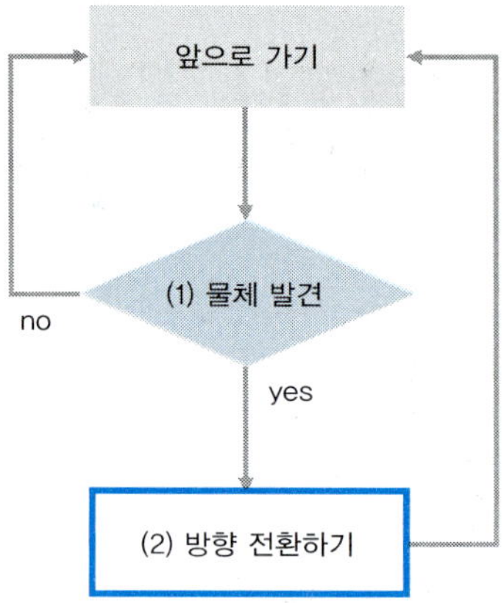

그림 1. 장애물 회피 아듀카의 동작

그림 1에서 (1) 물체 발견을 위해 초음파 거리 센서가 사용되며, (2) 방향 전환을 위해 초음파 거리 센서와 서보 모터가 사용된다. 앞에 놓인 물체가 발견되었을 때 방향을 바꾸기 위해서는 먼저 물체가 없는 방향을 찾아야 한다. 이를 위해 서보 모터로 거리를 측정할 방향을 바꾸면서, 즉, 초음파 거리 센서가 향하는 방향을 바꾸면서 거리를 측정한 후 물체가 없는 방향, 즉, 측정된 거리가 가장 긴 방향으로 아듀카를 회전시킨다. 초음파 거리 센서와 서보 모터를 그림 2와 같이 연결하자.

그림 2. 초음파 거리 센서와 서보 모터 연결

초음파 거리 센서는 2개의 디지털 핀을 사용하며 서보 모터는 1개의 디지털 핀을 사용한다. 이 때 서보 모터와 연결하는 핀은 회전 각도를 제어하기 위해 사용하는 핀으로 PWM 신호 출력이 가능한 핀이어야 한다. 초음파 거리 센서와 서보 모터를 아두이노에 연결하자. 초음파 거리 센서는 디지털 7번과 8번 핀에, 서보 모터는 PWM 출력이 가능한 디지털 9번 핀에 연결한다.

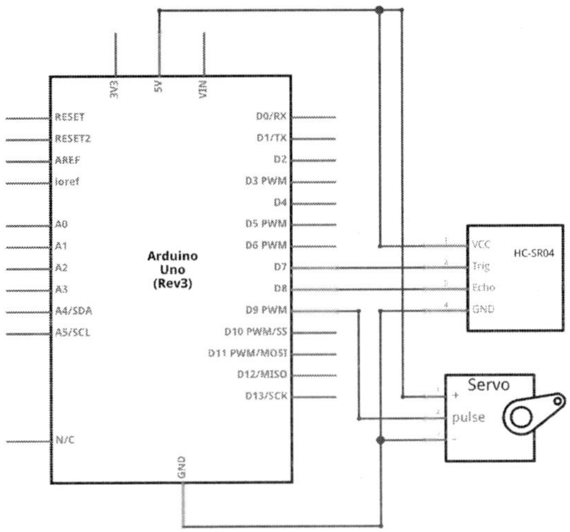

그림 3. 초음파 거리 센서와 서보 모터 연결 회로도

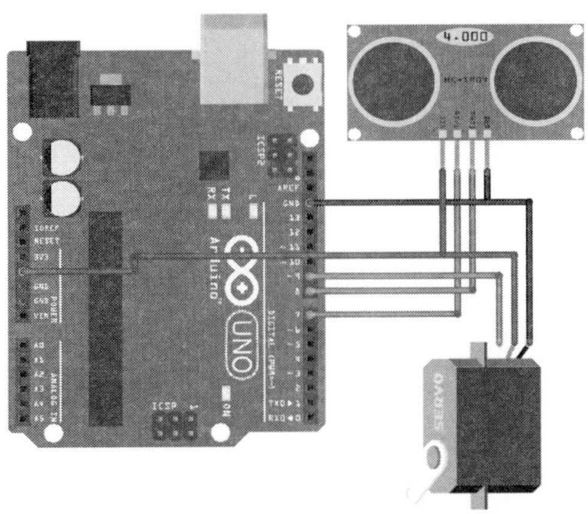

그림 4. 초음파 거리 센서와 서보 모터 연결 회로

스케치 1은 초음파 거리 센서로 물체까지의 거리를 측정하는 스케치의 예다.

스케치 1. 초음파 거리 센서 테스트

```
int triggerPin = 7;
int echoPin = 8;

void setup() {
  Serial.begin(9600);                          // 직렬 통신 초기화
  pinMode(triggerPin, OUTPUT);                 // trigger 핀 출력으로 설정
  pinMode(echoPin, INPUT);                     // echo 핀 입력으로 설정
}

void loop() {
   // trigger 핀으로 10㎲의 펄스를 발생
   digitalWrite(triggerPin, HIGH);
   delayMicroseconds(10);
   digitalWrite(triggerPin, LOW);

   // echo 핀 입력으로부터 거리를 cm 단위로 계산
   int distance = pulseIn(echoPin, HIGH) / 58;

   Serial.println("Distance(cm) = " + String(distance));

   delay(1000);
}
```

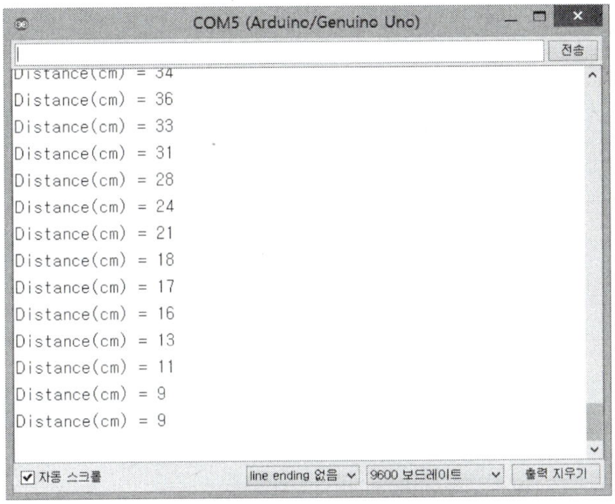

그림 5. 스케치 1 실행 결과

스케치 2는 서보 모터를 회전시키는 스케치의 예다.

스케치 2. 서보 모터 테스트

```
#include <Servo.h>

Servo myServo;
int servoPin = 9;

void setup() {
  myServo.attach(servoPin);                // 서보 모터 연결
}

void loop() {
  int angle;                               // 축 제어 값

  for(angle = 0; angle < 180; angle++){    // 0도에서 180도로
    myServo.write(angle);
    delay(10);
  }

  for(angle = 180; angle > 0; angle--){    // 180도에서 0도로
    myServo.write(angle);
    delay(10);
  }
}
```

그림 6. 장애물 회피 아듀카

2. 장애물 회피 아듀카

그림 1의 흐름도에서 앞에 놓인 물체 발견은 간단히 거리를 측정하는 것으로 가능하다. 거리를 측정했을 때 임계치 이내의 거리가 나온다면 아듀카는 정지하고 방향을 바꾸어야 하며 이 때 어느 방향으로 회전할 것인지가 장애물 회피 아듀카에서 가장 중요하다. 회전할 방향을 결정하는 가장 간단한 방법은 왼쪽과 오른쪽으로 일정 각도 초음파 센서를 회전시켜 거리를 측정한 후 긴 거리가 측정되는 방향으로 회전하는 것이다. 스케치 3은 이런 방법을 사용하여 회전 방향을 결정하는 스케치의 예다.

스케치 3. 장애물 회피 아듀카

```
#include <Servo.h>
#include <ArduCar.h>

#define MIN_DISTANCE 20                    // 장애물까지 최소 거리
#define DELAY_TURN 1000                    // 아듀카 회전 시간
#define DELAY_FORWARD 100                  // 직진 시간
#define DELAY_SERVO 200                    // 서보 회전 시간
#define MEASURE_COUNT 3                    // 3회 측정 평균 거리 사용

// ArduCar 객체 생성 (IN1, IN2, IN3, IN4, ENA, ENB)
ArduCar myCar(10, 11, 12, 13, 5, 6);

int triggerPin = 7;                        // 초음파 거리 센서 trigger 핀
int echoPin = 8;                           // 초음파 거리 센서 echo 핀

Servo myServo;
int servoPin = 9;                          // 서보 모터 연결 핀

void setup() {
  myCar.begin();                           // ArduCar 라이브러리 초기화

  pinMode(triggerPin, OUTPUT);             // trigger 핀 출력으로 설정
  pinMode(echoPin, INPUT);                 // echo 핀 입력으로 설정

  myServo.attach(servoPin);                // 서보 모터 연결
  myServo.write(90);                       // 앞 쪽을 보도록 서보 모터 회전
  delay(DELAY_SERVO);
}

int measureDistance(){
  // trigger 핀으로 10㎲의 펄스를 발생
  digitalWrite(triggerPin, HIGH);
  delayMicroseconds(10);
  digitalWrite(triggerPin, LOW);

  // echo 핀 입력으로부터 거리를 cm 단위로 계산
  return (pulseIn(echoPin, HIGH) / 58);
}

boolean rightOrLeft(){                     // true : 오른쪽, false : 왼쪽
  myServo.write(45);                       // 왼쪽 45도
```

```
  delay(DELAY_SERVO);
  int distanceLeft = 0;                          // 왼쪽 거리
  for(int i = 0; i < MEASURE_COUNT; i++){
    distanceLeft += measureDistance();
  }

  myServo.write(135);                            // 오른쪽 45도
  delay(DELAY_SERVO);
  int distanceRight = 0;                         // 오른쪽 거리
  for(int i = 0; i < MEASURE_COUNT; i++){
    distanceRight += measureDistance();
  }

  myServo.write(90);                             // 앞 쪽을 보도록 서보 모터 회전
  delay(DELAY_SERVO);

  return (distanceLeft > distanceRight);         // 회전 방향 반환
}

void loop() {
  int distance = measureDistance();

  if(distance <= MIN_DISTANCE){                  // 전방 물체 감지
    myCar.Stop();
    boolean direction = rightOrLeft();           // 회전 방향 결정

    if(direction){                               // 오른쪽 회전
      myCar.RightTurn();
    }
    else{                                        // 왼쪽 회전
      myCar.LeftTurn();
    }
    delay(DELAY_TURN);
    myCar.Stop();
  }
  else{
    myCar.Forward();                             // 직진
    delay(DELAY_FORWARD);
  }
}
```

스케치 3에서는 여러 가지의 상수를 정의하여 사용하고 있다. MIN_DISTANCE는 장애물이 발견되었다고 판단할 최소 거리를 나타낸다. DELAY_TURN은 아듀카가 90도 회전을 위해 필요한 시간으로 모터와 배터리 등에 영향을 받으므로 실험에 의해 결정해야 한다. DELAY_FORWARD는 앞에 있는 물체를 감지하기 위해 거리를 측정하는 시간 간격을 나타내며, DELAY_SERVO는 서보 모터를 회전시키기 위한 시간을 나타낸다. MEASURE_COUNT는 좌우 거리를 측정할 때 여러 번 거리를 측정하고 그 평균을 사용하기 위해 정의하였다.

스케치 3을 업로드 하고 아듀카가 장애물을 피해가는 지 확인해 보자. 문제점을 발견하지 못했는가? 아마도 아듀카가 장애물을 발견하지 못하는 경우를 발견했을 것이다. 장애물을 발견하지 못하는 것은 두 가지 경우가 있다. 첫 번째는 장애물의 높이가 초음파 거리 센서보다 높거나 낮게 있어 거리 측정이 되지 않는 경우고, 두 번째는 장애물이 초음파 거리 센서와 마주보고 있지 않아 거리 측정이 잘못되는 경우다. 이들 두 경우 모두는 초음파 거리 센서의 특징으로 인한 것으로 아쉽지만 해결 방법은 없다. 여러 개의 거리 센서를 사용하거나 거리 센서의 위치를 조절하면 장애물을 발견할 확률을 높일 수 있을 것이다. 좌우 거리를 측정할 때 거리 측정 횟수를 늘리거나 초음파 거리 센서를 좌우로 회전시키는 각도를 조절하거나 또는 두 가지를 병행하여 사용하는 알고리즘 수정을 통해서도 일정 부분 장애물을 발견할 확률을 높일 수 있다.

3. 맺는말

이 장에서는 초음파 거리 센서를 사용하여 장애물을 찾아내고 이를 피해 움직이는 장애물 회피 아듀카를 만드는 방법을 살펴보았다. 초음파 거리 센서는 간단하게 거리를 측정할 수 있도록 해주므로 쉽게 장애물을 찾아낼 수 있다. 하지만 장애물의 표면이 초음파 진행 방향과 수직이 아닌 경우에는 초음파가 정확하게 반사되지 않아 잘못된 거리가 측정되고 장애물과 충돌하는 경우가 있을 수 있다는 점도 염두에 두어야 한다.

지금까지 두 종류의 원격으로 제어하는 자동차와 두 종류의 스스로 움직이는 아듀카를 만들어 보았다. 모터를 제어하고 텍스트 LCD에 메시지를 출력하는 것은 귀찮은 작업이지만 ArduCar 라이브러리를 사용함으로써 그리 길지 않은 코드로 이 모든 제어가 가능하였다. 가장 긴 코드는 장애물 회피 아듀카를 위한 코드지만 이 역시 80여 줄에 지나지 않는다. 물론 이 책에서는 기본적인 제어 방식을 알려주기 위해 다양한 부가 기능을 넣지 않은 것도 사실이다. 하지만 기본적인 제어 방식에 익숙해진다면 기능을 추가하는 것은 그리 어렵지 않으므로 지금까지의 내용을 바탕으로 자신만의 아듀카를 만들어 보자.

APPENDIX

부록

Appendix 1

아두이노 기본 함수

I. 디지털 입출력 함수

1. pinMode

```
void pinMode(uint8_t pin, uint8_t mode)
  - 매개변수
    pin : 핀 번호
    mode : INPUT, OUTPUT, INPUT_PULLUP 중 하나
  - 반환값 : 없음
```

지정한 번호의 핀을 입력 또는 출력으로 설정한다. mode가 INPUT_PULLUP으로 지정되면 내부 풀업 저항을 사용하도록 설정하며, INPUT으로 지정되면 내부 풀업 저항을 사용하지 않도록 설정한다.

2. digitalWrite

```
void digitalWrite(uint8_t pin, uint8_t value)
  - 매개변수
    pin : 핀 번호
    value : HIGH 또는 LOW
  - 반환값 : 없음
```

지정한 번호의 핀으로 HIGH 또는 LOW의 디지털 값을 출력한다. 핀이 입력 상태로 설정된 경우 digitalWrite 함수로 HIGH 값을 출력하면 내부 풀업 저항이 연결되고, LOW 값을 출력하면 풀업 저항 연결이 해제된다.

3. digitalRead

```
int digitalRead(uint8_t pin)
  - 매개변수
    pin : 핀 번호
  - 반환값 : HIGH 또는 LOW
```

지정한 번호의 핀으로부터 HIGH 또는 LOW의 디지털 값을 읽어서 반환한다.

II. 아날로그 입출력 함수

1. analogReference

```
void analogReference(uint8_t type)
  - 매개변수
    type : DEFAULT, INTERNAL, INTERNAL1V1, INTERNAL2V56, EXTERNAL 중
           한 가지
  - 반환값 : 없음
```

아날로그 입력을 위한 기준 전압을 설정한다. 설정 가능한 옵션은 다음의 다섯 가지가 있다.

- **DEFAULT** : 아두이노 보드의 동작 전압을 기준 전압으로 설정한다. 아두이노 보드의 동작 전압은 보드의 종류에 따라 5V와 3.3V가 있다.
- **INTERNAL** : 내부 전압을 기준 전압으로 설정한다. ATmega168이나 ATmega328의 경우 1.1V, ATmega8의 경우 2.56V로 설정된다. 아두이노 메가2560에서는 사용할 수 없다.
- **INTERNAL1V1** : 내부 1.1V를 기준 전압으로 설정한다. 아두이노 메가2560에서만 사용할 수 있다.
- **INTERNAL2V56** : 내부 2.56V를 기준 전압으로 설정한다. 아두이노 메가2560에서만 사용할 수 있다.
- **EXTERNAL** : AREF 핀에 가해지는 0V ~ 5V 사이의 전압을 기준 전압으로 설정한다. 외부 전압을 기준 전압으로 사용하는 경우에도 5V보다 큰 전압을 기준 전압으로 사용할 수는 없다.

2. analogRead

```
int analogRead(uint8_t pin)
  - 매개변수
    pin : 아날로그 핀 번호
  - 반환값 : 0에서 1023 사이의 정수값
```

지정한 아날로그 입력 핀으로부터 값을 읽고 아날로그-디지털 변환기를 통해 0에서 1023 사이의 디지털 값으로 변환하여 반환한다. 5V 기준 전압을 사용하는 경우 $\frac{5V}{1023} \approx 4.9mV$의 전압 차이를 인식할 수 있으며, 인식할 수 있는 전압 차이는 analogReference 함수를 통해 설정된 기준 전압에 따라 달라질 수 있다.

아날로그 입력 핀에 아무런 외부 회로가 연결되어 있지 않은 경우 analogRead 함수는 정전기나 인접한 핀의 상태 등에 영향을 받아 무작위 값을 반환하며, 반환되는 무작위 값은 의사 난수(pseudo random number) 계산의 시작점으로 흔히 사용된다.

3. analogWrite

```
void analogWrite(uint8_t pin, int value)
  - 매개변수
    pin : 핀 번호
    value : 듀티 사이클 (duty cycle)로 0(항상 OFF, 듀티 사이클 0%)에서 255(항상
            ON, 듀티 사이클 100%) 사이의 값
  - 반환값 : 없음
```

지정한 번호의 핀으로 지정한 듀티 사이클을 가지는 PWM (Pulse Width Modulation, 펄스 폭 변조) 신호를 출력한다. PWM 신호는 LED의 밝기나 모터의 속도 제어 등에 사용된다. PWM 신호는 모든 핀으로 출력할 수는 없으며 아두이노 보드의 경우 PWM 신호 출력이 가능한 핀 번호 앞에 물결표(~)를 붙여 구분하고 있다.

III. 고급 입출력 함수

1. tone

```
void tone(uint8_t pin, unsigned int frequency, unsigned long duration
= 0)
    - 매개변수
      pin : 핀 번호
      frequency : 출력 주파수
      duration : 밀리초 단위 출력 지속시간
    - 반환값 : 없음
```

지정한 번호의 핀으로 50% 듀티 사이클과 지정된 주파수를 가지는 구형파(square wave)를 지정된 시간 동안 출력하여 단음을 재생한다. 지속시간이 지정되지 않으면 noTone 함수가 호출될 때까지 단음 재생이 계속된다.
tone 함수를 사용한 단음 출력은 한 번에 하나의 핀으로만 이루어질 수 있다. 어떤 핀으로 단음이 재생 중인 경우 다른 핀에 tone 함수를 사용하면 아무런 효과가 없다. 동일한 핀으로 tone 함수를 다시 사용하면 재생되는 음의 주파수가 바뀐다. tone 함수는 PWM 신호를 사용하므로 다른 PWM 신호 출력과 충돌할 수 있으므로 주의해야 한다.

2. noTone

```
void noTone(uint8_t pin)
    - 매개변수
      pin : 핀 번호
    - 반환값 : 없음
```

지정한 번호의 핀으로 tone 함수에 의해 출력되는 구형파 출력을 정지한다.

3. shiftOut

```
void shiftOut(uint8_t dataPin, uint8_t clockPin, uint8_t bitOrder,
uint8_t value)
  - 매개변수
    dataPin : 비트 데이터 출력이 일어날 핀
    clockPin : 비트 데이터 출력 후 비트 데이터 출력이 완료되었음을 알려주기 위해 펄스가 출
               력되는 핀
    bitOrder : 비트 출력 순서, MSBFIRST(MSB 우선) 또는 LSBFIRST(LSB 우선)
    value : 출력될 데이터
  - 반환값 : 없음
```

지정한 번호의 데이터 핀(dataPin)으로 바이트 단위의 값(value)을 출력 순서(bitOrder)에 따라 출력한다. 출력 순서는 MSB(Most Significant Bit)나 LSB(Least Significant Bit)부터 출력하도록 지정할 수 있으며, 하나의 비트가 출력된 이후에는 clockPin으로 펄스가 출력되어 데이터 동기화에 사용된다.

shiftOut 함수를 사용하기 전에 dataPin과 clockPin은 pinMode 함수를 사용하여 출력으로 설정되어 있어야 한다. 또한 clockPin으로의 펄스 출력은 HIGH → LOW 순서로 이루어지므로 상승 에지에서 동기화가 이루어지는 경우에는 digitalWrite 함수를 사용하여 clockPin을 LOW로 설정한 후 사용하여야 한다. 하강 에지에서 동기화가 이루어지는 경우에는 clockPin의 상태와 무관하게 동기화가 이루어진다.

4. shiftIn

```
uint8_t shiftIn(uint8_t dataPin, uint8_t clockPin, uint8_t bitOrder)
  - 매개변수
    dataPin : 비트 입력을 받아들이는 핀
    clockPin : 비트 입력을 위한 클록 핀
    bitOrder : 비트 입력 순서, MSBFIRST(MSB 우선) 또는 LSBFIRST(LSB 우선)
  - 반환값 : 입력 값
```

지정한 번호의 핀(dataPin)으로부터 데이터를 입력받아 비트 입력 순서(bitOrder)에 따라 정렬한 후 바이트 단위 데이터를 반환한다. clockPin은 데이터 동기화를 위해 사용되는 핀이다.

shiftIn 함수를 사용하기 전에 pinMode 함수를 사용하여 dataPin은 입력으로, clockPin은 출력으로 설정되어야 한다. 또한 clockPin으로는 비트 데이터를 읽기 전에 HIGH, 읽은 후에는 LOW가 출력되므로 상승 에지에서 동기화가 이루어지는 경우에는 digitalWrite 함수를 사용하여 clockPin을 LOW로 설정해야 한다.

5. pulseIn

```
unsigned long pulseIn(uint8_t pin, uint8_t state,unsigned long timeout
= 1000000L)
  - 매개변수
    pin : 펄스를 읽어 들일 핀 번호
    state : 읽어 들일 펄스의 종류, HIGH 또는 LOW
    timeout : 펄스 길이 측정이 완료되기까지의 마이크로초 단위 시간으로 디폴트 값은 1초
  - 반환값 : 마이크로초 단위의 펄스의 길이를 반환하며 타임아웃 이전에 펄스가 시작되지 않으면 0
            을 반환
```

지정한 번호의 핀으로부터 펄스를 읽어 그 길이를 마이크로초 단위로 반환한

다. state에 HIGH를 지정하고 pulseIn 함수를 호출하면 먼저 입력 핀으로 상승 에지가 발생할 때까지 기다린 후, 하강 에지가 발생할 때까지의 시간을 측정하여 그 길이를 마이크로초 단위로 반환한다. 펄스의 길이 측정이 완료되기까지의 대기 시간은 timeout 값으로 지정할 수 있다. 측정할 수 있는 펄스의 길이는 10마이크로초에서 3분까지이며 이외의 경우에는 오차가 발생할 수 있다.

IV. 시간 함수

1. millis

```
unsigned long millis(void)
   - 매개변수 : 없음
   - 반환값 : 프로그램이 시작된 이후의 밀리초(millisecond) 단위 경과 시간
```

현재 실행 중인 프로그램이 시작된 이후의 경과 시간을 밀리초 단위로 반환한다. 반환값은 4바이트 크기이므로 약 50일의 시간이 지나면 오버플로우(overflow)가 발생하여 0이 된다.

2. micros

```
unsigned long micros(void)
   - 매개변수 : 없음
   - 반환값 : 프로그램이 시작된 이후의 마이크로초(microsecond) 단위 경과 시간
```

현재 실행 중인 프로그램이 시작된 이후의 경과 시간을 마이크로초 단위로

반환한다. 반환값은 4바이트 크기이므로 약 70분의 시간이 지나면 오버플로우(overflow)가 발생하여 0이 된다. 16MHz 클록을 사용하는 아두이노 보드의 경우 해상도는 4 마이크로초로, 반환되는 값은 항상 4의 배수에 해당한다. 8MHz 클록을 사용하는 아두이노 보드의 경우 해상도는 8 마이크로초이다.

3. delay

```
void delay(unsigned long ms)
   - 매개변수
      ms : 밀리초 단위의 지연 시간
   - 반환값 : 없음
```

지정한 밀리초 단위의 시간만큼 프로그램 실행을 일시 중지한다. 블링크 스케치나 디바운스를 위해 delay 함수가 흔히 사용되지만 delay 함수가 실행 중인 동안에는 센서 값을 읽을 수 없고 연산도 이루어지지 않는 등 대부분의 작업이 정지한다. 따라서 수십 밀리초 이상의 지연 시간을 위해 delay 함수를 사용하는 것은 추천되지 않으며 millis 함수를 사용하는 것이 바람직하다. 하지만 delay 함수가 실행 중인 동안에도 인터럽트 발생은 허용된다.

4. delayMicroseconds

```
void delayMicroseconds(unsigned long us)
   - 매개변수
      us : 마이크로초 단위의 지연 시간 (unsigned int)
   - 반환값 : 없음
```

지정한 마이크로초 단위의 시간만큼 프로그램 실행을 일시 중지한다.

V. 수학 함수

1.min

```
min(x, y)
  - 매개변수
    x : 첫 번째 데이터
    y : 두 번째 데이터
  - 반환값 : x, y 중 작은 값
```

```
#define min(a, b) ((a) < (b) ? (a) : (b))
```

두 값 중 최솟값을 반환한다.

2. max

```
max(x, y)
  - 매개변수
    x : 첫 번째 데이터
    y : 두 번째 데이터
  - 반환값 : x, y 중 큰 값
```

```
#define max(a, b) ((a) > (b) ? (a) : (b))
```

두 값 중 최댓값을 반환한다.

3. abs

```
abs(x)
  - 매개변수
    x : 데이터
  - 반환값 : x의 절대값
```

```
#define abs(x) ((x) > 0 ? (x) : -(x))
```

주어진 값의 절대값을 반환한다.

4. constrain

```
constrain(x, a, b)
  - 매개변수
    x : 데이터
    a : x가 가질 수 있는 최솟값
    b : x가 가질 수 있는 최댓값
  - 반환값 : x가 범위 내의 값이면 x, a보다 작은 경우 a, b보다 큰 경우 b
```

```
#define constrain(amt, low, high)
        ((amt) < (low) ? (low) : ((amt) > (high) ? (high) : (amt)))
```

주어진 값이 지정한 범위 내의 값인 경우에는 그대로 반환하고, 최솟값보다 작은 경우에는 최솟값을, 최댓값보다 큰 경우에는 최댓값을 반환한다.

5. map

```
long map(long value, long fromLow, long fromHigh, long toLow, long
toHigh)
  - 매개변수
    value : 데이터
    fromLow : 현재 데이터가 가질 수 있는 하위 기준값
    fromHigh : 현재 데이터가 가질 수 있는 상위 기준값
    toLow : 변환하고자 하는 범위의 하위 기준값
    toHigh : 변환하고자 하는 범위의 상위 기준값
  - 반환값 : 지정한 범위로 사상된 값
```

주어진 데이터 값을 상위 및 하위 기준값을 바탕으로 선형 사상(linear mapping)하여 반환한다. 이 때 주어지는 값은 [fromLow fromHigh] 범위의 값이 아니어도 무방하며 toLow 값은 toHigh 값보다 커도 무방하다.

6. pow

```
double pow(double base, double exponent)
  - 매개변수
    base : 밑
    exponent : 지수
  - 반환값 : 거듭제곱 값
```

주어진 밑과 지수로 거듭제곱을 계산하여 반환한다.

7. sqrt

```
double sqrt(double x)
  - 매개변수
    x : 데이터
  - 반환값 : x의 제곱근
```

주어진 값의 제곱근을 계산하여 반환한다.

VI. 삼각 함수

1. sin

```
double sin(double rad)
   - 매개변수
      rad  :  라디안 형식의 각도
   - 반환값  :  사인 값
```

라디안(radian) 형식으로 주어진 각도에 대한 사인 값을 반환한다.

2. cos

```
double cos(double rad)
   - 매개변수
      rad  :  라디안 형식의 각도
   - 반환값  :  코사인 값
```

라디안(radian) 형식으로 주어진 각도에 대한 코사인 값을 반환한다.

3. tan

```
double tan(double rad)
   - 매개변수
      rad  :  라디안 형식의 각도
   - 반환값  :  탄젠트 값
```

라디안(radian) 형식으로 주어진 각도에 대한 탄젠트 값을 반환한다.

VII. 문자 함수

아두이노에서 사용하는 C/C++ 언어는 아스키코드를 기반으로 하고 있다. 표준 아스키코드는 7비트 체계로 128개의 문자를 정의하고 있으며, 문자를 여러 개의 그룹으로 분류하고 있다. 아두이노의 문자 함수는 C/C++ 언어의 문자 함수를 보다 사용하기 쉬운 이름으로 재정의한 함수이다.

1. isAlphaNumeric

```
boolean isAlphaNumeric(int c)
  - 매개변수
     c : 문자 데이터
  - 반환값 : 알파뉴메릭 문자 여부
```

```
C 함수 : isalnum
```

알파뉴메릭 문자 여부를 반환한다. 알파뉴메릭 문자에는 알파벳 문자(소문자 및 대문자)와 10진 숫자 표현을 위한 문자가 포함된다.

2. isAlpha

```
boolean isAlpha(int c)
  - 매개변수
     c : 문자 데이터
  - 반환값 : 알파벳 문자 여부
```

```
C 함수 : isalpha
```

알파벳 문자 여부를 반환한다. 알파벳 문자는 소문자와 대문자로 이루어진다.

3. isAscii

```
boolean isAscii(int c)
  - 매개변수
    c : 문자 데이터
  - 반환값 : 아스키 문자 여부
```

```
C 함수 : isascii
```

아스키 문자 여부를 반환한다. 아스키 문자는 7비트로 정의 가능한 문자를 말한다.

4. isWhitespace

```
boolean isWhitespace(int c)
  - 매개변수
    c : 문자 데이터
  - 반환값 : 빈칸 문자 여부
```

```
C 함수 : isblank
```

빈칸 문자 여부를 반환한다. 빈칸 문자에는 스페이스(' ')와 수평탭('\t')의 2개 문자가 포함된다.

5. isControl

```
boolean isControl(int c)
  - 매개변수
    c : 문자 데이터
  - 반환값 : 제어 문자 여부
```

```
C 함수 : iscntrl
```

제어 문자(control character) 여부를 반환한다. 제어 문자는 아스키 문자에서 출력 가능한 문자를 제외한 나머지 문자들을 말한다.

6. isDigit

```
boolean isDigit(int c)
  - 매개변수
    c : 문자 데이터
  - 반환값 : 10진 숫자 표현 문자 여부
```

```
C 함수 : isdigit
```

10진 숫자를 나타내기 위해 사용하는 문자 여부를 반환한다.

7. isGraph

```
boolean isGraph(int c)
  - 매개변수
    c : 문자 데이터
  - 반환값 : 그래픽 문자 여부
```

```
C 함수 : isgraph
```

그래픽 문자(graphic character) 여부를 반환한다. 그랙픽 문자에는 숫자, 문자, 구두점 등이 포함되며 화이트 스페이스 문자는 포함되지 않는다.

8. isLowerCase

```
boolean isLowerCase(int c)
  - 매개변수
    c : 문자 데이터
  - 반환값 : 소문자 여부
```

```
C 함수 : islower
```

소문자 여부를 반환한다.

9. isPrintable

```
boolean isPrintable(int c)
   - 매개변수
     c : 문자 데이터
   - 반환값 : 출력 문자 여부
```

```
C 함수 : isprint
```

출력 가능 문자(printing character) 여부를 반환한다. 출력 가능 문자에는 그래픽 문자와 스페이스(' ')가 포함된다.

10. inPunct

```
boolean isPunct(int c)
   - 매개변수
     c : 문자 데이터
   - 반환값 : 구두점 문자 여부
```

```
C 함수 : ispunct
```

구두점 문자(punctuation character) 여부를 반환한다.

11. isSpace

```
boolean isSpace(int c)
   - 매개변수
     c : 문자 데이터
   - 반환값 : 공백문자 여부
```

```
C 함수 : isspace
```

공백문자(space character) 여부를 반환한다. 공백문자에는 스페이스(' '), 수평 탭('\t'), 수직탭('폼피드('\f'), 새줄('\n'), 캐리지리턴('\r')의 6개 문자가 포함된다.

12. isUpperCase

```
boolean isUpperCase(int c)
  - 매개변수
     c : 문자 데이터
  - 반환값 : 대문자 여부
```

```
C 함수 : isupper
```

대문자 여부를 반환한다.

13. isHexadecimalDigit

```
boolean isHexadecimalDigit(int c)
  - 매개변수
     c : 문자 데이터
  - 반환값 : 16진 숫자 표현 문자 여부
```

```
C 함수 : isxdigit
```

16진 숫자를 나타내기 위해 사용하는 문자 여부를 반환한다. 16진 숫자를 나타내기 위해서는 '0'~'9', 'A'~ 'F', 'a'~ 'f' 등의 문자가 사용된다.

표 1. 아스키 문자의 종류

isPrintable(isprint)					○	○	○	○	○	○	○	○	○	○	
isGraph(isgraph)						○	○	○	○	○	○	○	○	○	
isPunct(ispunct)						○		○			○			○	
isAlphaNumeric(isalnum)							○		○	○		○	○		
isHexadecimalDigit(isxdigit)							○		○			○			
isDigit(isdigit)							○								
isAalpha(isalpha)									○	○		○	○		
isLowerCase(islower)												○	○		
isUpperCase(isupper)									○	○					
isWhitespace(isspace)		○	○		○										
isSpace(isblank)		○			○										
isControl(iscntrl)	○	○	○	○											○
문자	NULL, 제어 문자	탭 (₩t)	공백제어문자 (\f, \v, \n, \r)	제어 문자	스페이스	!"#$% &'()*+, -./	0123 4567 89	:;<=> ?@	ABC DEF	GHIJ KLMN OPQ RST UVW XYZ	[₩]^_`	abc def	ghijkl mno pqrst uvw xyz	{|}~	(DEL)
아스키값	0x00 ~ 0x08	0x09	0x0A ~ x0D	0x0E ~ 0x1F	0x20	0x21 ~ 0x2F	0x30 ~ 0x39	0x3A ~ 0x40	0x41 ~ 0x46	0x47 ~ 0x5A	0x5B ~ 0x60	0x61 ~ 0x66	0x67 ~ 0x7A	0x7B ~ 0x7E	0x7F

VIII. 난수 함수

1. randomSeed

```
void randomSeed(unsigned int seed)
  - 매개변수
    seed : 의사 난수의 시작 위치 결정을 위한 값
  - 반환값 : 없음
```

의사 난수 생성기를 초기화한다. 시드(seed)는 의사 난수 생성기의 시작 위치를 나타내며, 동일한 시드가 주어지면 동일한 순서로 값이 생성된다. 시드를 임의로 지정하기 위해서는 외부 회로가 연결되지 않은 아날로그 입력 핀으로부터 analogRead 함수를 사용하여 읽어 들인 값이 흔히 사용된다.

2. random

```
long random(long max)
long random(long min, long max)
  - 매개변수
    min : 생성될 난수의 최소값
    max : max - 1이 생성될 난수의 최대값
  - 반환값 : [min, max - 1] 범위의 정수
```

의사 난수를 생성하여 반환한다. 최솟값을 지정하지 않은 경우 최솟값은 0으로 설정된다.

IX. 비트 조작 함수

1. lowByte

```
lowByte(x)
  - 매개변수
      x : 데이터
  - 반환값 : x의 최하위 바이트
```

```
#define lowByte(w) ((uint8_t) ((w) & 0xff))
```

주어진 값의 최하위 바이트를 반환한다.

2. highByte

```
highByte(x)
  - 매개변수
      x : 데이터
  - 반환값 : x의 두 번째 최하위 바이트
```

```
#define highByte(w) ((uint8_t) ((w) >> 8))
```

주어진 값의 두 번째 최하위 바이트를 반환한다.

3. bitRead

```
bitRead(x, n)
  - 매개변수
      x : 데이터
      n : 읽어낼 비트 위치로 LSB부터 0에서 시작
  - 반환값 : 0또는 1의 비트값
```

```
#define bitRead(value, bit) (((value) >> (bit)) & 0x01)
```

주어진 값(x)의 n번째 비트값을 읽어 반환한다. n은 LSB부터 0에서 시작한다.

4. bitWrite

```
bitWrite(x, n, b)
   - 매개변수
     x : 데이터
     n : 기록할 비트 위치로 LSB부터 0에서 시작
     b : 0또는 1의 비트값
   - 반환값 : 없음
```

```
#define bitWrite(value, bit, bitvalue)
        (bitvalue ? bitSet(value, bit) : bitClear(value, bit))
```

주어진 값(x)의 n번째 비트에 b값(0 또는 1)을 쓴다. n은 LSB부터 0에서 시작한다.

5. bitSet

```
bitSet(x, n)
   - 매개변수
     x : 데이터
     n : 기록할 비트 위치로 LSB부터 0에서 시작
   - 반환값 : 없음
```

```
#define bitSet(value, bit) ((value) |= (1UL << (bit)))
```

주어진 값(x)의 n번째 비트를 1로 설정한다. n은 LSB부터 0에서 시작한다.

6. bitClear

```
bitClear(x, n)
  - 매개변수
    x : 데이터
    n : 기록할 비트 위치로 LSB부터 0에서 시작
  - 반환값 : 없음
```

```
#define bitClear(value, bit) ((value) &= ~(1UL << (bit)))
```

주어진 값(x)의 n번째 비트를 0으로 설정한다. n은 LSB부터 0에서 시작한다.

7. bit

```
bit(n)
  - 매개변수
    n : 계산하고자 하는 비트 위치로 LSB부터 0에서 시작
  - 반환값 : n에 의해 지정된 비트의 비트값
```

```
#define bit(b) (1UL << (b))
```

지정된 위치(n)에 해당하는 비트의 자릿값인 2^n을 반환한다. n은 LSB부터 0에서 시작한다.

X. 외부 인터럽트 함수

1. attachInterrupt

```
void attachInterrupt(uint8_t interrupt, void (*function)(void), int
mode)
    - 매개변수
      interrupt : 인터럽트 번호
      function : 인터럽트를 처리할 인터럽트 서비스 루틴(interrupt service routine,
                 ISR)
      mode : 인터럽트가 발생하는 시점
    - 반환값 : 없음
```

외부 인터럽트가 발생하였을 때 인터럽트를 처리할 인터럽트 서비스 루틴(interrupt service routine, ISR)을 지정한다. 아두이노 우노의 경우 디지털 2번과 3번 핀을 통해 외부 인터럽트 0과 외부 인터럽트 1의 두 개 외부 인터럽트를 사용할 수 있으며, 사용할 수 있는 외부 인터럽트의 수는 보드 종류에 따라 차이가 있다. 첫 번째 매개변수인 인터럽트 번호는 직접 지정하는 것보다는 digitalPinToInterrupt 함수를 통해 핀 번호를 인터럽트 번호로 변환하여 사용하는 것이 추천된다.

```
attachInterrupt(digitalPinToInterrupt(2), ISR, RISING);  // 추천됨
attachInterrupt(0, ISR, RISING);                          // 추천되지 않음
```

인터럽트 번호에 해당하는 핀 번호는 표 2와 같다.

표 2. 인터럽트 번호에 해당하는 핀 번호

보드	인터럽트 번호					
	0	1	2	3	4	5
UNO	2	3	–	–	–	–
Leonardo	3	2	0	1	7	–
Mega2560	2	3	21	20	19	18

mode는 인터럽트가 발생하는 시점을 나타내며 다음과 같은 옵션을 선택할 수 있다.

- LOW : 입력값이 LOW일 때 인터럽트 발생
- CHANGE : 입력값의 상태가 변할 때 인터럽트 발생 (RISING & FALLING)
- RISING : 입력값이 LOW에서 HIGH로 변할 때 인터럽트 발생
- FALLING : 입력값이 HIGH에서 LOW로 변할 때 인터럽트 발생
- HIGH : 입력값이 HIGH일 때 인터럽트 발생 (ARM Cortex-M 기반 아두이노 보드에서만 사용 가능)

인터럽트 처리 함수인 ISR은 파라미터를 가지지 않으며 반환값이 없다. ISR 내에서는 또 다른 인터럽트 사용 함수인 delay, millis 등이 정상적으로 동작하지 않으며, 시리얼 데이터는 손실될 수 있다. 또한 ISR 내에서 값을 변경하는 변수는 volatile로 선언해야 데이터 값 변경이 정상적으로 이루어진다.

2. detachInterrupt

```
void detachInterrupt(uint8_t interrupt)
  - 매개변수
    interrupt : 인터럽트 번호
  - 반환값 : 없음
```

해당 인터럽트에 대한 인터럽트 처리 루틴을 제거한다.

XI. 인터럽트 함수

1. interrupts

```
interrupts( )
  - 매개변수 : 없음
  - 반환값 : 없음
```

```
#define interrupts( ) sei( )
```

인터럽트 발생을 허용한다. 아두이노에서 인터럽트는 디폴트로 허용되어 있다.

2. noInterrupts

```
noInterrupts( )
  - 매개변수 : 없음
  - 반환값 : 없음
```

```
#define noInterrupts( ) cli( )
```

인터럽트 발생을 금지한다.

Appendix 2

아두이노 기본 클래스

I. Serial

1. 함수

(1) if(Serial)

시리얼 포트가 준비되었는지 검사하여 준비되었으면 TRUE를 그렇지 않으면 FALSE를 반환한다. 아두이노 우노나 아두이노 메가2560의 경우에는 하드웨어 시리얼 포트를 사용하여 항상 TRUE를 반환하므로 사용할 필요가 없다. 아두이노 레오나르도(Leonardo)는 가상의 시리얼 포트를 사용하므로 가상 포트의 생성이 완료될 때까지 기다리기 위해 사용한다.

(2) available

```
int available(void)
  - 매개변수 : 없음
  - 반환값 : 시리얼 포트 수신 데이터 버퍼에 저장된 데이터의 바이트 수
```

시리얼 포트로 수신되어 수신 버퍼에 저장되어 있는 데이터의 바이트 수를 반환한다. 버퍼에는 64바이트까지 저장될 수 있다.

(3) availableForWrite

```
int availableForWrite(void)
  - 매개변수 : 없음
  - 반환값 : 시리얼 포트 송신 버퍼에 기록할 수 있는 데이터의 바이트 수
```

시리얼 포트의 송신 버퍼에 쓰기 명령어로 기록할 수 있는 데이터의 바이트 수를 반환한다.

(4) begin

```
void begin(unsigned long baud)
void begin(unsigned long baud, byte config)
  - 매개변수
    baud : 속도
    config : 데이터 비트 수, 패리티, 정지 비트 설정
  - 반환값 : 없음
```

시리얼 통신을 위한 전송 속도와 옵션을 설정한다. 전송 속도는 보율(baud rate)로 지정하며 흔히 사용되는 보율에는 300, 600, 1200, 2400, 4800, 9600, 14400, 19200, 28800, 38400, 57600, 115200 등이 있다. 옵션은 데이터 비트

수, 패리티 비트, 정지 비트 등을 설정할 수 있다. 옵션은 'SERIAL_nXm' 형식의 상수로 정의되어 있으며 'n'은 데이터 비트의 수로 5, 6, 7, 8비트 중 하나를 사용할 수 있다. 'X'는 패리티 비트 없음(N), 짝수 패리티(E), 홀수 패리티(O) 중 하나를 사용할 수 있다. 'm'은 정지 비트의 수로 1 또는 2를 사용할 수 있다. 디폴트값은 8 데이터 비트, 패리티 비트 없음, 1 정지 비트로 'SERIAL_8N1'이다.

(5) end

```
void end(void)
  - 매개변수 : 없음
  - 반환값 : 없음
```

시리얼 통신을 종료한다. 시리얼 통신으로 사용하지 않는 경우 RX 및 TX 핀은 범용 입출력 핀으로 사용할 수 있다.

(6) find

```
bool find(char *target)
  - 매개변수
      target : 탐색 문자열
  - 반환값 : 발견 여부
```

시리얼 통신 수신 버퍼에서 주어진 문자열(target)이 발견되면 TRUE를 반환하고 검색 시간이 초과되면 FALSE를 반환한다. 검색 시간의 디폴트값은 1초이다.

(7) findUntil

```
bool findUntil(char *target, char *terminator)
  - 매개변수
     target : 탐색 문자열
     terminator : 종료 문자열
  - 반환값 : 발견 여부
```

시리얼 통신 수신 버퍼에서 주어진 문자열(target)이 발견되면 TRUE를 반환하고, 종료 문자열(terminator)이 발견되거나 검색 시간이 초과되면 FALSE를 반환한다. 검색 시간의 디폴트값은 1초이다.

(8) flush

```
void flush(void)
  - 매개변수 : 없음
  - 반환값 : 없음
```

시리얼 통신 송신 버퍼에 있는 데이터의 전송이 완료될 때까지 대기한다.

(9) parseFloat

```
float parseFloat(void)
  - 매개변수 : 없음
  - 반환값 : 수신 버퍼에서 발견된 첫 번째 유효한 float 형 데이터
```

시리얼 통신 수신 버퍼에서 첫 번째 유효한 실수를 반환한다. 수신 버퍼가 비어있거나 버퍼 끝까지 실수가 발견되지 않으면 0을 반환한다.

(10) parseInt

```
int parseInt(void)
  - 매개변수 : 없음
  - 반환값 : 수신 버퍼에서 발견된 첫 번째 유효한 int 형 데이터
```

시리얼 통신 수신 버퍼에서 첫 번째 유효한 정수를 반환한다. 수신 버퍼가 비어있거나 버퍼 끝까지 정수가 발견되지 않으면 0을 반환한다.

(11) peek

```
int peek(void)
  - 매개변수 : 없음
  - 반환값 : 시리얼 통신 수신 버퍼의 첫 번째 바이트 데이터 또는 -1
```

시리얼 통신 수신 버퍼의 첫 번째 바이트 데이터를 반환한다. read 함수와 달리 peek 함수는 수신 버퍼에서 반환한 데이터를 제거하지 않는다. 수신 버퍼가 비어있는 경우 −1을 반환한다.

(12) print

```
size_t print(value, format)
  - 매개변수
    value : 출력값 (char, char 배열, String, 정수, 실수 등)
    format : 출력 형식
  - 반환값 : 시리얼 포트로 출력된 바이트 수
```

주어진 값을 ASCII 형식의 문자열로 변환하여 시리얼 포트로 출력한다. 정수의 경우 format 값에 따라 출력 형식을 2진법(BIN), 8진법(OCT), 10진법(DEC), 16진법(HEX) 중 하나를 선택할 수 있고, 실수의 경우 format 값으로 소숫점 이하 자릿수를 지정할 수 있다. 디폴트값은 10진수 또는 소수점 이하

2자리이다. 문자, 문자열, String 객체 등도 출력할 수 있으며 시리얼 포트로 출력된 데이터의 바이트 수를 반환한다.

(13) println

```
size_t println(value, format)
  - 매개변수
     value : 출력값 (char, char 배열, String, 정수, 실수 등)
     format : 출력 형식
  - 반환값 : 시리얼 포트로 출력된 바이트 수
```

데이터 출력 후 개행 문자 '₩r'과 '₩n'을 추가로 출력하는 점을 제외하면 print 함수와 동일하다.

(14) read

```
int read(void)
  - 매개변수 : 없음
  - 반환값 : 시리얼 통신 수신 버퍼의 첫 번째 문자 또는 -1
```

시리얼 통신 수신 버퍼에서 첫 번째 문자를 읽어 반환한다. peek 함수와 달리 read 함수는 수신 버퍼에서 반환한 데이터를 제거한다. 수신 버퍼가 비어 있으면 −1을 반환한다.

(15) readBytes

```
size_t readBytes(char *buffer, size_t length)
  - 매개변수
     buffer : 입력 문자를 저장할 버퍼
     length : 입력 받을 최대 문자 수
  - 반환값 : 입력 받은 문자 수
```

시리얼 통신 수신 버퍼의 데이터를 읽어 buffer에 저장한다. length로 지정한 바이트 수의 데이터를 읽었거나 시간 초과가 발생하면 종료하고 읽어 들인 문자의 수를 반환한다.

(16) readBytesUntil

```
size_t readBytesUntil(char terminator, char *buffer, size_t length)
  - 매개변수
    terminator : 종료 문자
    buffer : 입력 문자를 저장할 버퍼
    length : 입력 받을 최대 문자 수
  - 반환값 : 입력 받은 문자 수
```

시리얼 통신 수신 버퍼의 데이터를 읽어 buffer에 저장한다. 종료 문자가 발견되었거나, length로 지정한 바이트 수의 데이터를 읽었거나, 시간 초과가 발생하면 종료하고 읽어 들인 문자의 수를 반환한다.

(17) readString

```
String readString(void)
  - 매개변수 : 없음
  - 반환값 : 입력 받은 문자열
```

시리얼 통신 수신 버퍼의 데이터를 읽어 String 객체에 저장한다. 시간 초과가 발생하면 종료하고 문자열이 저장된 String 객체를 반환한다.

(18) readStringUntil

```
String readStringUntil(char terminator)
  - 매개변수
    terminator : 종료 문자
  - 반환값 : 입력 받은 문자열
```

시리얼 통신 수신 버퍼의 데이터를 읽어 String 객체에 저장한다. 종료 문자가 발견되었거나 시간 초과가 발생하면 종료하고 문자열이 저장된 String 객체를 반환한다.

(19) setTimeout

```
void setTimeout(unsigned long timeout)
   - 매개변수
     timeout : 대기 시간
   - 반환값 : 없음
```

find, findUntil, readBytes, readBytesUntil, readString, readStringUntil, parseInt, parseFloat 등 대기 시간이 사용되는 함수에서 대기 시간을 밀리초 단위로 설정한다. 디폴트값은 1초이다.

(20) write

```
size_t wirte(uint8_t ch)
size_t write(const char *str)
size_t write(const uint8_t *buffer, size_t size)
   - 매개변수
     ch : 출력 문자
     str : 출력 문자열
     buffer : 출력 데이터열
     size : 버퍼의 크기
   - 반환값 : 출력한 바이트 수
```

주어진 값을 이진 형식으로 시리얼 포트로 출력한다. 문자열의 경우 print 함수와 동일한 결과를 가져온다. write(65)와 같이 write 함수에 정수를 지정하면 문자 'A'가 출력되는 반면 print(65)와 같이 print 함수에 정수를 지정하면 문자열 '65'로 변환되어 출력되는 점에서 차이가 있다. 시리얼 포트로 출력된 데이터의 바이트 수를 반환한다.

(21) serialEvent

```
void serialEvent(void)
  - 매개변수 : 없음
  - 반환값 : 함수
```

Serial 클래스의 멤버 함수가 아니며 수신 버퍼에 데이터가 수신된 경우 호출되는 함수다. serialEvent 함수는 그 이름과 다르게 인터럽트 방식이 아닌 폴링 방식으로 동작한다.

II. String

1. 함수

(1) String

```
String(value)
String(value, base)
String(value, decimalPlaces)
  - 매개변수
    value : String 객체로 변환할 값
    base : 정수 변환 시 적용할 진법 (BIN, OCT, DEC, HEX)
    decimalPlaces : 소수점 이하 자릿수
  - 반환값 : 생성된 String 객체
```

String 클래스의 생성자로 정수, 문자, 문자 배열, String 객체 등 다양한 데이터를 지정할 수 있다. 정수가 주어진 경우 base 값을 통해 진법을 지정할 수 있으며 디폴트값은 10이다. 실수가 주어진 경우 소수점 이하 자릿수를 decimalPlaces로 지정할 수 있으며 디폴트값은 2다.

(2) charAt

```
char charAt(unsigned int index)
  - 매개변수
    index : 문자열에서 위치로 0부터 시작
  - 반환값 : 문자열에서 index 번째 문자
```

문자열 내에서 지정한 위치를 문자를 반환한다. 연산자 '[]'와 동일한 기능을 수행한다.

(3) compareTo

```
int compareTo(const String &string2)
  - 매개변수
    string2 : 비교 대상이 되는 문자열
  - 반환값 : 순서상으로 string2가 먼저 나오면 양의 값, string2와 동일하면 0, string2
            가 뒤에 나오면 음의 값을 반환
```

두 문자열을 사전 배열 순서에 따라 비교하여 비교한 결과를 반환한다. 사전 순서는 아스키코드 값을 기준으로 한다.

(4) concat

```
unsigned char concat(const String &str)
unsigned char concat(const char *cstr) ;
unsigned char concat(char c) ;
unsigned char concat(unsigned char c) ;
unsigned char concat(int num) ;
unsigned char concat(unsigned int num) ;
unsigned char concat(long num) ;
unsigned char concat(unsigned long num) ;
unsigned char concat(float num) ;
unsigned char concat(double num) ;
    - 매개변수
        str, cstr, c : 이어 붙일 문자 또는 문자열
        num : 이어 붙일 숫자. 문자열로 변환되어 이어 붙인다.
    - 반환값 : 성공하면 1, 실패하면 0을 반환
```

문자열 뒤에 인자로 주어진 문자열을 이어 붙인다. 성공하면 1을 실패하면 0을 반환한다. 연산자 '+='와 동일한 기능을 수행한다. 이외에도 문자형, long형 등을 매개변수로 가지는 여러 함수들이 다중 정의되어 있다.

(5) c_str

```
const char *c_str(void)
    - 매개변수 : 없음
    - 반환값 : String 객체 내 문자열이 저장된 버퍼의 포인터
```

String 객체에 저장된 문자열 버퍼에 대한 포인터를 반환한다. String 객체 내의 버퍼는 C 스타일의 NULL 문자로 끝나는 문자 배열로 이루어져 있다. 반환되는 포인터를 통해 String 객체 내의 문자열을 조작하는 것이 가능하기는 하지만 사용하지 않는 것을 추천한다.

(6) endsWith

```
unsigned char endsWith(const String &str)
  - 매개변수
    str : 비교 대상 문자열
  - 반환값 : 문자열이 str로 끝나는 경우 1, 아닌 경우 0을 반환
```

문자열이 str에 주어진 문자열로 끝나는지 검사하여 str로 끝나면 1을, str로 끝나지 않으면 0을 반환한다.

(7) equals

```
unsigned char equals(const String &str)
  - 매개변수
    str : 비교 대상 문자열
  - 반환값 : 문자열이 str과 동일한 경우 1, 아닌 경우 0을 반환
```

문자열이 str에 주어진 문자열과 동일한지 비교하여 동일하면 1을, 동일하지 않으면 0을 반환한다. 문자열 비교는 아스키코드 값을 기준으로 하므로 영어 대문자와 소문자는 서로 다른 문자로 간주된다.

(8) equalsIgnoreCase

```
unsigned char equalsIgnoreCase(const String &str)
  - 매개변수
    str : 비교 대상 문자열
  - 반환값 : 문자열이 str과 동일한 경우 1, 아닌 경우 0을 반환
```

문자 비교 시 대소문자를 동일한 문자로 간주하는 것을 제외하면 equals와 동일하다.

(9) getBytes

```
void getBytes(unsigned char *buf, unsigned int bufsize)
  - 매개변수
    buf : 문자를 복사할 버퍼
    bufsize : 버퍼의 크기
  - 반환값 : 없음
```

String 객체의 문자들을 (bufsize – 1)개 이내에서 문자열 배열 형식인 버퍼로 복사한다.

(10) indexOf

```
int indexOf(char ch)
int indexOf(char ch, unsigned int fromIndex)
int indexOf(const String &str)
int indexOf(const String &str, unsigned int fromIndex)
  - 매개변수
    ch, str : 탐색할 문자 또는 문자열
    fromIndex : 탐색을 시작할 위치
  - 반환값 : 검색 문자 또는 문자열이 처음 발견된 위치를 반환하며 발견되지 않으면 -1을 반환
```

문자열 내에서 주어진 문자나 문자열을 검사하여 첫 번째 발견된 위치를 반환하며, 주어진 문자나 문자열이 존재하지 않는 경우 –1을 반환한다. fromIndex 값으로 시작 위치를 지정할 수 있으며 지정하지 않은 경우에는 문자열을 시작부터 검색한다.

(11) lastIndexOf

```
int lastIndexOf(char ch)
int lastIndexOf(char ch, unsigned int fromIndex)
int lastIndexOf(const String &str)
int lastIndexOf(const String &str, unsigned int fromIndex)
  - 매개변수
    ch, str : 탐색할 문자 또는 문자열
    fromIndex : 탐색을 시작할 위치
  - 반환값 : 검색 문자 또는 문자열이 발견된 첫 번째 위치를 반환하며 발견되지 않으면 -1을 반환
```

문자열의 끝에서부터 역방향으로 검사하는 것을 제외하면 indexOf 함수와 동일하다.

(12) length

```
unsigned int length(void)
  - 매개변수 : 없음
  - 반환값 : 문자열의 길이
```

문자열의 길이를 반환한다.

(13) remove

```
void remove(unsigned int index)
void remove(unsigned int index, unsigned int count)
  - 매개변수
    index : 제거를 시작할 문자 위치로 0부터 시작
    count : 제거할 문자의 개수
  - 반환값 : 없음
```

문자열에서 index 위치부터 count 개의 문자를 제거한다. count 값이 지정되

지 않으면 index 위치부터 문자열 끝까지 모두 제거한다.

(14) replace

```
void replace(char find, char replace)
void replace(const String& find, const String& replace)
  - 매개변수
    find : 찾을 문자열
    replace : 바꿀 문자열
  - 반환값 : 없음
```

find에 주어진 문자나 문자열을 찾아 replace에 주어진 문자나 문자열로 바꾼다.

(15) reserve

```
unsigned char reserve(unsigned int size)
  - 매개변수
    size : 버퍼 크기
  - 반환값 : 성공하면 1 실패하면 0을 반환
```

문자열 조작을 위해 지정한 크기(size)만큼의 메모리를 할당한다. 현재 버퍼의 크기가 지정한 크기보다 크거나 메모리 할당에 성공하면 1을, 실패하면 0을 반환한다.

(16) setCharAt

```
void setCharAt(unsigned int index, char ch)
  - 매개변수
    index : 바꿀 문자의 위치로 0부터 시작
    ch : 바꿀 문자
  - 반환값 : 없음
```

문자열의 index번째 문자를 ch로 바꾼다. 대입 연산자의 좌변에 놓이는 연산자 '[]'와 동일한 기능을 수행한다.

(17) startsWith

```
unsigned char startsWith(const String &str)
unsigned char startsWith(const String &str, unsigned int offset)
   - 매개변수
     str : 비교 대상 문자열
     offset : 문자열 시작 위치
   - 반환값 : 문자열이 str로 시작하는 경우 1, 아닌 경우 0을 반환
```

문자열이 str에 주어진 문자열로 시작하는지 검사하여 str로 시작하면 1을, str로 시작하지 않으면 0을 반환한다. offset이 주어지면 문자열의 처음 offset 개 문자는 무시하고 offset 위치에서부터 비교하여 결과를 반환한다.

(18) substring

```
String substring(unsigned int from)
String substring(unsigned int from, unsigned int to)
   - 매개변수
     from : 추출할 부분 문자열의 시작 위치
     to : 추출할 부분 문자열의 끝 위치
   - 반환값 : 추출한 부분 문자열을 반환
```

문자열의 부분 문자열을 반환한다. from에 지정된 위치의 문자는 포함되는 반면 to 위치의 문자는 포함되지 않는다. 끝 위치가 지정되지 않은 경우에는 시작 위치에서 문자열의 끝까지를 부분 문자열로 반환한다.

(19) toCharArray

```
void toCharArray(char *buf, unsigned int bufsize)
   - 매개변수
      buf : 문자들을 복사할 버퍼
      bufsize : 버퍼의 크기
   - 반환값 : 없음
```

String 객체의 문자들을 (bufsize − 1)개 이내에서 문자 배열 형식의 버퍼로 복사한다.

(20) toInt

```
long toInt(void)
   - 매개변수 : 없음
   - 반환값 : 변환된 정수값
```

문자열을 정수로 변환하여 반환한다. 변환에 실패할 경우 0을 반환한다.

(21) toFloat, toDouble

```
float toFloat(void)
double toDouble(void)
   - 매개변수 : 없음
   - 반환값 : 변환된 실수값
```

문자열을 float 또는 double 형의 실수로 변환하여 반환한다. 변환에 실패할 경우 0을 반환한다.

(22) toLowerCase

```
void toLowerCase(void)
   - 매개변수 : 없음
   - 반환값 : 없음
```

문자열 내의 대문자를 소문자로 바꾼다.

(23) toUpperCase

```
void toUpperCase(void)
   - 매개변수 : 없음
   - 반환값 : 없음
```

문자열 내의 소문자를 대문자로 바꾼다.

(24) trim

```
void trim(void)
   - 매개변수 : 없음
   - 반환값 : 없음
```

문자열의 시작과 끝 부분에 포함된 공백 문자(white space)를 제거한다. 공백 문자에는 single space (ASCII 32), tab (ASCII 9), vertical tab (ASCII 11), form feed (ASCII 12), carriage return (ASCII 13), new line (ASCII 10) 등이 포함된다.

2. 연산자

(1) [] (문자열 요소)

```
char operator [] (unsigned int index)
   - 매개변수
      index : 문자열에서 찾고 싶은 문자의 위치
   - 반환값 : 문자열에서 index 번째 문자
```

문자열 내에서 지정한 위치의 문자를 반환한다.

(2) + (문자열 연결)

```
friend StringSumHelper & operator + (const StringSumHelper &lhs, const
String &rhs)
friend StringSumHelper & operator + (const StringSumHelper &lhs, const
char *cstr)
friend StringSumHelper & operator + (const StringSumHelper &lhs, char
c)
friend StringSumHelper & operator + (const StringSumHelper &lhs,
unsigned char num)
friend StringSumHelper & operator + (const StringSumHelper &lhs, int
num)
friend StringSumHelper & operator + (const StringSumHelper &lhs,
unsigned int num)
friend StringSumHelper & operator + (const StringSumHelper &lhs, long
num)
friend StringSumHelper & operator + (const StringSumHelper &lhs,
unsigned long num)
friend StringSumHelper & operator + (const StringSumHelper &lhs, float
num)
friend StringSumHelper & operator + (const StringSumHelper &lhs,
double num)
   - 매개변수
      lhs : 연결할 첫 번째 문자열
      rhs, cstr, c : 연결할 문자 또는 문자열
      num : 연결할 숫자, 문자열로 변환되어 연결된다.
   - 반환값 : 두 문자열을 연결한 새로운 문자열
```

2개의 문자열을 연결하여 새로운 문자열을 반환한다.

(3) += (문자열 추가)

```
String & operator += (const String &rhs)
String & operator += (const char *cstr)
String & operator += (char c)
String & operator += (unsigned char num)
String & operator += (int num)
String & operator += (unsigned int num)
String & operator += (long num)
String & operator += (unsigned long num)
  - 매개변수
    rhs, cstr, c : 연결할 문자 또는 문자열
    num : 연결할 숫자, 문자열로 변환되어 연결된다.
  - 반환값 : 문자열을 연결한 새로운 문자열
```

2개의 문자열을 연결하여 새로운 문자열을 반환한다. '+' 연산자는 반환되는 문자열 객체를 새로운 문자열 객체에 대입하는 반면, '+=' 연산자는 기존 문자열 객체에 문자열을 연결하기 위해 사용하는 것이 일반적이다. concat 함수와 동일한 기능을 수행한다.

(4) == (문자열 비교)

```
unsigned char operator == (const String &rhs)
unsigned char operator == (const char *cstr)
  - 매개변수
    rhs, cstr : 비교 문자열
  - 반환값 : 비교 문자열과 같으면 1을, 다르면 0을 반환
```

두 문자열을 비교하여 서로 같으면 1을, 다르면 0을 반환한다. equals 함수와 동일한 기능을 수행한다.

(5) > (문자열 비교)

```
unsigned char operator > (const String &rhs)
    - 매개변수
        rhs : 비교 문자열
    - 반환값 : 비교 문자열보다 크면 1을, 작거나 같으면 0을 반환
```

두 문자열을 비교하여 연산자의 왼쪽에 위치하는 문자열이 연산자의 오른쪽에 위치하는 비교 문자열보다 크면 1을, 작거나 같으면 0을 반환한다. 문자열 비교는 문자 단위로 이루어지며, 문자가 크다는 것은 아스키코드 값이 크다는 의미이다. 알파벳 문자의 경우 사전 순서로 배열할 때 앞에 나오는 문자열이 작은 문자열이다. 대문자는 아스키코드 값 65부터 시작되며 소문자는 아스키코드 값 97부터 시작되므로 대문자가 소문자보다 작은 문자열이 된다. 또한 아라비아 숫자를 나타내는 문자는 아스키코드 값 48부터 시작되므로 '숫자 〈 대문자 〈 소문자' 순서로 문자열 크기가 정해진다.

(6) >= (문자열 비교)

```
unsigned char operator >= (const String &rhs)
    - 매개변수
        rhs : 비교 문자열
    - 반환값 : 비교 문자열보다 크거나 같으면 1을, 작으면 0을 반환
```

두 문자열을 비교하여 연산자의 왼쪽에 위치하는 문자열이 연산자의 오른쪽에 위치하는 비교 문자열보다 크거나 같으면 1을, 작으면 0을 반환한다.

(7) < (문자열 비교)

```
unsigned char operator <  (const String &rhs)
   - 매개변수
      rhs  :  비교 문자열
   - 반환값  :  비교 문자열보다 작으면 1을, 크거나 같으면 0을 반환
```

두 문자열을 비교하여 연산자의 왼쪽에 위치하는 문자열이 연산자의 오른쪽에 위치하는 비교 문자열보다 작으면 1을, 크거나 같으면 0을 반환한다.

(8) <= (문자열 비교)

```
unsigned char operator <= (const String &rhs)
   - 매개변수
      rhs  :  비교 문자열
   - 반환값  :  비교 문자열보다 작거나 같으면 1을, 크면 0을 반환
```

두 문자열을 비교하여 연산자의 왼쪽에 위치하는 문자열이 연산자의 오른쪽에 위치하는 비교 문자열보다 작거나 같으면 1을, 크면 0을 반환한다.

(9) != (문자열 비교)

```
unsigned char operator != (const String &rhs)
unsigned char operator != (const char *cstr)
   - 매개변수
      rhs, cstr  :  비교 문자열
   - 반환값  :  비교 문자열과 다르면 1을, 같으면 0을 반환
```

두 문자열을 비교하여 서로 다르면 1을, 같으면 0을 반환한다.

찾아보기

한 글

찾아보기

C

D

E

H

I

L

U

W

기 타